한국의 48년 체제

한국의 48년 체제

정치적 대안이 봉쇄된 보수적 패권 체제의 기원과 구조

1판1쇄 | 2010년 10월 25일
1판3쇄 | 2015년 12월 25일

지은이 | 박찬표

펴낸이 | 정민용
편집장 | 안중철
책임편집 | 정민용
편집 | 윤상훈, 이진실, 최미정, 장윤미(영업)

펴낸 곳 | 후마니타스(주)
등록 | 2002년 2월 19일 제300-2003-108호
주소 | 서울 마포구 양화로 6길 19(서교동) 3층
전화 | 편집_02.739.9929/9930 영업_02.722.9960 팩스_0505.333.9960

홈페이지 | www.humanitasbook.co.kr
페이스북 | facebook.com/humanitasbook
트위터 | @humanitasbook
블로그 | humanitasbook.tistory.com
이메일 | humanitasbooks@gmail.com

인쇄 | 천일_031.955.8083 제본 | 일진_031.908.1407

값 15,000원

ISBN 978-89-6437-124-4 94300
       978-89-90106-39-1 (세트)

이 도서의 국립중앙도서관 출판시도서목록(CIP)은 e-CIP 홈페이지(http://www.nl.go.kr/ecip)에서
이용하실 수 있습니다(CIP제어번호: CIP2010003620).

아연
민주주의
총서 14

한국의 48년 체제

정치적 대안이 봉쇄된
보수적 패권 체제의 기원과 구조

| 박찬표 지음 |

후마니타스

| 차례 |

| 일러두기 |

제1장은 다음 두 논문을 전면 보완·수정한 것이다. "건국, 48년 체제 그리고 한국 민주주의," 국사편
찬위원회 주최, 〈대한민국 건국 60주년 기념 학술회의〉(2008/ 07/11) 발표 논문 ; "민주주의
관점에서 본 48년 체제의 특성과 유산," 『시민과 세계』 제14호(2008년 하반기).

제2장은 "한국 자유민주주의의 초상 : '민주주의 과잉'인가 '자유주의 결핍'인가," 『아세아연구』 제
51권 제4호(통권134호, 2008년 12월)를 수정·보완한 것이다.

제3장은 "제헌국회의 의정 활동: 분단 냉전 체제하의 정치사회와 대의제 민주주의," 한국정신문화
연구원 현대사연구소 엮음. 『한국 현대사의 재인식 2』(오름, 1998)을 일부 수정·보완한 것이다.

제4장은 "노동 정당 부재 의회의 노동 이익 대표 기능," 『아세아연구』 제48권 제2호(통권 120호,
2005년 6월)를 일부 수정한 것이다.

제5장은 "제17대 국회의 정당 경쟁 구도 분석," 『한국정당학회보』 제7권 제2호(통권 13호, 2008년
8월)를 일부 수정·보완한 것이다.

1부

민주주의 관점에서 본
한국 현대사

제1장

한국 민주주의의 기원과 48년 체제

1. 현대사를 어떻게 볼 것인가

1948년 8월 15일 정부 수립이 한국 현대사에서 갖는 의미는 다층적이고 복합적이다. 무엇보다 그것은 구한말 이래 민족의 과제였던 근대 국민국가의 형성을 의미하지만 다른 한편으로는 '분단 체제'의 등장을 의미하기도 한다. 또한 그것은 전후 미국이 주도하는 세계 자본주의 체제와 냉전 체제로 남한이 편입되고 그 산물로서 반공 체제가 형성되는 과정이었지만, 다른 한편으로 남한에 민주 공화정 또는 자유민주주의가 최초로 제도화되는 과정이기도 했다. 1945년 해방부터 1948년 정부 수립에 이르는 해방 3년기는 주로 분단과 평화, 통일 등의 관점에서 연구되어 왔다. 단일의 민족국가 수립이라는 민족주의적 과제를 염두에 두고, 그것이 좌절된 과정으로 이 시기를 연구해 왔던 것이다. 그러나 이 글에서 우리는 이 시기가 남한 정치체제의 원형, 달리 말하면 '자유민주주의' 체제라고 부르는 현재의 남한 정치 질서의 원형이 형성된 시기라는 측면에 초점을 두고서, 민주주의라는 관점에서 이 시기를 살펴보고자 한다. 이 문제를 둘러싼 당시의 성취와 좌절의 유산이 지금까지도 한국 정치체제를 규정하는 근본적 요인으로 작용해 오고 있다고 판단하기 때문이다.

카E. H. Carr에 의하면, 현실에 만족할 경우 과거에 대한 재해석은 불필요하다. 과거는 만족스러운 현재를 낳은 계기들로서 모두 정당화되기 때문이다. 반면 현재를 뛰어넘는 미래를 지향할 경우, 역사에 대한 재해석이 필요하다. 미래의 방향을 뒷받침해 줄 '과거에 대한 건설적 견해' (카 1997, 186)가 필요하기 때문이다. 같은 맥락에서 한국 현대 정치체제의 원형 형성기인 정부 수립 과정과 그 결과 구축된 정치체제의 기본 구조(우리는 이를 '48년 체제'라고 부를 수 있을 것이다)를 되돌아보고자 하는 것은, 과거 역사에 대한 반성적 성찰을 통해 현재의 한국 민주주의가 안고 있는 문제의 근원을 찾아보고 이를 극복하기 위한 미래의 비전을 모색하기 위해서다. 1987년 민주화 이후 두 번의 여야 정권 교체 등을 거치면서 한국 민주주의가 '공고화'되었다고 평가하고 있지만, 민주화 이후의 한국 민주주의는 어떤 구조적 한계에 직면하고 있으며, 그런 제약은 기본적으로 48년 체제의 특징과 연관되어 있다는 문제의식에서 이 글은 출발한다.

보수적 역사 인식의 문제

이 문제를 살펴보기 위해서 우리는 한국 현대사 해석을 둘러싼 논쟁으로 들어갈 필요가 있다. 흔히 우리는 근대사회의 세 가지 과제로 국가 형성, 산업화, 민주화를 든다. 근대로 이행하는 과정에서 주권을 가진

'국민국가'라고 하는 새로운 정치 단위체를 구축해야 하며(국민국가 형성), 근대국가를 경제단위로 하여 물질적 성장을 이루어야 하고(산업화), 그 기반 위에서 국민들이 시민적·정치적·사회적 권리를 평등하게 누려야 한다는 것이다(민주화).

그렇다면 우리 사회는 이 세 과제를 이룩하는 데 어느 정도 성공했는가. 이에 대해서는 긍정적 평가와 비판적 평가가 엇갈리고 있지만, 대체로 '오늘의 한국 사회를 어떻게 평가하느냐'가 판단의 기준이 되는 듯하다. 즉, 오늘 한국 사회의 현실을 긍정적으로 바라보는 보수적 입장은 한국이 근대의 세 과제를 성공적으로 성취한 것으로 평가하는 반면, 한국 사회의 변화나 개혁을 강조하는 입장에서는 근대의 과제를 성취하는 과정에서 여러 문제를 배태하게 되었고 그것이 지금까지 여전히 문제가 되고 있다고 판단하는 것이다. 이런 각각의 입장은 나름의 가치관에 기초한 것으로서 그 나름대로 존중되어야 한다고 생각된다.

하지만 이 글에서 문제를 제기하고자 하는 것은 현대사에 대한 보수적 역사 인식이 딛고 있는 역사 해석의 방법론이다. 먼저 이들에 의하면 국가 형성, 산업화, 민주화라는 근대의 세 가지 과제는 단계적으로 주어지며, 또한 각 단계는 각각 분리된 자기 완결적인 것으로 파악된다. 즉, 건국의 아버지 이승만은 냉전과 열전(한국전쟁)의 위기 속에서 국가를 세우고 지키는 과제를 수행했고, 박정희는 산업화와 경제성장의 과제를 수행했으며, 민주화의 과제는 이를 기반으로 이후 세대가 달성할 과제로 설정된다. 그렇기 때문에, 이 글에서와 같이 민주주의라는 문제의식을 가지고 국가 형성이나 산업화 시기를 평가하려는 것은 현재의 과제를 과거에 들이대는 부당한 평가로 비판된다. 국민국가 형성이나 산업화 단계에는 그 시대의 과제가 따로 있었기에, 민주주의라는 후대의 잣대를 앞선 시대에 적용하는 것은 올바른 역사 해석이 아니라는 것이다.

이러한 논리에 따르면, 국가 형성 시기에는 미·소 간, 남북 간, 좌우 간 대립 속에서 국가를 세우고 지키는 것이 주된 과제였기 때문에 민주주의에 대한 일정한 유보는 불가피했다고 파악된다. 마찬가지로 산업화 시기에는 우선 절대 빈곤을 극복하고 국민경제의 파이를 키우는 것이 최우선의 과제였고, 이에 필요한 자본축적을 위해 그리고 앞선 국가를 따라잡기 위해 저임금과 노동 억압, 권위주의적 통치 등이 불가피했다고 파악된다. 특히 이들은 국가 형성이나 산업화 시기에 자유와 시민권의 제약, 민주주의 부정, 노동 탄압 등의 문제가 있었더라도, 그것은 현재와 무관한 '과거의 일'로 단절적으로 이해된다. 이미 지나간 일로서 현재의 한국 사회나 민주주의에 어떠한 구조적 영향도 미치지 않는다는 것이다.[1]

우리는 이러한 단절적 역사 인식을 비판한다. 국가 형성, 산업화, 민주화의 세 시기는 별개로 존재하기보다는 상당 정도 인과적으로 연결되어 있는, 누적적이고 중첩적인 관계를 형성하기 때문이다(최장집 2006, 261). 후 세대는 앞 세대가 남긴 사회적·역사적 조건 위에서 새로운 과

---

[1] 이들에 의하면, 냉전 반공 체제는 자유민주주의의 실천을 잠시 지연시킨 하나의 외재적이고 과도적인 에피소드로 치부된다. 예컨대, "반공의 이름으로 반대파가 탄압되거나 공산주의자라는 이유로 인권이 부정되는 부작용"이 있었으며, "한국전쟁의 결과인 과도한 반공주의는 자유민주주의의 토대를 위협"하기도 했지만, "남한의 이 같은 체제 모순은 1960년대 이후 정치와 사회가 민주화됨에 따라 점차 해소되어 갔다"(교과서포럼 2008, 148, 158, 160)는 것이다.

제를 이룩해 가므로, 앞선 시대가 남긴 유산은 후 세대의 역사에 구조적인 영향을 미치게 되는 것이다. 예컨대 현 시점의 한국 민주주의는, 흔히 이야기하듯이 1987년 민주화 이후의 상황에 의해서만 좌우된 것이 아니라, 국민국가 형성과 산업화 시기가 남긴 사회구조적·사회계급적 기반과 조건에 의해 규정되고 있는 것이다.

국민국가 형성과 민주주의 문제

그렇다면 이 글의 초점인 국가 형성의 시기는 민주주의 문제와 어떤 연관이 있는가. 국민국가 형성이란 대외적 주권과 대내적 주권의 확립이라는 두 가지 측면으로 구성된다. 우리는 이 중에서 전자에 초점을 두어 근대국가의 형성을 이해하는 경향이 있다. 대외적으로 자주권을 가진 독립국가의 창설을 곧 국가 형성이라 생각하는 것이다. 이러한 인식은 민족 독립이 당면 과제였던 근세사의 경험에 의해, 이로 인해 우리가 지니게 된 강한 민족주의적 성향에 의해 강화되어 왔다. 하지만 근대국가는 신분제 국가나 군주 국가가 아니라 정치적으로 평등한 인민이 주권의 담지자가 되는 '국민'국가라는 점에 주목해야 한다. 이 점에서 국가 형성의 대내적 측면 즉 국민 형성 및 국민주권의 확립 과정은 근대국가 형성의 또 다른 핵심을 이룬다고 할 수 있다.

대내적 주권의 확립이란 일정 영토 내의 주민을 단일의 주권(즉 최고 통치 권력) 밑에 통합하는 과정을 의미한다. 그런데 이 과정은 자유주의적 사회계약론에서 가정하듯이 동질적인 이해관계를 갖는 개개인들이 어떠한 중립적 중재자·심판자로서의 권위체를 수립하는 과정이 결코 아니다. 또한 민족주의 역사관이 말하듯이 민족의 모든 구성원이 겨레의 염원인 독립국가를 한 마음으로 옹립하는 과정도 결코 아니다. 그 과정에는 지역·종교·언어·인종·계층·계급·이념 등을 달리하는 여러 집단 간에 국가권력을 둘러싼 집단적 갈등이 불가피하게 나타나게 된다. 따라서 국민 형성 과정에서는 이러한 갈등과 균열이 어떻게 통합되는가가 중요한 문제로 제기된다. 과거의 군주정과 달리 민주 공화정은 이러한 갈등을 정치의 영역으로 대표·통합하는 방식으로 해소하는데, 그 구체적 방식은 이후 민주주의의 내용을 규정하는 결정적인 요인이 된다.

예컨대 근대로의 이행이 우리보다 앞섰던 서구의 경우를 보면, 국민국가 형성 과정에서 종교적 갈등으로 인한 유혈의 종교전쟁을 겪기도 했고, 또한 국가 형성을 주도한 중심 지역과 주변 지역 간에 격렬한 주도권 다툼을 겪기도 했다. 나아가 봉건 토지 귀족과 농노 집단, 토지 계급과 부르주아계급, 부르주아계급과 노동계급 사이에 격렬한 계급적·이념적 갈등을 겪었다. 이러한 갈등은 내란 상태로 이어지기도 했지만 결국에는 여러 적대적 집단들이 국민국가 내에서 공존할 수 있게 되었다. 그리고 이러한 공존은, 일정 부분 물리적 억압과 헤게모니의 동원에 의해 가능했지만, 궁극적으로는 갈등하는 집단의 구성원들이 '국민'으로서 평등한 시민적 권리(기본권)와 정치적 권리(참정권, 피참정권)를 갖게 되고 이러한 권리의 행사를 통해 단일의 권위체(정부나 국가)를 구성하는 데 참여해 그 정당성을 수용하게 됨으로써 가능했다고 생각된다. 따라서 국민 형성 또는 대내적 주권의 확립 과정은 곧 민주주의의 정초를 놓는 과정이었다고 할 수 있다.

이와 같이 국민국가 형성 과정에서 어떠한 갈등과 균열이 나타나고 그것이 어떻게 체제 내로 통합되며, 이를 통해 사회적 균열을 둘러싼 갈등이 어떻게 제도화되는가는 향후 민주주의의 실질적 내용을 결정짓는 요인이 된다. 결국 그것이 정당 체제 또는 정치 대표 체제를 낳는 구조적·역사적 요인이 되기 때문이다. 립셋과 로칸에 의하면 국민 형성 과정은 이를 주도하는 지배 세력과 저항 세력 간의 갈등의 과정인데, 그러한 갈등과 균열은 정당을 통해 대표되는 방식으로 정치체제에 통합되었다(Lipset and Rokkan 1967). 그리고 이러한 정당 체제의 특징은, 정치과정을 통해 시민사회의 어떠한 이해가 실현되는지(그 이면에서 어떠한 집단의 이익이 배제되는지)를 결정하는, 즉 민주주의의 사회적 내용을 결정하는 핵심이 된다.

국민국가 형성 과정이 민주주의와 관련해 갖는 이러한 의미에 비추어 볼 때, 한국의 국가 형성 과정은 어떠했는가. 국가 형성 과정에서 여러 갈등적 집단의 구성원들은 '국민'으로서 평등한 시민적·정치적 권리를 누리면서 하나의 국민으로 통합되었는가. 아니면 특정 집단의 이해와 요구가 물리적 폭력에 의해 강압적으로 배제되었는가. 이는 한국 민주주의의 정초를 놓은 결정적인 요인이 아닐 수 없다.

민족주의적 역사 인식의 문제

해방 3년사 또는 48년 체제의 형성 과정을 '민주주의'라는 틀을 통해 보고자 하는 또 다른 이유는, 지금까지 이 시기를 연구해 온 주된 시각이라 할 수 있는 민족주의적 역사 인식의 문제점을 극복하기 위해서다. 주지하듯이 해방 3년기에 전개된 자주독립 국가 수립을 향한 노력들은 남과 북에 두 개의 정부 또는 국가가 형성되는 것으로 귀결되었다. 그것은 당시 민중들의 소망에 반하는 것으로서 결국 한국전쟁이라는 동족상잔의 비극을 낳은 원인이 되었고, 현재까지 지속되고 있는 남북 적대의 원인이 되었다. 하나의 민족이 두 개의 국가로 나뉘어 적대해 온 이러한 역사는 일차적으로 강한 민족주의적 정조를 불러일으키게 된다. 민족 분단은 비정상적인 상태이므로 하루 빨리 극복되어야 하고, 이를 위해서는 민족적 단결이 필요하다는 정서가 그것이다. 해방 정국의 정치 지도자들 중에서 김구가 오늘날 가장 존경받는 인물로 부각되는 것도 이러한 민족주의적 정서에 가장 부합하기 때문일 것이다.

하지만 민족의 일체성과 동질성을 전제로 하는, 일종의 원초적·유기체적 민족주의가 과거의 역사를 평가하고 미래를 지향하는 하나의 잣대가 될 때, 그것은 민족 내부에 객관적으로 존재하는 차이와 갈등을 보지 못하게 하는, 따라서 현실을 왜곡하는 하나의 허위의식이자 이데올로기로 작동하게 될 위험이 크다. 예컨대 민족주의 역사관에 따르면, 해방 3년기에 우리는 외세의 개입에 맞서 민족 단결을 이루지 못했고, 또한 민족 내부의 이념적 차이를 초월해 민족통일전선을 이루지 못했기 때문에 분단된 것으로 평가된다. 이러한 논리는 결국 '민족이 단결하지 못했기에 단일 국가 형성에 실패했다'는 동어 반복적 논리에 다름 아닌 것으로 보인다. 따라서 이것은 현실에 대한 분석이나 문제 해결 방안이라는 차원에서 볼 때 무의미한 언명에 지나지 않는다. 그럼에도 불구하고 이 언명이 의미를 지니는 것은, 당연히 단결해야 했는데 그러지 못했다는 당위적인 도덕적 판단을 기저에 깔고 있기 때문이다. 그리고 이러한 도덕적 언명은, 한국 사회의 강력한 원초적 민족주의로 인해 사회적 울림을 갖게 되었다고 생각된다.

민족주의적 정서는 일체의 내부 갈등과 차이를 뛰어넘는, 민족주의에 기초한 어떤 낭만적 열정을 통해 분단의 문제를 해결하려는 주의주의적 해결책을 모색하도록 한다. 이미 신화가 된 김구의 남북협상 시도에서 우리는 그 전형을 보게 된다. 이러한 시도는 이후 제2공화국 시기 학생 단체나 혁신계에서 추진한 통일 운동, 1987년 민주화 이후 1989~90년의 급진적 통일 운동 등에서 되풀이되어 나타났다. 문제는 이러한 시도의 정치적 결과다. 국제정치의 현실에서 볼 때 냉전 체제(그 하위 체계로서의 한미 안보 체제)로부터의 이탈을 의미하는 급진적 통일 운동은, 어떤 실천적 성과를 내기 어려운 '불임성'을 띨 뿐만 아니라, 오히려 반공 국가의 물리력과 권력의 반동화를 불러오는 결과를 초래하기 쉬운 것이다.

특히 주목해야 할 것은 민족주의의 양면성이다. 해방 3년기처럼 민족 내 갈등이 복잡한 대외관계나 외세와 연계된 상황에서, 민족주의는 통합을 촉진하는 기제가 아니라 민족 내부의 갈등을 타협 불가능한 것으로 악화시키는 기제가 될 수 있다는 것이다. 내부의 단결을 강조하는 논리는 외부 집단에 대한 배타적 적대의 태도를 낳기 쉬운데, 이러한 배제의 논리는 경쟁하거나 적대하는 민족 내부 집단을 외세와 연계시켜 제거하는 논리로 전환될 수 있기 때문이다.

민족 내부의 경쟁 세력을 외세의 괴뢰로 몰아 공격하는, 민족주의에 내재된 '자기 분열적 공격성'을 보여 준 전형적 예는 탁치 파동이다. 1945년 12월 모스크바 3상 회담에서 미·소 간에 합의된 한반도 신탁통치 방안은 민족주의 정서에 기초한 즉각적인 반탁운동을 촉발했다. 일

제 식민지에서 갓 해방된 조국이 다시 외세의 통치하에 들어간다는 것은 민족주의적 정서로 볼 때 수용하기 어려운 것이었음이 분명하다. 하지만 이미 남북이 미·소에 의해 분할 점령된 상황에서, 미·소가 합의한 유일한 한반도 처리 방안인 모스크바 결정이 이행되지 못할 때 야기될 결과가 분단이라는 것은 충분히 예측 가능했다고 보인다. 때문에 모스크바 결정에 어떻게 대처하느냐의 문제는 국제정치 현실에 대한 냉철한 인식을 통해 합리적이고 현실적인 대처 방안을 찾아야 할 문제이지, 민족주의적 열정만으로 해결될 문제는 결코 아니었다. 하지만 사태는 그렇게 전개되지 않았다. 탁치 문제를 둘러싼 정국은 민족주의적 열정에 휩싸이면서, 반탁은 민족을 위한 것이고 찬탁 또는 모스크바 결정 지지는 민족을 배신하는 반민족적 행위라는 단순한 이분법이 사태를 지배하게 되었다. 이 과정에서 탁치 문제에 대한 신중하고 현실적 대응을 촉구한 송진우가 암살되었고, 이후 우파 지도자 누구도 이런 견해를 공개적으로 표명할 수 없게 되었다.[2] 맹목적 민족주의가 모스크바 결정에 대한 대응을 민족 대 반민족으로 도식화시키면서 다른 대안을 반민족으로 몰아 공격하는 폭력적 사태를 야기한 것이고, 그 결과는 역설적이게도 민족주의적 열정이 추구한 것과 정반대인 분단이었다.[3]

---

2) 예컨대 김규식은 모스크바 협정 원문을 접하고서, 탁치는 반대하되 모스크바 결정의 제1항인 임시정부의 설립을 서둘러야 한다고 판단했다. 한국 문제의 해결이 미·소 양국의 합의 아래 가능한 만큼 지금과 같이 탁치 문제에만 집착해 모스크바 결정 자체를 반대한다면 임시정부의 수립은 그 만큼 지연될 것임을 우려한 것이다. 하지만 이런 견해를 측근에게만 피력할 뿐 공개적으로 표명할 수 없었다. 대신 김규식은 반탁 운동에 대해서도 침묵을 지켰다(김재명 2003, 318).

한편 탁치 문제를 둘러싼 갈등은 좌우 대립과 중첩되면서 더욱 악화되었다. 주지하듯이 신탁통치 방안은 전후 미국이 한반도 문제를 처리하기 위해 고안한 것이었고, 모스크바 3상 회담에서 탁치를 제안한 것도 미국이었다. 하지만 모스크바 결정이 국내에 전해지는 과정에서 '미국은 즉각 독립을 주장했지만 소련은 신탁통치를 주장했다'는 식으로 정보가 왜곡 전달되었고, 우파 세력들은 이를 이용해 모스크바 회담 결과에 찬성하는 좌파 세력을 '친소·매국 세력'으로 몰아붙여 공격했다. 결국 찬반탁 논쟁은 좌우파 간의 극단적 대립으로 치달았다.

탁치 파동이 남긴 가장 중요한 결과는, 남한 내부의 좌우 갈등을 화해 불가능할 정도의 것으로 심화시켰다는 것이다. 일제 식민지 지배로부터 갓 해방된 시점에서 국가권력을 둘러싸고 경쟁하는 여러 정치 세력들에게 가장 중요한 정통성의 근거는 민족 독립운동으로부터 나오는 민족적 정통성이라고 할 수 있다. 그런데 탁치 파동 이전까지만 해도 좌·우파 중 어느 일방이 민족적 정통성을 독점하면서 다른 일방을 반민족 세력으로 몰아붙일 수는 없는 상황이었다. 좌파 세력은 우파를 겨냥

---

3) 반탁을 반소 운동으로 전개하면서 분단을 수용한 이승만의 노선은 냉전이 시작되던 당시의 국제정치 현실에 입각한 일관성을 보여 준다. 하지만 반탁운동을 주도하면서 이를 통해 즉각 독립과 단일 정부 수립을 추구한 김구의 노선은 국제정치의 현실을 무시한 '낭만적·주의주의적' 노선이었다고 할 수밖에 없다. 그리고 김구의 주의주의적 노선은, 결국 그 의도와는 정반대인 분단으로 귀결되었다. 정치 지도자나 집단적 정치 행위를 평가하는 기준은 행위의 동기를 따지는 '신념 윤리'가 아닌 정치적 결과에 책임지는 '책임 윤리'에 있다는 베버의 지적(베버 2007)에 따른다면, 분단의 책임에 있어 김구 노선의 문제점 역시 묻지 않을 수 없을 것이다.

해 친일파 청산을 강하게 주장했지만, 그렇다고 우파 세력 전체를 반민족 세력으로 몰 수는 없었다. 우파 세력 역시 좌파를 반민족 세력으로 몰 근거는 없었다. 이는 곧 신생국가 건설 과정에서 어느 일방을 완전히 배제할 수 없었음을 의미한다. 따라서 적어도 탁치 파동 이전까지 좌우 갈등은 '공존과 타협이 가능한 갈등'이었다고 할 수 있다.

하지만 탁치 파동을 통해 우파는 '찬탁=친소=매국'의 공식을 유포시켜 좌파 세력을 '반민족 세력'으로 몰아붙였다. 상대편을 반민족 세력으로 몬다는 것은 국가 건설 과정에서 타협이 불가능한 적대 세력으로 규정함을 의미한다. 달리 말하면 좌파 세력의 국민적 정체성을 부정한 것에 다름 아니다. 단지 어떤 집단의 이념이 다르다는 이유만으로 그들의 민족적·국민적 정체성을 부정할 수는 없을 것이다. 따라서 좌파 세력을 국민의 범주에서 배제하기 위해서는 이념이 아니라 민족주의를 내세운 공격이 필요했다. 탁치 파동의 핵심은 여기에 있었다. 민족적 정통성을 둘러싼 대립이 결국 민족 내부의 갈등을 타협 불가능할 정도로 악화시킨 것이다.

다른 한편 탁치 파동은 우파 세력의 반소·반공주의에 대중적 기반을 제공한 결정적 계기가 되었는데, 그 매개가 된 것 역시 민족주의의 동원이었다. 탁치 파동 이전까지 민족주의는 기본적으로 일제 잔재 청산을 의미했으며, 일제의 수탈 체제와 결합된 식민지의 반봉건적 착취 구조로부터의 해방, 즉 사회·경제적 변혁을 의미했다. 이런 면에서 그것은 기본적으로 민중적 내용을 갖는 민족주의, 말하자면 민중적 민족주의였다고 할 수 있을 것이다.

그런데 탁치 파동을 통해 반공 민족주의라고 할 수 있는 새로운 내용의 민족주의가 동원되고 만들어졌다. 반소·반공이 곧 독립의 길이 된 것이다. 이렇게 볼 때 반탁운동은 민족주의에 내재해 있던, 외세에 대한 독립이라는 민중들의 열정을 끌어내어 반공주의에 생명력을 불어넣는 과정이었다고 할 수 있다(모리 요시노부 1989). 각종 우파 단체들이 반탁운동을 통해 민중을 동원하면서 대중적 기반을 확보할 수 있었던 것은 민족주의의 동원이 있었기에 가능했다. 나아가 분단 이후 남북에 각각 수립된 두 개의 정부가 상대편을 비난할 때 그 근거가 된 것도 민족주의였다. 주지하듯이 남북은 각각 상대방을 '소련의 괴뢰', '미제 앞잡이'로 몰아붙였던 것이다. 결국 분단 과정에서 민족주의는 민족 내부의 갈등을 공존 불가능한 것으로 심화시키는 매개로 작용했음을 우리는 보게된다. 만일 해방 3년기의 역사를 단일 국가 형성에 이르지 못했다는 의미에서 실패의 역사로 규정한다면, 그것은 민족주의를 실천하지 못했기 때문이 아니라 과도한 민족주의 때문이었다고 보는 것이 오히려 정확하지 않을까.

민족주의에 기초한 역사 인식의 한계는 정부 수립 60주년을 계기로 불거진 '건국절' 논란에서도 볼 수 있다. 2008년 이명박 정부는 1948년 정부 수립일을 '건국절'로 제정해 대대적으로 기념하고자 했다. 1948년 이승만·한국민주당(이하 한민당) 등 보수 우파 주도하의 정부 수립을 단정 수립이자 분단을 초래한 단초로 규정하는 민족주의 사학계의 부정적 평가에 대응해, 1948년 정부 수립을 자유민주주의와 시장경제에 바탕한 대한민국의 기틀을 마련함으로써 오늘의 번영을 가능케 한 역사적 계기로 적극 평가하려는 의도에서였다고 할 수 있다. 또한 보수 우파 주도하의 현대사를 성공의 역사로 자리매김하고 그 정통성을 이어받은 적

자로서 이명박 정부를 설정하려는 정치적 의도도 엿보였다.

하지만 건국절 제정 시도는 한국사학계나 광복회를 비롯해 민족주의적 정조에 바탕한 각계각층으로부터 반발을 불러일으켰다. 대한민국 건국의 기점은 1919년 3·1운동의 성과로 수립된 임시정부에서 잡아야 하는데 1948년 8·15를 건국절로 하게 되면 결국 임시정부의 정통성을 부정하는 결과가 된다는 것이 건국절 반대의 논리였다. 또한 건국절 제정은 친일파가 득세한 남한 정부 수립을 무조건 정당화하는 결과가 되어 친일파 세력에게 면죄부를 부여하게 된다는 점도 반대의 근거로 제시되었다. 이에 따라 '건국'이냐 '정부 수립'이냐를 둘러싼 논쟁이 제기되었고 결국 이명박 정부는 건국절 제정 시도를 포기했다.

이 논쟁의 이면에는 이승만의 노선과 김구의 노선 간에 어느 것이 더 정당했느냐라는 문제의식이 깔려 있는 것으로 보인다. 단적으로 말하자면 뉴 라이트 계열의 반공주의 보수 사학 대 민족주의 사학 간의 논쟁이었다고도 할 수 있다. 반공을 더 중시하면서 분단을 받아들였던 이승만의 노선과, 민족주의적 측면에서 분단을 수용할 수 없었던 김구의 노선 간에 어느 것이 더 올바른 것이었던가는 현대사 해석에서 중요한 문제다. 하지만 더 중요한 것은 건국절 논쟁이 결국 한국 현대사를 '이승만 대 김구'의 대결로 만듦으로써 현대사를 바라보는 시야를 보수 우파 내부의 경쟁으로 협애화시켰다는 데 있다. 해방 당시 건국을 둘러싸고는 김구와 이승만의 노선 외에도 좌파의 노선, 중도좌파의 노선, 중도우파의 노선 등이 경합하고 있었다. 또한 건국 과정에서는 친일파 청산이나 단정이냐 남북 단일 정부냐의 문제만이 아니라, 자본주의 체제냐 사회주의 체제냐 또는 제3의 길이냐라는 체제 선택의 문제, 사회·경제적 변혁의 문제, 민주주의 제도화의 문제 등 여러 건국 의제들이 제기되었다. 1948년 정부 수립에 대한 평가는 이처럼 당시 제시되었던 여러 건국 노선들과 건국 의제들을 종합적으로 고려하면서 이루어져야 할 것이다. 하지만 건국절 논쟁에서는 이런 종합적 사고가 모두 사상되어 버렸다. 1980년대에 전개되었던 현대사 연구가 좌파·중도좌파까지를 포함하는 지평 위에서 전개되었던 것에 비추어 본다면, 김구 대 이승만의 대결로 좁혀진 건국절 논쟁이 역사를 바라보는 시야나 지평을 얼마나 협애화시켰는지를 알 수 있을 것이다.

건국절 논쟁에서 드러난 또 다른 문제는, 민족주의에 기초한 현대사 해석이 가져온 김구 노선의 신화화 또는 임시정부의 신화화 문제이다. 상해(중경) 임시정부가 독립운동사에서 갖는 중요한 의미는 누구도 부정하지 못할 것이다. 3·1운동의 성과로 만들어진 민족 독립 정신의 상징인 임시정부를 온갖 역경을 이겨내고서 지켜 낸 것은 중요한 성과였다. 하지만 현실적으로 상해(중경) 임시정부가 명실상부한 임시정부로서 기능하지 못했음도 분명한 사실이다. 상해(중경) 임정이 명실상부한 임시정부로 기능하기 위해서는 대체로 두 가지 요건이 필요했다. 하나는 민족 독립운동 세력들의 구심체로서의 위상이며, 다른 하나는 국제사회의 승인이다. 이런 요건이 구비되었더라면, 상해(중경) 임시정부는 해방 후 독립국가 수립을 주도해 나가는 역할을 했을 것이다. 그러나 상해(중경) 임시정부는 국제사회의 인정은 차치하더라도 독립운동 세력을 망라하는 대표성도 확보하지 못했다.

주지하듯이 일제하에서 독립운동 세력들 간에는 이념(좌, 우, 중도), 노선(독립 준비론, 무장 투쟁론, 외교론 등), 지역적 기반(국내, 중국 관내, 중국 화북 지방, 만주, 소련, 미국 등) 등의 차이로 인해 어떤 중심적 통합 기구나 세력도 형성되지 못했다. 독립운동 세력은 국내의 우파 세력(김성수·송진우 등), 좌파 세력(박헌영), 중도좌파 세력(여운형), 중도우파 세력(안재홍), 중국 화북 지방의 좌파 세력(독립동맹, 김두봉), 중국 관내의 우파 세력(임정 세력, 김구, 김규식 등), 만주에서 활동한 좌파 무장 세력(김일성), 미국에서 활동한 우파 외교 노선 그룹(이승만) 등으로 분산되어 있었다. 상해(중경) 임정은 1920년대 노선 갈등으로 인해 분열된 이후에는, 김구를 중심으로 하는 중국 관내 우파 민족주의 단체 이상의 위상을 갖지 못했다. 상해(중경) 임시정부가 민족 독립운동 진영 내에서 대표성을 가장 넓게 확보했던 것은 1942년부터 중국 관내의 좌파 민족주의 세력과 함께 좌우합작을 이룩했을 때였다. 하지만 이런 좌우 연합체적 성격도 임정이 귀국한 이후 얼마 되지 않은 1945년 말에서 1946년 초에 이르러 상실하게 된다. 임정 법통론을 둘러싼 대립 때문이었다.

1945년 11월 귀국 이후 김구는 임정 법통론을 주창했다. 임정의 법통 아래 임시정부가 과도정부로 역할하면서 건국을 주도해야 한다는 논리였다. 하지만 이는 좌익이나 중도파에 대해 배타성과 군림성을 띠고 있었으므로 임시정부 측이 임정 법통론을 고집하는 한 좌우 통합은 어려울 수밖에 없었다. 임정 법통론은 이미 민족의 의사를 대표하는 정통성이 중경 임정에 있음을 전제로 했기 때문이다. 결국 당시 임정 법통론은 단일 정부 수립을 위해 필요한 좌우 연합체적 통합 기구의 성립을 가로막는 요인이 되었던 것이다. 따라서 임정 내의 좌파나 좌우 연합파를 중심으로 임정 법통론을 철회해야 한다는 반대의 목소리가 적지 않았고, 이를 둘러싼 김구 진영과의 마찰로 인해 결국 임정 내 좌파·합작파 세력(김성숙·김원봉·성주식·장건상 등)은 임정 진영을 떠나게 된다. 이에 따라 1945년 말에서 1946년 초에 이르러 임정은 일제 말기 달성했던 좌우 연합체적 성격을 상실하고 다시 김구의 한국독립당(이하 한독당) 세력으로 축소되었다. 이후 김구는 1947년 말까지 이승만·한민당과 함께 '탁치 반대, 모스크바 협정 폐기, 중간파 및 좌우합작 반대' 노선을 추진했다. 만일 민족주의적 입장에서 이승만·한민당 노선을 단정·분단을 초래한 노선으로 비판하고자 한다면, 김구 역시 그 책임을 면하기 어렵다는 것이 객관적인 평가일 것이다. 물론 김구는 1947년 가을 한국 문제가 유엔에 이관된 이후 분단이 목전에 다가오자 1948년 초 최종적으로 이승만 노선과 결별하고 김규식과 함께 1948년 봄 남북협상에 임했다. 하지만 이때는 이미 분단을 되돌리기는 불가능한 상황이었다. 이렇게 볼 때 김구가 걸었던 노선은, 정의적 민족주의에 입각한 개인적 신념의 순수성이라는 측면에서는 높이 평가될 수 있을지 모르지만, 정치적 선택의 결과에 대해 책임성을 따지는, 정치인의 책임윤리라는 측면에서는 많은 문제를 안고 있었다고 할 수 있다.

1948년 봄의 남북협상으로 인해, 결정적으로는 1949년 여름 이승만 정권하에서 암살됨으로 인해, 김구는 이승만의 반공·분단 노선에 저항하는 민족 통일 노선의 신화가 되었다. 특히 한국전쟁을 거치면서 공고화된 냉전 반공 이념하에서 좌파는 물론이고 여운형 등 중도좌파 노선에 대한 어떠한 긍정적 평가도 이념적으로 공격받게 된 상황에서, 김구 노선만이 이승만 노선을 비판할 수 있는 유일한 준거이자 대안으로 자리 잡게 되었다. 김구 노선의 신화화는 이런 면에서 민족주의와 반공주의가 결합해 만들어 낸 산물이라 할 수 있을 것이다. 지난 건국절 논쟁을 바라보면서 우리는, 현재 우리의 역사 인식이 1980년대에 비해 더욱 반공주의와 민족주의에 의해 압도되고 있는 것은 아닌가 반성하게 된다. 결국 건국절 논쟁은, 민족주의적 역사 인식이 보수 우파의 냉전 반공적 역사 인식을 극복하는 대안이 될 수 없음을 보여 주었다.

이런 점에서 해방 3년기를 분석하고 평가하기 위해서는 분석의 시각과 판단의 근거를 냉전 반공주의도 아니며 민족주의도 아닌 다른 대안적 기준에서 찾아야 한다. 우리는 그것이 '민주주의'라고 생각한다. 민주주의 관점에 따를 때, 민족은 결코 동질적이지 않으며 다양한 이해관계나 이념에 따른 민족 내의 갈등은 자연스러운 것으로 간주된다. 나아가 이러한 갈등 속에서 단일의 국가를 이루기 위해서는, 반공 사학이 주장하는 좌파나 중도좌파의 배제도 아니고, 민족주의 사학이 주장하는 갈등을 초월하는 민족 대단결도 아닌, 민족 내부의 갈등과 이념의 차이를 인정하는 바탕 위에서 이들 간의 공존을 모색하는 것이 대안이 될 것이다. 이러한 판단에 따를 때 해방 3년기에 우리가 단일의 국민국가 형성에 실패한 것은 민족주의가 아니라 민주주의의 실천에 실패했기 때문이 된다(미·소의 분할 점령을 극복하고 단일 국가를 이룰 공간이 존재했다는 것을 가정한다면).

민주주의 관점에서의 현대사 인식

해방 3년기를 '민주주의 관점에서 본다'고 할 때 그 의미는 무엇인가. 이 질문에 답하기 위해서는 우선 민주주의를 어떻게 정의할 것인가에 대한 판단이 필요하다. 민주주의를 정의하는 데에는 두 가지 방식이 있다. 첫째는 하나의 가치나 이상의 측면에서 민주주의를 정의하는 것이다. 이는 '실체로서의 민주주의'라고 할 수 있는데, 민주주의를 통해 궁극적으로 어떠한 가치를 실현하느냐가 중요시된다. 이런 관점에서 민주주의를 정의할 때, 핵심적 관건은 통치의 주체가 누구인가라는 문제다. 민주주의를 단어의 뜻 그대로 '인민에 의한 지배'로 정의한다면, 결국 인민이 누구인가에 따라 민주주의를 통해 실현하는 가치나 이상이 크게 달라질 수 있기 때문이다. 해방 당시에 널리 통용되었던 부르주아 민주주의, 프롤레타리아 민주주의, 인민 민주주의 등의 개념은 이러한 기준에 입각한 구분이라 할 수 있다. 예컨대 '부르주아 민주주의'의 경우, 부르주아계급이 지배의 주체로 상정되며 따라서 재산권을 핵심으로 하는 최대한의 자유가 민주주의를 통해 지향하는 가치가 된다. 반면, '인민 민주주의' 또는 '프롤레타리아 민주주의'의 경우, 평등한 인민 또는 프롤레타리아에 의한 지배를 통해 실질적으로 평등한 사회를 이루는 것이 목표가 된다.

민주주의를 정의하는 두 번째 방식은, 하나의 수단, 절차로서 정의하는 것이다. 즉 '절차로서의 민주주의'라고 할 수 있다. 이런 관점에서는 어떤 민주적 가치나 이상을 지향하더라도 방법 및 절차로서의 민주주의 즉, 정치적 민주주의가 필수 요건으로 간주된다. 특히 이런 관점에 의하면, 지배의 주체인 인민은 결코 어떤 동질적 속성을 가진 집단으로 간주되지 않는다. 인민에 의한 통치란 결국 다수에 의한 통치를 의미하는데, 이때의 다수는 가변적이고 임시적인 존재로 상정된다. 즉 어떤 계층적·계급적 기반에 따라 고정된 사회·경제적 이해를 갖는 다수 집단이 존재하는 것이 아니라는 점이다. 결국 민주주의는 상이한 이해와 가치를 갖는 여러 집단들 간의 갈등을 전제로 해, 이러한 갈등을 관리하는 수단적 틀로서 규정된다.

만일 전자의 개념으로 민주주의를 정의한다면, 해방 후 경쟁하고 적대했던 여러 세력과 노선 중에서 어느 하나의 정당한 세력과 노선이 설정될 수 있을 것이고, 그것이 실현되는 것이 바람직한 역사의 경로였다고 해석될 수 있을 것이다. 그러나 이럴 경우 해방 3년기의 갈등은 역사 해석을 둘러싼 대립으로 재현될 것이다. 좌파의 혁명적 민주주의 대 우파의 반공 보수적 민주주의라는 두 가지 민주주의 간의 대립이 그것이다.

이 글은 이러한 실체적 민주주의 개념에 기초한 해석을 거부한다. 두 가지 민주주의 간의 양극적 해석은 지양되어야 한다. 정치적 다원성을 인정하지 않는 좌파의 혁명적 민주주의관의 오류는 이미 역사에 의해 증명된 바이다. 정치적 갈등의 근원은 계급투쟁에 있기 때문에 계급 적대가 해소된 사회주의·공산주의 사회에서는 모든 정치적 갈등이 해소되어 통치의 필요성도 사라지게 된다는 논리는 결국 일당독재로 귀결됨을 역사는 보여 주었기 때문이다. 하지만 여기에서 강조해야 할 것은 이러한 문제점이 보수 우파의 현대사 해석에서도 그대로 발견된다는 점이다. 반공을 자유민주주의의 전제로 설정하고 보수 우파 독점의 정치 질서를 자유민주주의 체제라고 강변해서는 결국 해방 3년기와 같은 적대와 폭력의 역사를 되풀이하게 될 것이기 때문이다.

이런 점에서 우리에게 필요한 것은 가치에 대한 합의가 아니라 가치의 차이를 둘러싼 갈등을 다룰 절차에 대한 합의를 중시하는 최소주의적 민주주의라고 할 수 있다. 즉 방법·절차·수단으로서의 민주주의이다. 이러한 민주주의 개념에 따르면, 한 사회에는 집단·계층·계급·인종·지역 등에 따라 다양한 가치 간의 갈등이 불가피하며, 민주주의 체제란 특정의 가치나 이념이 전일적으로 사회에 관철되도록 해 갈등을 해소하는 것이 아니라, 가치의 상대성과 갈등적 가치들의 공존을 전제로 해 일정한 제도와 틀 속에서 평화적 방식으로 갈등이 전개되도록 하는 것을 의미한다.

이런 관점에서 해방 3년기를 살펴보자. 당시 각 정치 세력이나 민족 지도자들은 자신이 생각하는 새로운 국민국가의 모습을 진보적 민주주의, 부르주아 민주주의, 신민주주의, 연합성 신민주주의, 자본 민주주의, 진정 민주주의, 프롤레타리아 민주주의 등 다양한 민주주의 개념을 통해 제시했다. 이러한 경쟁적 민주주의 개념들은 지배 주체(부르주아·프롤레타리아·인민)나 추구하는 가치(부르주아 민주주의론에서는 자본주의 체제, 프롤레타리아 민주주의에서는 사회주의 또는 공산주의, 신민주주의론에서는 사회민주주의나 제3의 길) 등을 둘러싸고 심각한 이견과 갈등이 존재했음을 의미한다. 절차로서의 민주주의 관점은, 이러한 갈등이 물리적 수단을 통해 배제·제거되지 않고 다원적인 경쟁을 통해서 제도적 틀 내에서 전개되는 것을 추구한다.

하지만 이러한 관점에 대해서는 근본적인 반론이 제기될 수 있다. 절차로서의 민주주의 관점이 해방 3년기와 같은 격렬한 갈등의 시기에도 적용될 수 있는가라는 반론이 그것이다. 달리 표현하면, '궁극적 가치'의 차이를 둘러싼 갈등이 '절차적 민주주의' 속에서 공존하면서 제도화될 수 있는가라는 의문이다. 이러한 문제를 제기하는 측에서는 민주주의가 존속하려면 궁극적 가치나 신념 체계에 대한 합의가 선결 조건으로 요구된다고 주장한다. 그러나 기본적 가치에 대한 합의가 민주주의의 필요조건이라는 주장은 '부분적으로' 수용되어야 한다. 한 사회의 궁극적 가치에 대한 합의가 있을 경우 민주주의의 생존 기반이 강화된다는 점에서 말이다. 즉 그것은 민주주의의 선결 조건이 아니라 민주주의의 생존에 도움이 되는 조건으로 수용되어야 할 것이다.

민주주의의 궁극적 의미는, 기본적 가치나 이념을 공유하는 동질적 집단 내에서 실현되는 것이 아니라, 갈등적인 가치나 이념을 가진 적대적 집단들 간의 공존을 가능케 하는 데서 찾을 수 있다. 기본적 가치에 대한 합의가 민주주의의 필요조건이 아니라, 가치의 차이를 다루는 수단과 절차에 대한 합의가 민주주의의 필요조건인 것이다. 그리고 이러한 절차적 합의를 만드는 공존과 타협의 기술이 곧 정치의 과제다. 이런 점에서 민주주의란 어떤 주어진, 확정된, 유일의 가치나 절차 또는 제도가 아니라, 갈등적 이념과 이해를 갖는 정치집단들이 경쟁과 대립 속에서 불가피하게 공존을 모색하기 위해 도달하게 되는 잠정적 합의의 틀이라고 할 수 있다.

민주주의에 대한 이러한 관점에서 볼 때, 해방 3년기 국가 형성 과정에서 문제가 되는 것은 당시의 정치 세력들이나 정치 지도자들이 민주주의 이념이나 제도에 대한 지식이 없었다거나 또는 그것을 운영해 본 경험이 없었다는 차원의 문제가 아님을 알 수 있다. 기본적인 문제는 갈등했던 당시의 여러 정치 세력들이 가치와 이념의 상대성을 인정하고 서로 공존을 모색했느냐, 아니면 가치나 이념 또는 권력의 배타적 독점을 추구했느냐였다. 전자가 민주적 방법이라면 후자는 민주주의에 반하는 방법이라 할 수 있다.

그 당시 가능했던 대안은 두 가지였을 것이다. 첫째는 다양한 사회적 갈등 간의 공존을 모색하는 것이었다. 가능한 한 다양한 신념이나 이념, 이해를 대표하는 정치 세력들 간에 공존을 위한 수단과 절차에 대한 합의가 이루어지고, 이러한 제도적 틀 속에서 갈등이 제도화되는 길이다. 이것은 우리가 추구하는 민주주의에 부합하는 길이라 할 수 있다.

두 번째는 경쟁하고 적대하는 정치집단들이 자신의 가치나 이념의 절대성을 고집하는 것이다. 자신이 제시하는 민주주의만이 진정한 민주주의이고 민족의 이익에 부합하는 것이라고 주장한다. 적대적 가치나 이해는 민족의 생존과 이익에 반하는 것으로 규정되어 배제와 제거의 대상이 된다. 갈등은 수용되고 제도화되어야 할 것이 아니라 물리력을 통해서라도 제거되어야 하는 것으로 간주된다. 갈등의 공존에 필요한 수단과 절차에 대한 합의는 이루어지지 못하고, 사회정치적 갈등은 전쟁의 상태로까지 격화된다. 이는 우리가 의미하는 민주주의에 반하는 길이라 할 수 있다.

이상의 두 대안 중 해방 3년기는 불행하게도 후자의 과정으로 전개되었다. 이념·세력·집단 간의 갈등이 제도화된 것이 아니라, 폭력적 충돌의 결과 특정의 이념과 세력이 패권을 잡고 나머지 세력을 물리적으로 배제·제거하는 과정으로 귀결되었으며, 지배 세력은 이를 반공 체제로 제도화했다. 한국의 민주주의는 이러한 정초 위에서 출발했고, 이는 한국 민주주의의 이후 전개 과정에 결정적 영향을 미치는 요인이 되었던 것이다.

2. 48년 체제에 대한 세 가지 해석

민주주의의 관점에서 볼 때 48년 체제의 특징과 한계는 무엇인가. 이를 살펴보기 위해서 1948년 성립된 남한 체제의 성격을 둘러싼 논쟁을 살펴볼 필요가 있다.

48년 체제의 특징을 둘러싸고는 몇 가지 해석이 경쟁, 대립하고 있다. 그 첫째는 보수적 해석이다. 이들에 의하면 정부 수립은 구한말 개화파의 계보를 잇는 우파 민족주의자들에 의한 자유민주주의와 자본주의 수용의 결과로 해석된다. 그리고 대한민국은 민주주의와 시장경제라는 건국의 기초 이념을 충실히 발전시킴으로써 오늘날과 같은 안정과 번영을 이루었다고 평가된다(교과서포럼 2008, 143, 148-149). 특히 이들은 건국 과정을 '공산주의·계급독재'와 '자유민주주의·시장경제'라는 두 노선의 대결에서 후자가 승리한 과정으로 평가한다. 같은 맥락에서 이들은 한국 현대사를, 북한이 택한 사회주의 노선과의 대결 구도 아래 국가 형성, 산업화, 민주화라는 근대화의 세 가지 과제를 성공적으로 달성한 역사로 전면 긍정하고 있다. 이런 점에서 이들의 역사 인식은 좌우·남북 대결적 역사 인식이라 할 수 있으며, 이를 따를 때 남한의 냉전 반공 체제는 자유민주주의를 지키고 확립하기 위한 전제 조건이자 기반으로서 긍정시될 것이다. 결국 이들의 역사 인식에서는 냉전의 영향이라는 한국 국가 형성 과정의 특수성이나 그 결과물인 반공 체제가 자유민주주의에 가한 제약이 간과되거나, 보다 적극적으로는 반공 체제가 자유민주주의의 전제가 된다는 냉전적 역사 인식으로 회귀할 위험을 안고 있다.

보수적 역사 해석과 대비되는 또 다른 해석은, 신생 대한민국이 추구했던 건국이념을 제헌 헌법에 대한 적극적 해석에서 찾는 것이다. 이들에 의하면 제헌 헌법에 나타난 건국이념은, 정치적 측면에서의 자유민주주의 질서와 사회·경제적 측면에서의 사회주의적·사민주의적 노선이 결합된, 제3의 길이었다고 평가된다. 대체로 이러한 해석은, 오늘날 한국 민주주의가 직면하고 있는 실질적 민주화(사회·경제적 민주화)의 과제를 강조하면서, 이러한 자신들의 입장을 뒷받침해 주고 정당화할 근거를 제헌 헌법에서부터 찾고자 하는 의도가 내재된 것으로 이해된다. 대한민국은 그 출발에서부터 평등에 대한 지향이나 사민주의적 건국이념을 가지고 출발했으므로 민주화를 이룩한 이제 그것을 적극 실현해야 한다는 논리다.

그러나 이러한 해석은 당시 정치 현실을 고려할 때 하나의 '희망적·비현실적 해석'으로 읽힌다. 물론 〈표 1-1〉에서 요약한 제헌 헌법 조문에 주목할 경우, 건국 시점에서 우리는 제3의 길을 추구했다는 해석도 가능할 듯하다. 먼저 제헌 헌법 조문에서 보듯이 우리는 1948년 근대 국민국가의 출범과 동시에 자유민주주의를 제도화했다. 왕정이 부정되고 공화정이 도입되었고, 헌법과 법률에 의해 권력이 제한되고 국민의 기본권이 법에 의해 보장되는 입헌주의와 법치주의가 도입되었다. 삼권 간의 분립이 제도화되었다. 국민주권의 원칙이 성문화되고, 복수 정당 간 경쟁과 함께 서구 민주주의 발달사의 최종 단계로 거론되는 성인 남녀의 보통평등선거제가 도입되었다. 신분이나 재산·학력·성별 등에 기초한 일체의 제한이나 차별 없이 완벽한 형태의 보통평등선거권이 일거에 부여된 것이다. 더욱 주목되는 것은 광범한 사회적 권리의 보장 및

표 1-1 | 건국 헌법의 주요 내용

구분	내용	비고
시민적 권리	법 앞의 평등, 성별·신앙·사회적 신분에 의한 차별 금지(8조)	
	신체의 자유, 영장제 도입(9조)	
	거주 이전의 자유(10조)	
	통신의 비밀(11조)	
	신앙과 양심의 자유(12조)	
	언론·출판·집회·결사의 자유(13조)	
	학문과 예술의 자유(14조)	
	재산권 보장(15조)	
권력 분립	삼권분립	
	헌법위원회에 의한 위헌 법률 심사(81조)	
	지방자치(제8장)	
	법원 행정권을 대법원으로 이관(법원조직법)	
정치적 권리	국민주권(제2조)	
	공무원 선거권(25조)	
	공무 담임권(26조)	
	보통·직접·평등·비밀선거(32조)	
	선거권 21세, 피선거권 25세(선거법)	
사회적 권리	정치·경제·사회·문화 모든 영역에서의 자유와 평등과 창의(5조)	62년 삭제
	균등하게 교육받을 권리(31조)	62년 '균등' 삭제
	근로자의 단결·단체교섭·단체행동권(18조1항)	62년, 72년 제한
	생활 능력이 없는 자에 대한 국가의 보호(19조)	
	사기업체의 이익 분배 균점권(18조2항)	62년 삭제
통제 경제	경제 질서는 사회정의 실현과 균형 있는 국민경제의 발전을 기본으로 하고, 개인의 경제적 자유는 이 한도 내에서 보장(84조)	62년 '개인의 경제적 자유와 창의가 기본'으로 수정
	광물, 주요 지하자원, 수산자원, 수력 등의 국유화(85조)	54년 삭제
	대외무역에 대한 국가 통제(87조)	62년 삭제
	국방상, 국민 생활상 긴절한 필요에 의해 사영 기업을 국유 또는 공유로 이전하거나 그 경영을 통제, 관리함은 법률이 정하는 바에 의해 행한다(88조).	54년 수정 : 법률로써 특별히 정하는 경우를 제외하고는 국유·공유로의 이전이나 경영에 대한 통제·관리 불가
	중요한 운수·통신·금융·보험·전기·수리·수도·가스 및 공공성 기업은 국영 또는 공영(87조)	54년 삭제

통제경제 체제의 도입이다. 정치·경제·사회·문화 등 모든 영역에서의 평등, 균등한 교육권, 취약층에 대한 국가의 보호 등 광범위한 사회권이 부여되었고, 노동3권이 보장되었을 뿐만 아니라 노동자의 이익 균점권이라는 사민주의적 내용까지 첨부되었다. 경제·사회체제는 자본주의 시장경제 질서와 맞지 않는 사회주의적·통제경제적 요소를 상당 부분 담고 있었던 것이다.[4]

혼히 민주주의의 발전 과정은 시민권의 점진적인 확대 과정으로 이해될 수 있다. 마셜(T. H. Marshall)이 이야기한 시민적 권리(기본권)에서 정치적 권리(선거권, 피선거권), 나아가 사회적 권리(복지권)로의 확대가 그것이다. 이에 준해서 제헌 헌법을 해석한다면, 한국은 최초의 민주주의 제도화 시점에서 시민적 권리와 정치적 권리는 물론 사회적 권리까지 광범위하게 헌법에 담았음을 알 수 있다.

그러나 제헌 헌법을 중심으로 한 이러한 해석은 치명적 약점을 안고 있다. 헌법 조문에 담긴 건국이념이, 정부 수립 당시의 정치적 힘의 관계 내지 건국 주도 세력의 성격과 심각한 괴리를 보인다는 점이 그것이다. 헌법을 중심으로 해 당시 성립된 신생 대한민국의 틀을 그려 보면, 자유주의·자본주의 질서와 사회주의 질서의 타협 내지는 제3의 길을 지향했다는 해석도 가능하지만, 실제 건국의 정치과정은 미국 주도의 전

---

4) 헌법을 초안했던 유진오는 『헌법해의』에서, 건국 헌법은 "개인주의적 자본주의 국가의 체제를 폐기하고 사회주의적인 균등의 원리를 채택하되, 개인주의적 자본주의의 장점인 자유와 평등 및 창의의 가치를 조화되고 융합되는 새로운 국가형태의 설립을 목표로 삼는 것"이라고 적고 있다(박명림 2004, 261).

후 자본주의 질서에 남한이 전일적으로 편입되는 과정이었다. 또한 건국을 주도한 세력은 보수 우파인 이승만·한민당 동맹이었다. 좌파인 공산당과 사민주의 노선을 추구한 중도좌파는 물론이고 사회주의 세력과의 타협·공존을 추구한 중간 우파 등도 모두 배제되었고, 심지어 민족주의 우파의 한 축을 담당한 김구마저 정부 수립에 불참했다. 이와 같이 심각한 괴리를 보이는, 제헌 헌법의 내용과 건국의 실제 정치과정 중에서 현실을 규정한 것은 후자였다. 건국 헌법에 담긴 사민주의적·통제경제적 조항들은 냉전 반공 국가 및 자본주의 시장경제 질서와 배치되는 것이었으며, 따라서 1954년과 1962년 개헌을 통해 수정 또는 삭제되는 운명에 처하게 된다. 신생 대한민국이 지향한 어떠한 정치적 이념이나 가치가 있었다면, 그것은 조문화된 헌법 속에 존재하는 것이 아니라 실제 정치권력의 성격에서 찾아야 하는 것이다. 이런 점에서 헌법 조문에 치중하는 두 번째 해석은, 그 의도와 달리, 남한 민주주의를 제약한 가장 강력한 힘이었던 냉전 반공 체제의 문제점을 간과하게 만드는 한계가 있다.

이 글에서 주장하는 48년 체제에 대한 세 번째 해석은, 실제 정치과정과 정치권력의 성격에 초점을 둔다. 이런 논리를 따를 때 결국 한국의 국가 형성 과정은 냉전의 국내화 과정으로 요약되며, 그 결과 성립된 48년 체제의 기본 성격은 '반공 체제'라는 것이었고, 보수파들이 주장하는 '자유민주주의'는 반공 체제의 한계 내에서 제도화되었으며, 냉전 반공 체제는 이후 남한 자유민주주의에 지금까지 지속되는 어떤 근본적 제약을 가했다고 해석된다(박찬표 2007). 냉전 반공 체제는 제헌 헌법에 담긴 사민주의적 요소는 물론이고 자유민주주의적 기본권마저 형해화시키는 압도적 힘으로 작용했기 때문이다. 이런 점에서 냉전 체제에 편입된 남한 국가의 이념적 기초와 실천을 담은 것은 헌법이 아니라 국가보안법이었으며(최장집 2005, 77), 두 법전 중에서 남한 정체의 본질을 규정한 것은 후자였다고 할 수 있을 것이다.

한편 이러한 해석은 정부 수립 과정을 구한말 이래 우파 민족주의자들에 의한 자유민주주의의 내재적 수용의 결과로—마치 자연스러운 과정이었던 것처럼—해석하는 보수적 입장을 비판한다. 48년 체제의 기본 성격을 규정한 것은, 미·소 분할 점령이라는 외생적 변수가 압도적 규정력을 발휘한 결과인 '반공 체제'의 성립이라는 측면이었고, 이는 곧 구한말 이래 일제 강점기를 거치면서 전개되어 온 근대 국민국가 건설을 향한 민족 내부의 다양한 모색을 폐색시키면서 특정한 방향으로 몰아간 과정이었기 때문이다. 주지하듯이 국권 상실 이후 1910년대를 거치면서 민족 독립운동 세력들 간에 새로운 국민국가 건설의 지향점은 대체로 민주 공화정으로 수렴되었지만, 1920년대 사회주의 이념이 도입된 이후 '어떤 공화국인가'를 둘러싸고 좌에서 우에 이르는 다양한 분화가 일어났다. 자본주의·자유민주주의라는 단일 노선이 아니라, 공산주의나 사회민주주의, 제3의 길 등 여러 노선이 독립운동 세력에 의해 모색되었던 것이다. 해방 이후의 상황을 보더라도 개인적 자유나 자본주의 체제에 대한 지향보다는 민족 구성원 전체의 평등에 대한 요구 즉, 사회주의나 사민주의적 지향이 상당히 강했음을 알 수 있다. 만일 냉전 체제로 강제 편입되지 않았더라면, 이러한 여러 지향 간의 타협을 통해 또한 이들이 정치 공간에서 공존하면서 경쟁하는 방향으로 국민국가 건설이 이루어졌을 것이다.[5] 냉전 체제로의 편입은 이러한 가능성을 봉쇄하면서, 반공 국가라고 하는 신생국가의 이념과 지향점을 외부로부터 부과하게 되었다.

한국의 자유민주주의는 이러한 반공 체제의 동전의 양면으로 제도화된 것이었다. 이를 간과할 경우 반공 체제가 자유민주주의에 가한 구조적 제약과 왜곡을 사상시켜 버리고 마치 양자를 정합적인 것처럼 인식하게 되거나 나아가 자유민주주의를 위해서는 반공이 전제되어야 하는 것처럼, 즉 자유민주주의는 반공 체제의 틀 내에서 가능하다는 식의 논리로 연결될 치명적 위험을 안게 된다.

물론 남한에서 자유민주주의 체제의 출범을, 이전에 아무런 내재적·주체적 수용 과정 없이, 1948년 시점에서 갑자기 외부로부터 이식된 결과로만 해석하는 것은 오류일 것이다. 구한말 이래 우파 세력을 중심으로 한 공화주의 및 자유민주주의 사상의 수용이 있었고, 임시정부 역시 1919년 임시 헌법에서 이미 민주 공화정을 국체로 택하고 있었기 때문

---

5) 건국 헌법의 사민주의적·통제경제적 조항들은 이러한 가능성을 보여 주는 흔적이다. 신생 국가는 냉전 체제에 편입되었지만, 냉전 반공 이념이 내면화되고 헤게모니 이념이 되기 위해서는 한국전쟁을 기다려야만 했다. 당시의 사회 분위기는 사회주의적·사민주의적 지향이 강했고, 제헌국회의 소장파뿐 아니라 우파 의원 역시 민족 내부에서 전개되어 왔던 국민국가 건설론의 영향을 받고 있었다. 건국 헌법에서 광범위한 사민주의적·통제경제적 조항들이 들어가게 된 것은 이러한 상황의 반영이었다. 하지만 그것은 결국 냉전 반공 국가 및 자본주의 체제와 배치되는 것이었기에 이후 아무런 저항 없이 수정 또는 삭제된다. 이렇게 볼 때 제헌 헌법의 사민주의적 조항들은 신생 국가가 추구할 목표라기보다는, 그때까지 전개되어 온 국민국가 건설론의 마지막 흔적, 즉 화석화된 과거의 흔적이었다고 보는 것이 타당할 것이다. 또한 그것은 외부적 요인이 압도적으로 작용한 건국 과정이, 민족 내부에서 전개되어 온 건국의 지향점과 얼마나 불일치했던가를 보여 주는 증표이기도 하다.

이다. 그러나 민주주의라는 정치 경쟁의 틀 내에서 경쟁하는 여러 정치 세력 중의 하나로서 자유주의·자본주의 질서를 지향하는 세력이 존재하는 정체가 아니라, 이들이 국가 공동체를 전일적으로 지배하면서 사회주의 이념과 세력을 전면 배제하는 정체가 형성된 것은, 서구 자유민주주의가 내적으로 수용된 결과라고는 결코 설명될 수 없다. 그것은 냉전의 국내화에 의해 반공 체제가 성립됨으로써만 가능했다. 한국의 자유민주주의를 내적 수용의 결과로 해석하는 것은, 분단하에서 냉전의 국내화로서 전개된 한국 국가 형성의 구체적 역사를 망각하도록 만들며, 나아가 반공 체제가 한 사회 공동체에 가한 억압과 폭력의 역사를 하나의 에피소드처럼 치부해 버리게 할 것이다.

3. 48년 체제의 형성 과정

반공 체제와 자유민주주의라는 두 계기는 어떻게 결합될 수 있었을까. 그 결과 한국의 자유민주주의는 어떠한 제약과 한계를 안게 되었는가. 전후 자본주의 체제에 전일적으로 편입되는 과정에서 건국의 주도 세력 역시 보수 우파 진영으로 협애화되었음에도 불구하고, 어떻게 신생국가의 틀로서 자유민주주의가 광범위하게 제도화되었는가. 이러한 질문에 답하기 위해서 우리는 당시의 정치과정을 간단히 살펴볼 필요가 있다. 건국 과정은 반공 체제 성립과 자유민주주의의 제도화라는 두 국면으로 전개되었다. 이 중에서 반공 체제 성립은 시기적으로 앞섰을 뿐

만 아니라, 내용적으로도 우선했다. 즉 반공 체제의 한계 내에서 자유민
주주의가 제도화된 것이다.

1) 반공 체제의 형성

우선 반공 체제의 성립 과정을 살펴보기로 하자. 남한에서 반공 체제
가 성립하게 된 가장 중요한 계기는 미·소의 분할 점령일 것이다. 미·소
분할 점령으로 인해 남한은 냉전 체제의 최전선에 위치하게 되었고, 대
소 반공 블록으로서의 위상이 부여되었다. 남한을 군사 점령한 미국의
대소 전략적 차원의 목표에 의해 '반공'이라는 남한 국가의 기본 성격과
국가의 지향점이 부여된 것이다. 냉전 체제가 성립되는 와중에 미국 중
심의 진영에 편입된 남한이 이러한 한계선을 벗어나기란 불가능했을 것
이다. "영토를 점령한 자는 누구라도 그 자신의 사회체제까지 강요한다.
누구나 그의 군대가 도달할 수 있는 한 멀리 그 자신의 체제를 강요한
다"라는 스탈린의 지적처럼, 제2차 세계대전 종전 이후 미·소는 자신의
점령지에 자신의 체제를 강요한 것이다(박찬표 2007, 43).

하지만 주목해야 할 것은, 남한이 대소 반공 블록으로서의 위상을 강
요받았다 하더라도, 그것이 국내 정치체제의 성격과 관련해 반드시 '반
공 체제'의 성립으로 귀결되어야만 하는 것을 의미하지는 않았다는 점
이다. 남한의 반공 체제는 '국가의 영역뿐만 아니라 정치사회 나아가 시
민사회의 영역에서도 좌파 이념과 세력을 전면적으로 배제하는 체제'라
고 정의할 수 있다.[6] 한국전쟁까지 치른 사후적 관점에서 역사를 되돌
아본다면, 좌우 대립의 결과가 반공 체제로 귀결된 것이 필연적인 것처

럼 보일 수 있다. 하지만 해방 당시의 시점에서 본다면 반공 체제가 아닌 다른 대안의 공간이 열려 있었다고 해야 할 것이다. 물론 미·소의 분할 점령하에서 남한이 반공 블록에서 벗어나기는 어려웠겠지만, 정치적 반대의 공간이 좀 더 넓게 허용되는, 즉 온건 좌파 세력을 체제 내 세력으로 인정하고 자유민주주의 질서 속으로 포섭함으로써 좀 더 개방적이고 경쟁적인 체제를 수립할 가능성은 있었다고 할 수 있다. 이는 전후 일본이나 서독도 남한처럼 미국의 대소 봉쇄망의 일부로서 즉 반공 블록으로서의 위상을 부여받았지만, 국내 체제에 있어서는 우리보다 훨씬 이념적으로 개방되고 자유로운 체제가 형성되었던 것은 좋은 사례가 될 것이다.[7]

그렇다면 남한의 경우 그러한 가능성은 왜 봉쇄되었는가. 남한의 경우 좌파나 중간파가 남한 체제 내 반대 세력으로 존속할 가능성은 없었

---

6) 좌파 세력은 집행부나 의회 등 국가권력 집단에서뿐 아니라 정치사회의 영역에서도 배제되었다. 좌파 정당이나 정치조직 자체가 불법화된 것이다. 나아가 좌파 이념을 가진 집단이나 개인이 그 이념을 고수한다면 시민사회에서의 생존 자체가 위험해졌다. 보도연맹 사례에서 보듯이 좌파 인사는 국가에 의해 전향을 강요받았고 이를 거부할 경우 생존 자체가 위협받았다.

7) 전후 일본의 경우 공산당이나 사회당이 합법 정당으로 활동했고, 1947년 초 사회당 당수를 수상으로 하는 연립 정권까지 성립되었다. 좌파의 집권을 막기 위한 조치로서 55년 체제(자유당과 민주당의 보수 대연합으로 자민당을 성립시키고 이를 통해 장기 집권의 기반을 확보했다)가 등장하지만, 정당 활동의 자유는 여전히 보장되었다. 서독의 경우에도 냉전 초기에 공산당이 불법화되긴 했지만(이후 재건 공산당은 합법 정당으로 활동했다) 사민당은 합법 정당으로 활동하면서 집권까지 했고, 특히 사민당 정권하에서도 서독은 여전히 미국과의 군사동맹을 유지하면서 유럽에서 대소 반공 블록의 일원으로 기능했다.

는가. 왜 좌파의 이념과 세력이 전적으로 배제된 반공 체제로 귀결되었는가. 여기에는 미·소라는 외생적 변수의 직접적 영향보다도, 미·소 분할 점령이라는 환경에서 국가 형성을 두고 경쟁·대립했던 당시 한국의 정치집단들이 선택했던 노선과 전략이 좀 더 큰 영향을 미쳤다고 생각된다. 따라서 우리는 반공 체제로 귀결되는 과정을 당시 정치 지도자들이 추구했던 두 가지 노선 간의 대립 구도 속에서 살펴보고자 한다. 첫째는 좌우 연립의 과도정부를 통해 좌우가 공존·경쟁하는 정치 질서를 구성하려 시도한 노선이다. 이는 중도좌파나 중도우파가 주도적으로 추진했던 노선으로서, 좌우 통합 기구 구성이나 좌우합작 등의 시도로 나타났다. 다른 하나는 좌우 공존이 아니라 적대를 택하면서 좌우파 간 권력 경쟁 체제가 아니라 배타적인 권력 독점 체제를 구축하려는 시도다. 이를 우리는 '기지론'이라 부를 것이다. 좌우가 각각 북과 남에 공산주의 또는 자유민주주의 체제를 건설하고 이 '기지'를 바탕으로 상대를 제압해 통일 정부를 수립하려는 노선이 그것이다. 이는 당시 극좌파나 극우파가 추구했던 노선이다. 전자가 민주주의에 부합하는 방식이라면, 후자는 이에 반하는 노선이라 할 수 있을 것이다. 먼저 전자부터 살펴보자.

(1) 좌우 공존과 경쟁 노선의 시도와 좌절

해방 직후 각 정치 세력들은, 비록 독립국가의 이념적 지향 등을 두고 갈등했지만, 한 가지 공통적으로 합의하는 바가 있었다. 신생국가는 국민이 주권을 갖는 민주공화국이어야 한다는 것이었다. 즉 왕정이나 귀족정을 지향하는 세력은 없었고, 국민주권(또는 인민주권)과 그 수단이

되는 보통선거에 대해 모두가 동의하는 바였다. 그렇다면 문제는 간단한 것처럼 보인다. 즉 선거를 통해 국민 다수의 지지를 받은 세력이 정부를 구성하면 될 것이었다. 1948년 5·10 선거는 일견 그러한 절차처럼 보인다. 그러나 문제는 그리 간단하지 않았다.

'선거'는 경쟁하는 정치집단 간에 갈등을 해소하고 단일한 정치권력을 형성하는 수단으로서는 불완전한 것이기 때문이다. 기본적으로 선거란 '권력 경쟁의 불확실성을 제도화하는 것'이라 할 수 있다. 따라서 경쟁하는 정치집단들이 선거라는 권력 게임에 참여하기 위해서는, 불확실한 결과를 모두가 수용할 수 있도록 하는 전제 조건이 필요하다. 즉 선거라는 메커니즘은, 자신의 경쟁 세력 또는 적대 세력이 권력을 장악하는 것을 수용할 수 있다는 암묵적 동의가 있을 때 비로소 작동하게 되는 것이다. 선거 규칙에 대한 합의, 상대방이 집권해도 자신의 사활적 이해가 침해되지 않을 것이라는 신뢰, 선거 결과는 일시적·잠정적인 것이므로 다음 선거에서 자신이 승리할 수 있으리라는 기대 등이 이러한 조건의 내용이라 할 수 있다. 특히 해방 3년기와 같이 극좌에서 극우에 이르는 적대적 정치 세력들이, 기존 정치 질서 내에서 경쟁하는 것이 아니라, 새로운 정치 질서를 만들어 내야 하는 상황이라면 이는 더욱 어려운 과제가 될 것이다. 나아가 만일 선거 경쟁에 맡길 수 없을 만큼 갈등이 근본적인 것이라면 선거 이외에 다른 갈등 해소 방식을 모색해야 할 것이다. 각 정치 세력들이 제도적으로 권력을 공유하거나 소수파에게 일정한 비토권을 부여하는 방식 등이 그것이다.

이상과 같은 문제들은, 선거에 앞서서 주요 정파들이 모두 참여해 권력 경쟁의 방식이나 틀을 정하는 사전 합의 기구가 필요함을 보여 준다.

이것이 바로 과도정부가 필요한 이유다. 우리가 만일 일제 강점 기간에 진정한 의미의 임시정부나 망명정부를 수립했더라면, 이것이 독립 후 과도정부로서 기능하면서 신생 국가를 수립해 가는 구심점이 될 수 있었을 것이다. 하지만 우리는 독립운동 과정에서 임시정부를 형성하지 못했고, 따라서 8·15 이후 정치 지도자들이 수행했어야 할 가장 시급한 과제는 각 정치 세력들 간의 협상과 타협을 통해 신생국가 수립의 산파역을 할 단일의 과도정부를 수립하는 것이었다.

다른 한편 과도정부 수립은 미·소라는 외부 세력에 의해 분할 점령된 상태였기에 더욱 시급한 과제였다. 제2차 세계대전 종전 시점에서 추축국으로부터 해방된 지역에 독립 정부를 수립하는 문제를 둘러싸고 미·소는 경쟁·대립 관계에 돌입하게 되는데, 그 핵심에 과도정부 문제가 자리 잡고 있었다. 미·소는 각각 추축국으로부터 해방된 지역에 친미 또는 친소 정권이 수립되기를 원했는데, 이를 위한 선결 과제가 친미적 또는 친소적 세력이 주도하는 과도정부를 수립하는 것이었기 때문이다. 임시정부 문제를 둘러싸고 미·소가 대립했던 폴란드 사태는 이를 잘 보여 준다. 우리와 관련해 주목해야 할 사례는, 미국·영국·프랑스·소련 4대국에 의해 분할 점령되었지만, 좌에서 우에 이르는 정파들이 모두 참여하는 과도정부를 신속히 수립함으로써 분단을 피할 수 있었던 오스트리아의 경우다.8) 오스트리아 사례에서 보듯이, 분할 점령 지역의

---

8) 오스트리아는 종전과 함께 4대 연합국(미국·영국·프랑스·소련)에 의해 분할 점령되었다. 이 중 1944년 4월 먼저 비엔나에 진주한 소련은 온건 사회주의자 칼 레너(Karl Renner)에게 임시정부 구성을 요청했고, 이에 따라 사회당·공산당(좌)·국민당(우)

경우 국내 정치 세력들 간의 타협과 미·소 간 타협에 의해 단일의 과도정부 수립에 성공하느냐의 여부는 분단이냐 아니냐를 결정할 사활적 문제였다.

결과적으로 보면, 한국은 그러한 과도정부 수립에 실패했고, 이는 분단의 결정적 원인으로 작용했다. 여기에서 우리가 주목하는 것은 그것이 분단을 가져왔을 뿐만 아니라 좌우파가 공존할 수 있는 정치 구조를 형성하는 데 실패하게 되는, 즉 남한 반공 체제 형성을 가져온 원인이 되었다는 점이다.

이 과정은 조금 자세히 살펴볼 필요가 있다. 해방 이후 과도정부 형성을 위한 시도는 세 시기로 구분될 수 있다. 첫 번째는 해방 직후 미군이 진주하기 이전, 좌파의 주도하에 건국준비위원회(이하 건준)와 인공이 결성된 시기다. 두 번째는 미군이 진주한 후에 미국의 지원을 배경으로 우파 주도하에 이승만과 김구를 중심으로 한 정계 통합 운동이 전개된

3당 연립의 임시정부가 수립되었다. 임시정부 내각은 사회당 4명, 국민당 4명, 공산당 3명, 무소속 2명으로 구성되었으며 전체 내각회의는 만장일치제를 택하는 등 3당 간 합의를 통한 국가적 통합 유지에 노력했다. 이러한 연합의 배경에는 제1공화국(1919~34년) 당시 사회민주당(좌)과 기독교사회당(우)이 자파의 독점적 지배만을 추구해 내란에 이른 결과 히틀러에 나라를 빼앗겼던 경험에 대한 반성, 히틀러에 저항한 동지 의식 등이 있었다. 다른 한편 초기에 미국·영국·프랑스 3대 연합국은 레너의 임시정부를 소련의 괴뢰정부로 비난하면서 승인을 거부했다. 하지만 레너의 임시정부가 소련의 유전 이권 요구 등을 거부한 것이 계기가 되어 연합국의 인식이 변했고, 그 결과 1945년 9월 3대 연합국은 레너 임시정부에 서방국가들의 점령 지역 대표를 참가시켜 그 통치권을 전 오스트리아로 확대할 것에 합의했다. 이로써 전국적 임시정부가 수립되었고, 이는 오스트리아가 분단되지 않고 통일된 국가로 독립하는 결정적 계기가 되었다(이호재 1999; 박찬표 2007, 70).

시기다. 세 번째는 1945년 12월 모스크바 협정으로 임시정부 수립 문제가 현안으로 부각되고 이를 위한 1차 미소공위가 결렬된 이후인 1946년 중반 경부터 과도정부 수립을 위한 전前단계로서 좌우합작이 추진된 시기다.

❶ 건준과 인공

먼저 8·15 이후 과도정부 수립을 향한 최초의 시도는 16일 중도좌파 여운형과 중도우파 안재홍의 주도하에 건준의 결성으로 나타났다. '건국을 위한 준비 기관', 즉 새로운 정부 수립을 위한 산파역을 자임하면서 발족한 건준은 당시 국내에 존재하던 독립운동 세력들이 좌에서 중도, 우까지 비교적 폭넓게 참여한 좌우 연합체의 성격을 띠고 있었다. 따라서 이것이 좀 더 발전했더라면 좌우 연립의 과도정부로까지 나아갈 수 있는 가능성을 안고 있었다. 하지만 현실은 이와 반대의 경로를 밟게 된다. 건준 내 우파 세력의 지분 확대 시도가 좌파 세력과의 타협을 통해 결실을 맺지 못하고 좌절되면서, 결국 중도우파 및 우파 세력이 건준에서 탈락하고 좌파 및 중도좌파 세력만 남게 된 것이다.[9]

---

9) 건준 내 우파 세력을 대표하는 안재홍은, '민공협동'(민족주의자와 공산주의자의 협동)을 내세우면서, 우익 인사들을 끌어들여 건준을 좌우파 전체를 대표하는 조직으로 바꾸는 동시에 건준 내에서 민족주의 세력의 주도권을 확립하려 했다. 당시 김병로·이인·백관수 등 조선민족당계 우익 인사들은 송진우 그룹과 달리 건준에 참여하려고 했다. 이들은 안재홍과 함께 전국유지자대회를 8월 19일에 소집해 건준을 개편하려 했고, 이것이 불발되자 다시 우익 인사를 대폭 추가하는 방향으로 중앙집행위

건준에 이어 과도정부를 향한 두 번째 시도는 좌파 특히 박헌영 주도
하의 인민공화국(이하 인공) 수립이었다. 인민공화국은 그 명칭에서 국가
를 자칭했지만, 어디까지나 과도 정권이 그 본질이었다. 미군 진주를 하
루 앞둔 9월 6일, 건준을 해체하면서 성립된 인공은 14일 주석 이승만, 부
주석 여운형을 수반으로 하는 내각 명단을 발표했다. 이를 보면 인공이
장차 광범위한 정치 세력의 참여를 유도해 과도정부로 발전할 수 있는 공
간을 열어 두고 있었던 것으로 보인다.[10] 하지만 우파 세력과의 사전 논
의 없이 공산 세력 주도하에 일방적으로 이루어진 인공의 결성은, 좌우
통합의 계기가 되기보다는 우파 세력의 격렬한 반발을 불러일으켰다.

해방 시점에서 볼 때, 자주 정부 수립을 위한 최우선의 과제는 각 정
파가 참여하는 과도정부를 수립하는 것이었는데, 그 관건은 정치 세력
간의 타협을 통해 좌우가 모두 참여하는 통합체를 수립하는 것이었다.
이런 관점에서 볼 때, 당시 건준에서 인공으로 이어지는 과도정부 수립
을 향한 초기 정국을 주도했던 좌파 세력이 지향해야 했던 노선은, 미국
에 맞서 좌파의 헤게모니를 확립하는 데 치중할 것이 아니라, 우파 세력

원의 확대 개편을 시도하기도 했다. 하지만 우파 세력의 주도권을 확립하려는 안재
홍의 의도와는 달리 건준 내에서 좌파의 주도권이 오히려 강화되자 안재홍 계열의
중도우파 및 우파 세력은 대거 이탈했다. 이로써 건준은 여운형의 중도좌파와 공산
주의의 좌파 연합체로 축소되었다(윤민재 2004, 96).
10) 주요 우익 인사를 보면, 해외의 우파 독립운동 세력으로 이승만(주석), 김구(내무
부장), 김규식(외무부장), 신익희(체신부장) 등이 옹립되었고, 조만식(재무부장)이
북한 우파 진영을 대표해, 그리고 국내 우파 세력으로는 김병로(사법부장), 김성수
(문교부장) 등의 이름이 올랐다.

의 지분을 인정해 미국이 수용할 수 있는 통합체를 구성하는 것이었다. 즉 인공을 성급하게 조직할 것이 아니라, 건준 내 우파 지분의 확대라는 안재홍 등의 요구를 받아들이는 것이 필요했다고 보인다. 인공 결성은 명백히 이에 역행하는 것이었다.

해방 직후 건준과 인공을 중심으로 전개된 과도정부 수립 움직임이 결국 실패로 끝나게 된 데에는, 건준 내에서 자신들의 주도권을 강화하면서 인공으로의 재편을 서둘러 결국 좌우 통합체 형성의 좌절을 가져온 좌파 특히 박헌영의 공산당 세력에게 기본적인 책임이 있었다. 하지만 좌우 연합체를 건설하기 위해 건준에 합류하기보다는 독자 세력화를 꾀하는 방향으로 나아갔던 우파 세력 역시 책임을 면할 수 없을 것이다.[11]

❷ 이승만, 김구 주도하의 좌우 통합 시도

좌우 연합체 형성을 향한 두 번째 시도는 9월 초 미군이 진주한 이후

---

11) 당시 건준에 대한 대응을 중심으로 우익 진영을 구분하면, ① 건준에 참여했던 그룹(안재홍 등으로 이후 국민당 창당, 중간 우파 그룹), ② 건준에 참여해 주도권을 장악하려 했던 그룹(이인·김병로·백관수 등), ③ 건준을 애초 부정하고 우익 진영만의 세력화를 꾀했던 그룹(송진우·장덕수 등 한민당 주류 그룹)으로 구분되는데, 두 번째 그룹과 세 번째 그룹이 중심이 되어 9월 8일 한민당 발기인 대회를 개최하고 '임정 추대' 및 '인공 타도' 입장을 밝힌다. 이에 대해 안재홍은 건준에 참여하지 않은 민족주의 진영의 오류가 인공을 출현하게 만든 한 원인이었다고 비판한 바 있다. 건국준비위원회 안의 '극좌 편향적인 경향'이 '인민공화국의 형태'로 나타난 데에는 "건준에의 참가를 결국 거부"한 민족주의 진영에 "비록 경중의 차는 있으나 그 책임이 상당히 있다"는 것이다(김인식 2005, 90-91).

에 우파 주도하에 전개되었다. 미군이 진주하기 이전에는 과도정부 수립을 향한 시도를 좌파가 주도했다면, 미군이 진주하면서 상황이 역전되어 주도권이 우파 쪽으로 넘어가게 된 것이다. 그 구심점은 환국한 임정 요인들이었다.

특히 10월 16일 귀국한 이승만에게는 좌우 모두로부터 정계 통합의 구심점이 되리라는 기대가 쏠리고 있었다. 예컨대 이승만이 도착한 다음날 조선공산당·조선인민당·한국민주당·국민당 등 주요 4대 정당이 모인 회의가 개최되었고, 이 자리에서 여운형은 통일을 위해 인공을 해산할 의도가 있다고 천명했다. 10월 23일에는 각 정당 대표 2인씩 50여 단체의 대표 2백여 명이 모여 민족 통일 기관인 독립촉성중앙협의회(이하 독촉)를 구성하기로 결의하고, 회장에 이승만이 추대되었다. 이후 독촉 구성에 관한 거의 전권이 이승만에게 위임되었다. 그 결과물은 12월 중순 독립촉성중앙협의회의 결성으로 나타났다.

하지만 결론부터 말하자면, 독촉은 당초의 목표와 달리 좌우의 통합은 물론이고 우파의 통일도 이루지 못한 채 이승만을 중심으로 한 우익 일부의 조직으로 귀결된다. 독촉중협 결성 과정에서 쟁점이 된 것은 중앙집행위원을 구성하는 데 있어서 좌우 정파 간의 지분을 어떻게 정하느냐의 문제였다. 당초 독촉중협이 10월 하순 발족할 당시에는 범우익 세력의 광범위한 결집에 기초해 좌익 진영의 상당 부분을 포괄하고 있었다. 조선공산당·인민당·인민공화국 등은 해방 직후 자신들이 보유하고 있던 주도권을 상당 부분 양보하면서 이승만과의 통일을 시도했고, 이승만 역시 좌익 세력을 우익의 주도권하에 자신이 주도하는 독촉중협 안으로 끌어들이려 했다. 하지만 독촉중협의 구체적 지분 문제 즉 중앙집행위원 구성 문제가 제기되자 이를 둘러싸고 좌우파 간에는 심각한 이견이 노정되었다. 이승만은 자신의 헤게모니를 확고히 확립하고자 했고, 좌파는 좌우 동수로 구성할 것을 요구했다. 이 요구가 수용되지 않자 좌파는 결국 참여를 거부했다.

그 결과 12월 15일 독촉중협 제1회 중앙집행위원회가 개최되었을 때 우익 인사 15명만이 출석했다. 이렇게 되자 이승만은 17일 방송 연설을 통해 공산당원들을 매국 세력으로 규정하고 자신들의 조국인 소련으로 돌아가라는 극렬한 비난 성명을 발표했고, 이에 맞서 조선공산당은 12월 23일 이승만을 노{\tiny ※}파시스트로 비난하는 성명을 발표했다. 여운형 역시 24일 독촉중협에서 완전히 탈퇴했다. 이탈은 좌파 세력에 국한되지 않았다. 중도우파를 대표하는 안재홍 역시 12월 23일, 한민당 계열을 비롯한 자신의 주변 인물로 중협을 구성하려는 이승만의 독선을 비판하면서 독촉중협을 탈회했다. 뿐만 아니라 중경 임정 그룹 역시 독촉중협에 참여하기보다는 임정이 주축이 된 정계 통합 운동에 나서게 되었다. 결국 독촉중협은 좌파, 중도좌파, 중도우파, 중경 임시정부 계열 등이 모두 불참해 우익 계열의 일부만을 모은 단체로 전락했다(정병준 2005, 467-508; 김인식 2005, 197-200).

우파 주도의 정계 통합 운동의 또 다른 구심은 김구였다. 11월 23일 김구를 중심으로 한 중경 임정 그룹 제1진이 귀국할 당시 이승만을 중심으로 한 정계 통합 운동은 이미 실패의 조짐을 보이고 있었고, 따라서 정계 통합에 대한 기대는 김구에게 쏠리게 된 것이다. 이와 관련해, 임정 그룹에 대한 당시 국내 정치 세력들의 요구는 크게 두 가닥으로 나뉘어져 있었다. 먼저 안재홍과 여운형 등은 임정에 대해 좌파와의 적극적인 통합에 나서 줄 것을 요구했다.[12] 하지만 우파 세력들은 인공 측과의 통합에 소극적이거나 반대하면서 임정을 중심으로 한 정부 수립 즉, 임정 봉대론을 주장했다.[13] 중경 임시정부의 김구 진영 역시 인공 측과 협동전선을 펴는 데 소극적이었다. 김구 진영이 고려했던 것은 좌익 일부를 흡수하는 것이었는데, 이러한 통합 방침은 좌익을 만족시킬 수 없었다. 한편 12월 13일 조선공산당은 친일파, 민족 반역자, 국수주의자 등을 제외하고 좌우익에서 각각 절반씩 참여하는 통일 정부 수립 원칙을 제의했지만, 임정 측은 임정 법통론을 주장하면서 임정 내에 2~3개의 정부 부서를 추가해 좌익이 들어올 것을 제안했다. 당연히 좌익은 이를 거부했다. 결국 이로써 임시정부가 주도하는 정계 통합도 별다른 성과를 거두지 못한 채 실패로 귀결되었다(서중석 1991, 279; 도진순 1997, 56). 임시정부 측이 임정 법통론을 고집하는 한, 좌우 통합은 사실상 불가능할 수밖에 없었다. 임정 법통론은 이미 임정이 민족의 의사를 대표하는 정통성을 가지고 있음을 전제하고 있었기 때문이다. 그 결과 미군 진주 이후 1945년 10월부터 12월까지 우파 주도로 전개된 좌우 통합 기구 구성 시도 역시 아무런 성과 없이 실패로 끝났다.

---

12) 예컨대 안재홍은 소련 및 이북과의 관계를 볼 때 좌익에 대해 협동 방침을 쓰는 것이 바람직하며, 중경 임시정부의 주도권 아래 중경 임시정부 측과 좌익과의 협조로 민족 협동 전선을 이뤄야 한다고 주장했다. 여운형은 중경 임시정부와 인공을 다 같이 해소하고 연합위원회를 만들어 과도정부를 세우자고 주장했다(서중석 1991, 277-278).

13) 송진우는 '민족주의 일색으로 이류(異流)를 허용치 말고 사상 통일에 힘써야 하며, 중경 임정이 그대로 정부로서 존속할 것'을 요구했다(서중석 1991, 277).

이상에서 보듯이 미군 진주 이후 좌우 연합 기구를 형성하려는 시도는, '미군 점령하'라고 하는 우파에게 압도적으로 유리한 지형 위에서 우파 세력의 주도하에 이루어졌다. 이 과정에서 주목되는 것은, 미군이 진주하기 이전 해방 정국 초기에 좌파 세력이 좌우 세력균형을 추구하기보다는 자신들의 유리한 조건을 이용해 좌파가 확실히 지배권을 장악하는 방향으로 나아갔듯이, 미군이 진주한 이후 우파 세력 역시 그러했다는 점이다. 이승만은 우파 내에서도 자신의 지지 세력이 확실히 주도권을 장악하는 방향으로 독촉중협을 구성했고, 임정 역시 임정 법통론을 내세워 임정 세력의 확실한 주도권을 추구했던 것이다.

한편 이와 같은 국내 정치 세력의 주체적 실천의 문제점과 함께, 이들로 하여금 타협보다는 대결의 방향으로 나아가게 한 객관적 조건 역시 강조되어야 한다. 즉 미·소의 남북 분할 점령은 한국의 정치 세력들로 하여금 상호 타협보다는 대결과 적대의 방향으로 나아가게 만든 결정적 요인이었다.

이는 건준의 해체 및 인공 결성, 한민당 결성 과정 등에서 뚜렷이 드러난다. 좌우 정치 세력들이 건준의 좌우 연합체적 성격을 확대하기보다는 각자 자신의 헤게모니를 강화하는 분열의 방향으로 나아가는 데 결정적으로 작용한 것이 미·소의 남북 분할 점령이었기 때문이다. 8월 말 미·소에 의한 분할 점령 및 미군의 남한 진주 소식이 전해지자, 좌파 특히 공산주의 세력은 미군이 점령하기 이전에 자신들의 헤게모니를 확고히 하기 위해 건준을 해체하고 인민공화국을 결성하는 쪽으로 치달았고, 우파 역시 미군 진주 소식을 접하고는 건준에서 이탈해 우파 세력의 결집체인 한민당 결성으로 나아갔던 것이다.

미군 진주 이후에도 상황은 마찬가지였다. 미군 진주 상황은 일제강점기에 미국을 활동 근거지로 했던 이승만에게 가장 유리했다. 국내 우파 세력의 중심인 한민당 세력 역시 미군정의 행정·경찰 기구를 장악함으로써 권력 경쟁에서 유리한 위치를 확보하게 된다. 특히 당시 미군정 당국은, 본국 정부의 신탁통치 방침과 달리, 이승만·김구 등 임시정부 세력을 중심으로 우익 중심의 자문 기구를 구성하고 이를 이용해 남한에 과도정부를 수립하며, 이를 통해 우익 세력을 중심으로 한 남한만의 단독정부를 조속히 수립한다는 구상을 하고 있었다. 우파 중심의 통합 기구를 구성하려는 시도는 이러한 미군정의 구상하에서 이루어졌던 것이고, 미군 진주라는 당시 상황은 우파 세력들로 하여금 좌파와 타협하기보다는 우파의 확실한 헤게모니를 추구하도록 부추긴 객관적 조건이 되었다.

결국 미·소에 의한 남북 분할 점령은 좌우파 간의 타협을 향한 움직임을 역진시키면서 양 세력 간의 대립을 촉발시킨 결정적 요인이 되었다고 할 수 있다. 즉, 좌우 정치 세력이 단일의 대표 기구(좌우 연합체) 내에서 그 주도권을 두고 경쟁하는 타협과 공존의 방향으로 나아가기보다는, 자기 진영의 힘을 최대한 결집해 상대방을 제압하려는 대립과 적대의 방향으로 나아가도록 만들었던 것이다.

흔히 민주주의의 전제 조건의 하나로서 관용(tolerance)을 든다. 그런데 이는 주관적 태도의 문제이기도 하지만, 차이나 적대 세력을 인정하지 않을 수밖에 없는 객관적 조건의 산물이기도 하다는 점에서 '용인 또는 묵인'으로 해석되기도 한다. 해방 이후 1945년 말까지 전개된 좌우 통합 기구 구성 시도가 좌절된 것은, 당시 정치 세력들의 주관적 태도의 문제와 함께, 미·소 분할 점령이라는 객관적 조건의 문제가 함께 작용한 결과로 이해될 수 있다.

❸ 좌우합작 운동

좌우 연립의 과도정부 수립을 향한 세 번째 시도는 모스크바 협정과 관련해 이루어졌다. 주지하듯이 1945년 12월 모스크바 외상 회담에서 미·소는 한반도 문제 처리 방안으로, '한국인 자치의 임시정부를 수립하고, 이를 통해 4대국(미국·영국·중국(공산화 이전)·소련)이 최대 5년간 신탁통치를 한 뒤에 한국을 독립시킨다'는 방침을 정하게 된다. 이에 따라 임시정부 수립 문제(직접적으로는 임시정부 수립 방안을 논의할 미소공위의 협의 대상이 될 한국의 정치·사회단체 대표를 선정하는 문제)가 한반도 문제 해결의 핵심 이슈로 등장했다. 만일 앞에서 보았던 1945년 후반 좌우 통합 기구 구성 시도가 성공했더라면 이를 기반으로 해 임시정부 수립으로 나아갈 수 있었을 것이다. 하지만 이러한 사전 기반이 없는 상태에서, 특히 찬반탁을 둘러싸고 좌우 간 대립이 격화되면서 임시정부 수립 문제(그 전 단계인 미소공위 협의 대상을 선정하는 문제)는 더욱 해결하기 어려운 상황에 빠져들었고, 결국 이 문제를 둘러싼 이견으로 인해 1차 미소공위는 아무런 성과 없이 실패로 끝났다.

1차 미소공위가 결렬되자 분단의 가능성은 현실로 다가왔다. 이에 따라 임시정부 수립의 기반이 될 수 있는 좌우 통합 기구를 결성하려는 시도가 중도좌파와 중도우파를 중심으로 적극적으로 시도된다. 다른 한편 이 시기 미국은 미소공위 성사를 위해 극좌와 극우를 배제한 중도 연립의 임시정부를 구성한다는 방침을 정하고, 이를 위한 사전 작업으로 미군정 당국에 의해 좌우합작이 추진되었다. 이렇게 점령 당국의 후원 또는 배후 조정하에서 1946년 중반 좌우합작 운동이 추진되었던 것이다. 당시 남한에서 전개된 좌우합작 운동이 성공했더라도 그것이 남북 단일의 임시정부 수립으로까지 연결되었을지는 의문이다. 하지만 좌우 합작이 성공했더라면 좌파(최소한 중도좌파)나 중도파가 참여하는 형태로 남한 정부가 수립되었을 가능성은 있었다고 보인다. 이런 점에서 좌우 합작 운동은 자세히 살펴볼 필요가 있다.

좌우합작 운동은 1946년 5월 25일 미군정 측의 후원하에 중도우파 인 김규식과 중도좌파인 여운형의 주도로 시작되었다. 당시 이승만·한 민당의 우파 세력은 좌우합작에 소극적·부정적이었지만 미군정 측의 종용에 의해 참여하지 않을 수 없었고, 좌파 측은 좌우합작에 더욱 적극 적으로 임했다. 이후 2개월여의 노력의 결과로 7월 25일 좌우합작위원 회 제1차 회담이 개최되었다. 좌우익 대표 단체(우익의 결집체인 비상국민 회의-민주의원, 좌익의 결집체인 민주주의민족전선)의 공식적 지지하에 좌우 합작위원회가 구성되었고, 그 구성은 좌파, 중도 좌파, 중도 우파, 우파 를 포괄하고 있었다.

하지만 좌우합작 운동은, 7월 26일 민주주의민족전선(이하 민전) 측이 좌우합작 5원칙을 발표함으로써 제동이 걸렸다. 민전의 합작 5원칙 발 표는 박헌영이 주도한 것이었는데, 그 내용은 좌우합작에 대한 사실상 의 거부였다.[14] 박헌영의 극좌 세력은 민전 5원칙에서 향후 임시정부가 추진할 정책을 제시했는데, 그 중에서 특히 문제가 된 것은 토지개혁(무 상몰수, 무상분배) 실시, 친일파 및 민족 반역자 배제, 인민위원회로의 정권 이양 등이었다. 토지개혁 조항은 우익 측으로서 수용할 수 없는 것이었다. 정권을 인민위원회로 이양하라는 것도 좌우합작의 노력이 불필요하다는 논리에 다름 아니었다. 결국 민전 5원칙은 우익 측과의 타협이나 협상을 전면 거부하는 것이었다고 할 수 있다(서중석 1991, 411-423).

민전 5원칙에 대해 우익 측은 "남부 조선도 북부 조선과 꼭 동일하게 하여서 공산 혁명을 실시하자는 것"이라고 격렬히 비판하면서, 그와 상반되는 우익 측의 합작 8원칙을 발표했다(정병준 1992, 53). 결국 좌익과 우익의 이러한 대립으로 좌우합작의 진척은 중지되었다.

좌우합작위원회는 한 달 뒤인 8월 26일 재개되었지만, 박헌영 세력은 이에 불참했다. 좌우합작의 범위가 박헌영의 극좌 세력이 배제된 채 온건 좌파와 우파 사이의 합작으로 축소된 것이다. 한편 이 과정에서 미군정은 박헌영 세력에 대한 탄압을 본격화했고, 극좌파는 이에 맞서 9월 총파업과 '10월 항쟁'이라는 미군정에 대한 비합법 투쟁으로 나아갔다. 극좌파는 사실상 남한 정치사회에서 불법화되었다고 할 수 있다.[15]

이런 상황에서 좌우합작위는 10월 7일 합작 7원칙을 발표했다. 중도 좌익과 우익 진영의 합작 원칙이었던 합작 7원칙은 '좌우 연립의 임시정부'를 단일 정부 수립 방안으로 제시하면서, 임시정부하에서 상당한 정

---

14) 박헌영은 6월 하순부터 7월 22일까지 평양을 방문했던 것으로 알려지고 있는데, 22일 북한에서 돌아온 직후 급격한 전술 변화를 주장했다. 합작 5원칙은 그 일부였다. 박헌영이 제시한 합작 5원칙을 둘러싸고 민전 내부에서는 심각한 의견 대립이 발생했지만, 박헌영은 여운형과 김원봉의 반대를 누르고 이를 관철시켰다.

15) 미군정은 9월 7일 사실상 조공 불법화 조치라 할 수 있는 박헌영·이주하·이강국 등 조공 간부에 대한 체포령을 내렸다.

도의 사회·경제적 개혁을 추진한다는 내용을 담고 있었다.16) 좌우합작 7원칙은 중도 좌우파를 대표하는 김규식과 여운형이 정권 수립 방식과 개혁에 관해 합의할 수 있는 최상의 것이었다고 평가된다(정병준 1992, 65). 하지만 좌우합작 7원칙은 실현될 수 없었다. 합작 7원칙이 목표로 하는 좌우 연립정부를 달성하기 위해서는 좌우 양 진영이 이를 받아들여야 했는데, 조공은 7원칙을 단정을 향한 방안으로 격렬하게 비판했고, 한민당 역시 토지개혁 조항을 이유로 합작 7원칙을 강력하게 거부하고 나왔기 때문이다. 이후 남조선과도입법의원 설치 문제를 둘러싼 갈등으로 여운형마저 좌우합작 운동에서 이탈함으로써 좌우합작 운동은 사실상 그 본래의 의미를 상실하게 된다.

좌우합작 운동이 이렇게 실패로 귀결됨에 따라 우파의 단정 수립 운

---

16) 좌우합작 7원칙의 내용은 다음과 같다.
① 조선의 민주 독립을 보장한 3상회의 결정에 의하여 남북을 통한 좌우합작으로 민주주의 임시정부를 수립할 것.
② 미소공동위원회 속개를 요청하는 공동성명을 발할 것.
③ 토지개혁에 있어서 몰수, 유조건 몰수, 체감 매상 등으로 토지를 농민에게 무상으로 분여하며, 시가지의 기지 및 대건물을 적정 처리하며, 중요 산업을 국유화하며, 사회 노동법령 및 정치적 자유를 기본으로 지방자치제의 확립을 속히 실시하며, 통화 및 민생 문제 등등을 급속히 처리하며 민주주의 건국 과업 완수에 매진할 것.
④ 친일파 민족 반역자를 처리할 조례를 본 합작위원회에서 입법 기구에 제안하여 입법 기구로 하여금 심리 결정케 하여 실시케 할 것.
⑤ 남북을 통하여 현 정권하에서 검거된 정치 운동자의 석방에 노력하고, 아울러 남북 좌우의 테러적 행동을 일체 즉시 제지토록 노력할 것.
⑥ 입법 기구에 있어서는 일체 그 권능과 구성 방법과 운영 등에 관한 대안을 본 합작위원회에 작성해 적극적으로 실행을 기도할 것.
⑦ 전국적으로 언론·집회·결사·출판·교통·투표 등의 자유가 절대 보장되도록 노력할 것.

동 및 이에 맞선 좌파의 비합법 투쟁 간의 대립은 더욱 격화되었고, 결국 1947년 봄 모스크바협정을 최종적으로 정리하는 자리였던 제2차 미소공위가 실패로 끝났다. 그 뒤 한국 문제가 유엔에 이관되면서 본격적인 분단의 길을 걷게 되었다. 이런 점에서 좌우합작 운동의 실패는 단일의 과도정부 수립을 통해 남북 단일 정부를 수립할 수 있는 가능성이 최종적으로 종식됨을 의미했다고 볼 수 있다.

하지만 우리가 여기에서 주목하고자 하는 것은 좌우합작의 실패가 남한 체제 내부 성격에 미친 영향이다. 즉 좌우합작의 실패는 좌우 연립의 과도정부를 통해 좌우가 공존·경쟁하는 정치 질서를 수립할 수 있었던 가능성이 최종적으로 종식되었음을 의미한다.

좌우합작 7원칙이 거부되는 과정에서 보듯이, 좌우합작의 실패는 결국 조공의 극좌적 전략(기지론적 전략)과 한민당의 극우적·수구적 태도 간의 타협 없는 대결의 결과였다. 후술하겠지만 분단이 점차 현실화되던 당시 상황을 감안하면 좌우합작 운동은 좌파 세력에게 '체제 내 반대 세력'이냐 '반체제 세력'이냐의 선택을 강요하는 계기가 되었다. 결국 박헌영의 조공은 전자를 거부하고 후자의 길을 걷게 되는데, 이런 선택을 가능하게 한 것이 '기지론'적 전략이었다. 다른 한편 한민당이 좌우합작 7원칙을 거부한 결정적 이유는 토지개혁 문제였는데, 이러한 수구적 태도에 반발해 개혁 세력들이 대거 이탈함으로써 한민당은 극우 성격의 정파로 그 범위가 협애화된다.[17]

---

17) 한민당의 토지 정책은 지주층의 이해를 바탕으로 하는 유상매수 유상분배 방안이

(2) 좌우 적대와 배타적 권력 독점 노선

좌우 연립의 과도정부 수립(그 기반이 되는 좌우 통합 기구 구성)을 향한 여러 번의 시도가 좌절된 것은 곧 그와 반대되는 노선이 관철되었음을 의미한다. 그것은 곧 '기지론'이었다. 기지론이란 좌우 정치 세력들이 북과 남에서 각각 공산주의 체제 또는 자본주의 체제의 기지를 건설하고 이를 토대로 전국적 단일 국가를 수립하겠다는 전략을 의미한다.[18] 당시 중도좌파·중도우파 세력이 추진했던 노선이 좌우통합·좌우합작 노선이었던 반면, 기지론은 극우·극좌 세력이 추구했던 노선이었다. 그것은 남북의 분단을 가져왔을 뿐 아니라 남북 내부에서 우파 또는 좌파가 배타적으로 권력을 독점하는 체제 즉 북에서는 공산 체제를, 남에서는 반공 체제의 성립을 가져온 노선이었다.

먼저 우파 세력의 경우를 보자. 남한 우파 세력은, 중도파의 '미소공위 지지 및 좌우합작 추진'이라는 노선에 맞서 일관되게 '반탁·반소·반공' 노선을 걸었다. 그리고 결국 남한 우파 세력의 반탁운동은 단정으로 귀결되었다. 하지만 그것이 단정을 최종 목표로 한 것은 아니었다. 이는

였다. 따라서 좌우합작 제3항을 이유로 한민당은 좌우합작 7원칙 거부를 천명했고, 한민당 총무 자격으로 좌우합작위에 참여했던 원세훈에게 비난의 화살이 모아졌다. 이에 따라 원세훈은 한민당의 수구적 입장을 비판하면서 10월 9일 탈당을 감행했고, 그 여파로 김약수·송남헌 등 진보적인 당 간부를 포함해 모두 270여 명의 중견 한민당원이 탈당했다(김재명 2003, 128-129). 이들은 중도우파 진영을 구성하게 된다.
[18] 기지론은 '민주 기지론'이라는 이름하에 북한의 공산주의 체제 건설론 및 남조선 혁명론으로서 논의되어 왔다. 하지만 남한 우파 및 좌파 세력에서도 동일한 구조의 사고가 보인다. 따라서 우리는 이를 일괄해서 '기지론'으로 부르고자 한다.

이승만에서 가장 뚜렷이 보인다. 이승만은 1946년 초에 이미 '단정·북진 통일' 노선을 확립하고 있었고(정병준 2005, 520), 1차 공위 결렬 이후 이를 공개적으로 표명하면서 그 실현을 위해 매진했다. 예컨대 이승만은 1946년 4월 15일부터 6월 9일까지 남부 지방을 돌면서 반탁 강연을 했는데, 핵심 메시지는 단정과 무력 통일이었다. 특히 이승만은 5월 6일 목포에서 "공위가 결렬되면 남조선에 단독정부를 세워 병력으로써 38선을 깨뜨리고 소군을 내어 쫓고 북조선을 차지"하겠다는 주장을 펴기도 했고, 6월 3일 정읍에서는 "이제 우리는 무기 휴회된 미소공위가 재개될 기색도 보이지 않으며, 통일 정부를 고대하나 여의케 되지 않으니 우리는 남방만이라도 임시정부 혹은 위원회 같은 것을 조직해 38선 이북에서 소련이 철퇴하도록 세계 공론에 호소해야 될 것이니 여러분도 결심해야 될 것이다"(『서울신문』 46/06/04)라는 발언을 했다. 특히 6월 3일 정읍 발언은 언론을 통해 크게 보도되면서, 당시 정치 지도자 중 단정을 가장 먼저 공개적으로 주창한 것으로서 정국에 일대 파란을 몰고 왔다(정병준 2005, 550-556).[19] 이승만의 이러한 발언은 그의 노선이 단순한 단정 노선이 아니라 우선 남한 단정을 수립하고 이를 기반으로 남북 통일을 이루겠다는 기지론적 사고를 뚜렷이 보여 준다. 주지하듯이 이

---

19) 주의해야 할 것은 이승만의 정읍 발언에 대해 분단의 책임을 묻는 것은 타당하지 않은 비판이라는 점이다. 북한의 공산주의 세력 역시 이미 단정으로 나아가는 길을 내딛고 있었기 때문이다. 특히 1946년 3월 무상몰수·무상분배 방식으로 단행된 북한의 토지개혁은 남북을 완전히 이질적인 두 개의 다른 사회로 만든 결정적 계기였다. 분단의 책임은 양자 모두에게 있는 것이다.

승만은 정부 수립 이후 '북진 통일'을 일관되게 추구하게 된다(물론 실현되지 못했지만).

그렇다면 좌파의 경우는 어떠했는가. 당시 미·소의 남북 분할 점령 상황에서 가장 곤란한 입장에 처한 것은 남한 내 좌파 세력이었을 것이다. 분단이 점차 현실로 다가오는 상황에서 남한의 좌파 세력은 두 가지 대안—미국 헤게모니하의 자본주의 세계 질서에 편입된 남한에서 '체제 내 반대 세력'으로서의 길을 모색할 것인가, 아니면 남한 체제를 전면 부정하면서 북한 사회주의 건설에 참여할 것인가—중에서 선택을 강요당했다고 할 수 있다. 2차 공위 결렬 이후 한국 문제가 유엔으로 이관되는 시점에서 최종 선택이 강요되었겠지만, 적어도 1차 공위 결렬 이후인 1946년 여름 좌파 세력은 이러한 문제에 직면했던 것으로 보인다. 당시 상황을 보면, 1차 공위 결렬로 분단의 가능성이 현실화되기 시작했고, 북한 사회와 남한 사회의 이질화가 심화되고 있었다. 북한이 1946년 3월 단행한 토지개혁은 사실상 남북을 완전히 다른 사회·계급 구조를 갖는 상이한 사회로 만들고 있었다. 특히 미군정은 극좌파를 배제하고 온건 좌파 세력을 포섭하기 위한 좌우합작 '공작'을 추진하고 있었다. 이는 곧 좌파 내부의 분열을 가져올 사안이었다.

이에 따라 좌익 진영 내에서는 좌우합작에 참여하는 문제를 둘러싸고 심각한 갈등이 노정되었다. 이 과정에서 결국 소비에트 혁명 노선을 추구했던 박헌영 중심의 극좌파 세력은 좌우합작을 부정하고, 미군정의 탄압에 맞서 '신전술'을 택하면서 불법화의 길로 나아갔다. 그런데 당시 박헌영의 조공 노선은, 미·소 분할 점령이라는 상황과 미군 점령하에 있는 남한 현실 등을 고려할 때 치명적인 문제점을 안고 있었다. 소비에트 혁명 노선에 따르는 한, 좌우파가 하나의 정치 질서 내에서 경쟁하면서 공존하는 것은 불가능했으며 이는 곧 분단이 불가피함을 의미했다. 특히 남한 좌파 세력이 미국 헤게모니에 편입된 남한 체제 내에서 소비에트 혁명 노선을 추구하는 한, 그것은 곧 합법적 정치 세력으로서의 존재 자체가 불가능함을 의미했다. 이러한 딜레마에 대한 나름의 대안이 '기지론적' 전략이었을 것이다. 하지만 그것은 5·10 선거 저지 투쟁 등에서 보듯이 남한 민중의 저항을 북한 정권 수립을 정당화하는 수단으로 삼으면서 수많은 희생을 가져왔고, 결국 한국전쟁의 비극을 불러온 원인이 되었다고 할 수 있다.

우리가 주목해야 할 것은, 극좌파의 이러한 기지론적 사고를 비판하는 또 다른 노선이 좌파 내부에 존재했다는 점이다. 좌우합작을 추진했던 중도좌파 그룹이 그들이다. 여운형으로 대표되는 중간 좌파 세력은 박헌영 노선을 거부하면서 사회민주주의 노선에 기반한 독자의 정당(근민당)으로 결집해 갔다. 물론 이들 중 대다수는 결국 최종적으로는 북한 체제를 선택했지만, 일부는 조직의 공식 노선과 결별하고 남한 체제 내 반대 세력으로서의 길을 모색하기도 했다. 특히 1946년 초 이미 박헌영 노선과 결별한 조봉암은 미국 헤게모니로부터의 이탈은 현실적으로 불가능하다는 판단하에 체제 내 반대 세력으로의 역할을 일찍부터 모색했다(정태영 2007).

하지만 중간 좌파 세력의 체제 내 반대 세력화 시도는 결국 극좌 및 극우 세력에 의해 좌절당했다. 단독선거 저지를 위한 극좌파의 무력 투쟁, 북한 정권 수립 과정에 남한의 중도 진영을 동원하려 한 북한의 시도 등이 중첩되면서 남한의 좌파 세력 전체가 '외부의 적'과 동일시된 것이 결정적 이유였다.

다른 한편 남한 우파 세력 역시 이들을 체제 내 반대 세력으로 수용하기를 거부했다. 우파 세력은 미군정이 추진했던 좌우합작에 반대했으며, 좌우합작을 추진하는 중간파를 용공이자 프락치로 몰아 공격했다. 특히 1946년 중반부터 좌파가 사실상 불법화된 상태에서 장차 수립될 남한 국가 권력을 둘러싼 경쟁자가 중간파로 좁혀짐에 따라 우파의 공격은 중간파에 집중되었다. 현실 권력정치의 논리가 작동한 것이다. 5·10 선거를 앞두고 일부 중간파 세력들이 개별적으로 입후보하자 우파 세력은 이를 '분홍색 프락치의 선거방해 공작'이라며 격렬히 비난했다. 5·10 선거에 중간파 세력들이 불참하게 된 것은 우파에 의해 적극적으로 배제당한 결과였다고 할 수 있다.

결국 남한 반공 체제는, 분단에 의해 부과된 '반공 블록'이라는 구조적 제약하에서, 좌파는 물론 좌우 공존을 주장하는 중간파까지도 남한 체제로부터 배제시킨 우파 세력의 극단적인 자세와, 체제 내 반대 세력으로 남기를 포기하고 남한에서의 무력 투쟁을 북한 체제 정당화의 수단으로 삼은 극좌파의 기지론적 실천이 양극적 대결을 펼친 결과물이었다. 좌우의 양극적 대결의 틈바구니에서 중간파의 입지는 소실되었다. 이렇게 볼 때 분단은 민족주의 실천에 실패한 결과가 아니라, 민주주의 실천에 실패한 결과라고 할 수 있을 것이다. 물론 이러한 극단적 대결을 초래한 구조적 원인은, 남북에 두 개의 적대적 국가가 대결적으로 만들어졌던 당시 상황의 특수성에 있음이 다시 한 번 강조되어야 한다. 남과 북을 점령한 미·소의 존재는, 남북의 좌우 정치 세력으로 하여금 하나의 체제 내에서 어떻게든 공존하고 타협하는 길을 택하기보다는, 남북에서 자신의 기지를 확보하고 이를 기초로 상대방을 제압하려는 방향으로 나아가도록 만든—즉, 기지론이 좌우합작 노선을 압도하도록 만든—결정적 요인이 되었던 것이다.

서구의 역사를 보더라도 좌우 갈등은 국민국가 내에서 타협을 이루어 내기 어려운 갈등 중의 하나였다. 특히 좌우 갈등은 러시아혁명의 발발과 함께 절정에 달했다. 사회주의 운동이 단지 영토 공동체 내부의 소외된 계층을 대변하는 것이 아니라 국가에 대한 외부적인 음모로 간주되었기 때문이다. 이런 사태는 1920년대와 30년대에 다수의 유럽 국가들을 내전 상태로까지 빠뜨리게 되었다(Lipset and Rokkan 1967, 22). 국민국가를 이미 이룩했던 서구의 경우가 그러했음을 고려한다면, 국민국가 형성의 과제를 안고 있었던 당시 한국 상황에서 남과 북에 각각 진주한 미·소의 존재가 좌우 타협과 공존을 어렵게 만든 결정적 요인이 되었으리라 쉽게 짐작할 수 있다.

예컨대 북의 소련의 존재는 남한 우파 세력과 미군정으로 하여금 좌파 세력을 외부의 적과 연결된 세력으로 규정해 탄압하도록 유도한, 또한 그럴 수 있는 구실을 제공한 결정적 요인이 되었다. 이는 탁치 파동에서 여실히 드러난다. 탁치 파동을 통해 우파는 '찬탁＝친소＝매국'의 공식으로 좌파 세력을 '반민족 세력'으로 몰아붙였던 것이다. 탁치 파동에서 나타난 이러한 배제의 논리는 좌파뿐만 아니라 좌파와의 타협을 주장하는 모든 정치집단에게도 적용되었다. 단적으로 김구가 1948년 1월 우파 진영과 결별하고 김규식 등 중도파와 함께 남북협상 노선으로 선회하자, 한민당은 김구를 '크레믈린궁의 한 신자'로 맹렬히 비난했다(도진순 1997, 203-204). 같은 우파 세력 내에서도 단일 국가 형성을 위해 좌파 세력과 조금이라도 타협의 자세를 보이면 곧 '외부 적과 연계된 세력'으로 몰아 공격했던 것이다. 이러한 억압 구조는 정부 수립 이후 반정부 세력에 대한 탄압에서 지속적으로 반복되었다. 1949년 6월의 국회 프락치 사건, 1958년 진보당 사건 등은 그 대표적 예일 것이다.

결국 국가권력을 둘러싼 정치 경쟁은 생사를 건 적대의 장이 되었다. 상대방은 같은 국민으로서 공존의 대상이 아니라 절멸의 대상이 된 것이다. 좌우와 남북은 모두 상대를 괴뢰로 규정하기를 주저하지 않았다. 남한 건국 세력의 협애화는 이러한 극단적인 대립과 적대의 결과물이었다. 남한의 정치 경쟁의 공간은 이념과 가치의 단일화, 이념적 균일성을 요구받게 되었고, 이는 1948년 말 국가보안법 제정으로 법제화되었다.

2) 자유민주주의의 제도화

남한 국가 형성의 두 번째 국면은 반공 체제 내에서 자유민주주의를 제도화하는 과정이었다. 좌우 공존을 가능하게 하는 틀로서 민주주의가 제도화된 것이 아니라, 좌파 세력이 사실상 불법화되고 국가권력을 둘러싼 경쟁이 우파 내부의 경쟁으로 좁혀진 상황에서 이들 간의 권력 경쟁을 규정하고 나아가 이들의 권력 장악을 정당화하는 틀로서 민주주의의 제도화가 이루어진 것이다.

시간대별로 볼 때, 자유민주주의의 제도화는 해방 3년의 최종 국면에서 특히 5·10 선거를 앞둔 시기에 집중적으로 이루어졌다. 선거를 치르기 위해서는 광범위한 국민을 동원할 필요가 있었고, 이것이 미군정과 유엔 한국임시위원단(이하 유엔한위) 등으로 하여금 각종 자유주의적 개혁을 추진하게 만든 배경이었다. 미국이라는 외부적 변수의 개입이 반공 체제 수립이라는 단계에만 머물렀더라면, 그리하여 분단국가의 정치제도를 설계하는 최종적인 과정이 보수 우파 세력의 자율적인 결정에 의해 이루어졌더라면, 자유민주주의의 제도화 수준은 훨씬 낮게 나타났을 것이다. 반공 체제의 수립에 외적 요인이 결정적으로 작용했듯이, 자유민주주의의 제도화 역시 외부적 요인이 크게 작용했다.

물론 남한에서 자유민주주의 체제의 출범을 외부로부터 이식된 결과로만 해석하기는 어렵다. 구한말 이래 우파 세력을 중심으로 한 공화주의 및 자유민주주의 사상의 수용이 있었고, 임시정부도 1919년 임시헌법에서 이미 민주 공화정을 국체로 택하고 있었기 때문이다. 또한 입헌주의·보통선거권·삼권분립 등은 제2차 세계대전 종전 시점에서 일반적으로 수용되는 보편적 가치였다고도 할 수 있다. 하지만 남한 국가의 국가 기구나 제도를 구체적으로 설계하는 과정에서, 우파 세력들은 결코 민주적 제도나 절차에 호의적이지 않았다.

해방 정국에서 우파 세력들이 자유민주주의 체제를 지향했다고 할 때, 그 핵심은 '지배 형태로서의 자유민주주의'로 해석되어야 할 것이다. 즉 그들이 추구한 것은 '우파 세력이 권력을 장악하는 국가'였던 것이다. 이와 달리 권력이 행사되는 구체적 절차와 제도를 의미하는 '정부 형태로서의 자유민주주의'에 대해 건국동맹 세력은 결코 호의적이지 않았다. 이들은 이미 미군정하에서 경찰이나 관료 조직을 장악하고서 자신들의 정치적 목적을 위해 국가권력을 권위주의적 방식으로 운영하는 데 익숙해 있었다. 따라서 이들은 장차 자신들이 최종 장악할 것이 확실시되는 국가권력의 행사를 제어할 수 있는 각종 민주적 절차나 제도가 도입되는 것을 저지하고자 했다. 반공 체제에 어울리는 비자유주의적·권위주의적 질서를 선호했던 것이다. 이러한 우파의 의도를 누르면서 자유민주주의의 제도화를 촉진한 것은 미국과 유엔 한위 등이었다.

이를 보여 주는 가장 단적인 예는 선거법 개정 과정이다. 1947년 전반기 과도입법의원에서 우파 세력들은 자신들에게 유리한 선거법을 제정해 놓고 있었다. 그것은 좌파의 지지 기반으로 여겨지는 사회 하층 및 청년층들의 참정권을 제한하는 여러 장치를 내포하고 있었다. 대표적인 것이 선거권 연령 23세, 서명을 통한 유권자 등록, 자서自書의 투표 방식, 월남인을 위한 특별선거구 등이다. 그런데 5·10 선거를 앞두고 유엔 한위와 미국의 개입에 의해 이러한 제한선거의 장치들은 모두 해체되었다. 선거권은 21세로, 등록 방법은 날인으로, 투표 방법은 기표로 수정되었고, 특별 선거구 역시 폐지되었다. 이로써 거의 완전한 의미의 보통평등선거제가 도입되었다. 이외에도 5·10 선거를 앞두고 미군정은 한국판 인권장전이라 할 수 있는 "조선 인민의 권리에 관한 포고"를 발포했는데, 이는 건국 헌법에 영향을 미쳤다. 또한 미군정은 영장제 도입을 강행했는데, 경찰과 우파 세력은 이에 대해 강하게 반발했다. 결국 이들의 반발을 누르면서 미군정의 최종 국면에서 자유주의적 개혁이라 할 수 있는 여러 조치가 집중적으로 이루어진 것이다(박찬표 2007, 319-380).

대체로 일제강점기를 거치면서 우파 세력을 중심으로 도입된 민주주의 사상은, 일본을 통해 유럽 대륙 특히 독일의 전통에서 이해된 것이었기에 국가주의적 사고가 강했다. 이런 상황에서 개인주의적인 영미 헌법 사상이 미군정기에 급속히 도입되었고, 이에 따라 한편에서는 실질적 균등의 요구에서 오는 강한 국가 통제에 대한 요구와, 다른 한편으로 미국 법 사상의 유입에서 비롯된 좀 더 자유주의적·민주주의적인 요구가 공존하게 된 것이다. 이러한 미국의 영향은 건국 헌법에서 광범위한 기본권 보장 규정 등으로 나타나게 된다(이영록 2000, 49, 90).

반공 체제 제약하의 자유민주주의

남한의 국가 형성 과정은 '반공 체제의 형성과 자유민주주의의 제도화'라는 명제로 간명하게 정리될 수 있을 것이다. 하지만 이를 단순하게 두 요소의 병렬적 결합으로 이해하는 것은, 반공 체제가 자유민주주의에 가하는 구조적 제약과 왜곡을 사상시켜 버리고 마치 양자를 정합적인 것처럼 인식하게 만들 위험이 있다. 뿐만 아니라 자유민주주의를 위해서는 반공이 전제되어야 하는 것처럼, 즉 자유민주주의는 반공 체제의 틀 내에서 가능하다는 식의 논리로 연결될 위험도 안고 있다.

따라서 우리는 반공 체제의 틀이 자유민주주의를 어떻게 제약, 왜곡했는지를 물어야 한다. 먼저 반공 체제의 형성 과정은 단지 특정 이념을 배제하는 추상적인 과정이 아니라, 하나의 사회 공동체를 같이 구성하고 있는 수많은 사람들의 자유와 기본권, 인간적 존엄은 물론 생명 그 자체를 부정하는 폭압적 과정이었음을 기억해야 한다. 반공 체제는 국가뿐만 아니라 시민사회의 이념적 균일화를 요구했고, 이에 따라 대규모의 '숙청'이나 '전향 강요' 등 무수한 반인권적 행위가 국가권력에 의해 자행되었다. 국민보도연맹은 그 대표적인 사례일 것이다. 하지만 무엇보다 기억해야 할 것은 이념 갈등을 하나의 정치 질서 내에서 해소하지 못한 결과 결국 한국전쟁이라는 더욱 큰 희생을 치르게 되었다는 점이다. 물론 우리가 좌우 간 타협 속에서 단일 정부를 이룩했더라도, 이후 좌우 갈등을 평화적으로 관리하게 되기까지는 상당한 희생이 불가피했을 것이다. 예컨대 제2차 세계대전 후 미국의 후원하에 단일 정부를 수립한 그리스의 경우에도 좌우 갈등으로 인해 10만 명의 사상자를 낸 내전(1946~49년)을 겪어야 했고, 이후에도 선거로 성립된 사민주의 정권이 군부쿠데타에 의해 붕괴되고 반공 군사독재 정권이 성립되는 등 상당한 혼란을 겪은 바 있다. 하지만 이를 감안하더라도 한국전쟁으로 우리가 치른 대가는 너무나 컸다. 더욱이 우리는 아직까지 분단과 남북의 군사 대결 구조 속에서 그 희생을 치르고 있는 것이다.

이러한 직접적 희생 외에도, 반공 체제는 한국의 자유민주주의에 지금까지 지속되고 있는 다음과 같은 구조적 제약을 가했다. 첫째는 자유주의의 부재 또는 자유주의 기반의 취약함이다. 자유민주주의는 무엇보다도 사회 여러 집단들의 상충된 이해와 가치의 상대성을 인정하고 차이를 관용하는 자유주의를 기반으로 한다. 그 최고의 정치적 표현은 사상과 이념의 자유일 것이다. 하지만 반공 체제는 이를 근본적으로 부정한다. 반공 체제가 강요하는 이념과 가치의 독점 체제는 자유민주주의의 기본 가치에 반하는 것이 아닐 수 없다.

반공 체제하의 자유주의는 '국가의 자유를 지키기 위해 개인의 자유는 제한될 수 있고 제한되어야 한다'는 논리에 기반하고 있는데, 이는 국가에 대해 개인의 권리를 요구하는 본래적 의미의 자유주의가 아니라, 반공 국가와 반공 체제를 정당화하는 하나의 국가 이념이었다. 자유주의가 정당화 이념으로 강조되었지만 그것은 이념과 사상의 국가적 통일을 전제로 한 '냉전 자유주의'cold war liberalism로서, 국가권력에 대해 개인의 자유와 권리를 확보하는 자유주의의 본래적 가치를 부정하는 것(아블라스터 2007, 18장)이었고, 반공 국가의 권위주의 체제를 뒷받침하는 체제 논리로 쉽게 전락하게 된다.

둘째는 보수적 민주주의의 특징이다. 민주주의란 갈등하는 사회 세력 사이의 힘의 경쟁 관계에서 공존을 전제로 한 타협의 산물로 형성되며, 정치적 갈등을 그 본질적 내용으로 한다. 하지만 한국에서 민주주의는, 체제 선택을 둘러싼 정치적 갈등이 제거된 뒤에 그 결과물로 남은 남한 체제를 정당화하는 수단으로 도입되었다. 따라서 그것은 갈등적 이해나 이념을 둘러싼 실질적 경쟁이 배제된, 체제 유지를 전제로 한 보수적 성격의 것이었다. 한마디로 '보수적 민주주의'인 것이다.

반공 체제의 형성 과정은, '역사에 뿌리를 둔 국민적 정체성'을 부정하면서, 반공이라는 '이데올로기에 의해 정의된 국민적 정체성'을 외부에서 강제하는 과정이었다. 따라서 그것은 한 사회 공동체의 역사적 정체성을 파괴하고 해체하는 것이었으며, 이러한 공동의 정체성에 기초해 사상과 이념의 차이를 인정하고 공존을 받아들이게 되는 민주적 태도를 배양할 토대를 근저에서 허무는 것이었다(박찬표 2007, 426-427).

셋째, 냉전 자유주의와 보수적 민주주의라는 특징은, 강력한 국가와 억압된 시민사회, 시민사회와 괴리된 보수 독점의 정치 대표 체제라는 모습으로 구체화되었다. 반공 체제 내에서 제도화된 자유민주주의는 좌파 이념과 세력을 정치사회에서 배제함으로써 정치적 경쟁의 틀을 매우 협애한 이념적 스펙트럼 내로 제한했다. 뿐만 아니라 해방 직후 폭발적으로 팽창했던 시민사회가 미군정이라는 외삽 권력에 의해 탈동원화되고, 이를 바탕으로 외부로부터 주어진 국가 권력의 성격(반공 국가)에 맞추어 정치사회의 틀이 주조된 결과 정치사회와 정치 대표 체제는 시민 사회와 심각하게 괴리되는 특징을 갖게 되었다. 1948년 제도화된 한국의 자유민주주의는 이러한 한계 위에서 출범했다.

마지막으로 강조되어야 할 것은 우리가 이러한 한계를 아직까지 극복하지 못하고 있다는 점이다. 1987년 이후 우리가 민주화되었다고 하지만, 보수·우파 독점의 정치 대표 체제를 극복하지 못하는 한 우리는 여전히 48년 체제의 한계에서 벗어나지 못하고 있는 것이다.

4. 결론

앞에서 국민국가 형성 과정에서 나타나는 갈등이 '갈등의 제도화'라는 방식으로 국민국가 내로 통합되는가, 아니면 물리적 폭력에 의해 배제되는가의 문제는 민주주의의 정초에 관한 핵심적 질문임을 지적한 바 있다. 한국의 국가 형성 과정은 후자의 한 극단을 보여 준다. 정치 경쟁의 공간을 이념적으로 폐쇄시킨 반공 체제는 이후 권위주의 발전 국가와 결합해, 성장과 발전 일변도가 아닌 다른 가치와 이념에 기초한 정치적 대안의 형성을 억압했고, 이는 결국 민주주의의 사회적 내용을 확보해야 할 현재의 과제와 관련해 구조적 제약 요인을 부과하고 있는 것이다.

하지만 민주화 이후 한국 민주주의가 직면하고 있는 이러한 '한계'는 역설적으로 보수 우파적 역사 해석에 의해 '남한 자유민주주의의 승리의 징표'로 평가되고 있다. 이들에 의하면 건국 과정은 '공산주의·계급

독재'와 '자유민주주의·시장경제'라는 두 노선의 대결이었는데, 건국 60년의 역사는 후자의 선택이 올바른 방향이었음을 입증해 주고 있으며, 그 결과 현재의 한국은 '세계에서 몇 안 되는 민주주의 국가에 속하게 되었다'는 것이다(교과서포럼 2008, 148).

이러한 보수적 역사 해석은 근본적 한계를 가진다. 무엇보다 그것은 오늘의 한국 민주주의를 평가하는 비교의 기준을 북한 또는 공산주의 체제에 두고 있다. 보수적 역사 해석은 북한 또는 공산주의와의 대결에서 승리했다는 인식에 기반한다는 점에서 '대결 사관', '승리 사관'이라 할 수 있다. 이는 '탈냉전의 냉전적 해석'이 아닐 수 없다. 냉전 논리의 연장에서 볼 때 탈냉전은 자본주의 체제의 승리로 평가될 수 있을 것이다. 그러나 공산주의 체제의 실패가 자본주의 체제의 완전성을 입증해 주는 것은 결코 아니다. 외부의 적에 대비해 내부 체제를 평가한다는 점에서 보수적 역사 해석은 하나의 '체제 이념'에서 벗어나기 어려운 인식론적 한계를 가진다.

이러한 한계는 남한 반공 체제 형성 과정에서 야기된 억압과 폭력을 정당화하는 논리로 연결될 위험을 내포한다. 이들에 의하면 '자유민주주의에 철저했던 만큼, 이승만은 철저한 반공주의자'였고, '그의 비타협적 반공주의는 신생 대한민국을 정치적으로 통합하고 동질적 국민의식을 배양하는 데 기여'했다고 평가된다(교과서포럼 2008, 158). 이는 결국 국민국가의 정체성을 반공이라는 이념적 기초 위에 수립하는 과정에서 야기된, 해방에서 한국전쟁에 이르는 시기의 무수한 폭력과 억압을 정당화하는 논리로 빠질 위험을 안고 있다.

자유민주주의나 자본주의의 발전은, 이들의 주장처럼 공산주의 또는 사회주의 이념이나 이론을 적대하고 배제한 결과가 아니라, 사회주의가 제기하는 자본주의 체제의 문제점이나 해결 방안을 수용하고, 사회주의 세력을 민주주의라는 틀 속의 체제 내 경쟁 세력으로 포함하는 과정을 통해 가능했다.

따라서 오늘의 한국 민주주의에 대한 평가는, 북한이라는 외부 잣대가 아니라, 자유민주주의라는 내부 기준에 의해 이루어져야 한다. 자유민주주의는 결코 단일 모델이 아니다. 현실적으로 북유럽의 사민주의 체제에서 영미식 신자유주의 체제까지 모두 '자유민주주의' 체제 내에 포괄된다. 따라서 한국의 자유민주주의를 평가할 때에는 우리가 '어떤 민주주의'를 성취하고 이룩했는지를 물어야 한다.

앞에서 우리는 민주주의를 절차적·최소주의적 차원에서 정의했다. 하지만 이것이 민주주의가 절차적 차원 즉 정치적 차원에만 한정된다거나 또는 한정되어야 함을 의미하는 것은 아니다. 절차적 차원의 민주주의란, 인민의 평등한 참여를 기초로 해, 인민들 간의 다양한 갈등적 이해나 신념 체계가 공존할 수 있는 최소한의 권력 경쟁의 규칙에 합의하는 것을 의미한다. 민주주의는 경쟁하는 가치들 간의 갈등을 정치적 대화에 참여하는 자들에게 떠맡겨 해결하도록 하는 방식을 제시한다(헬드 1994, 481-482). 이러한 절차적 민주주의는, 절차적·정치적 차원을 넘어 사회·경제적 영역으로 확장될 수 있는 자기 심화의 '가능성'을 내포한다. 사회적 행위자가 의사 결정 과정에 동등하게 참여하는 것은, 집단적 선택으로부터 얻어지는 혜택들의 동등한 분배를 가져올 가능성을 내포하기 때문이다(O'Donnel & Schmitter 1986).

민주주의는 일차적으로 개인의 생명과 자유와 재산 등을 국가권력으로부터 보호하기 위해 요구되었다. 이는 소극적 민주주의관이라 할 수 있다. 하지만 민주주의는 다른 한편으로 인민주권의 실현이라는 적극적 이상을 갖는다. 이에 따르면, 국가는 전체 인민의 의사 즉 일반의지의 실현이 되며, "민주주의는 개인에게 비전제적인 공동의 힘을 제도화할 수 있는 여러 절차를 마련해 줌으로써 고립을 극복하고 연대로 이끌게 된다"(보비오 1992, 53-54). 즉 민주주의는 정치적 평등의 원리에 기초한 공동체의 집합적 결정을 통해 사회·경제적 권리의 실현까지를 이끄는 효과를 내장하고 있는 것이다.

서구의 경우, 이러한 민주주의의 심화 또는 실질적 민주주의의 실현은 자유주의의 자기 확대(적극적 자유의 개념)나 사회주의 이념 등을 매개로 해, 노동계급 또는 임금근로자의 집합적 행동을 동원하는 노동·좌파 정당에 의해 ― 또는 좌파 정당의 도전에 직면한 자유파·보수파들이 이들의 주장을 선택적으로 수용·실천하는 과정에서 ― 이루어졌다.

이러한 점에 비추어 볼 때, 한국 민주주의의 특징이자 한계는 뚜렷이 드러난다. 민주주의의 심화를 추동할 주체 형성이 역사적으로 봉쇄당함으로써 한국의 민주주의는 결국 '사회주의 없는, 또는 좌파 없는 민주주의'나 '노동 없는 민주주의'로 귀결되는 것이 아닌가라는 비관적 전망이 그것이다. 이는 특정 계층이나 계급의 이해에 한정된 문제가 결코 아니다. 시민사회 내에 존재하는 갈등적 이해는, 그것이 정치 대표 체제 내로 폭 넓게 대표되는 것에 비례해 평화적 공존을 이룰 수 있으며, 그러할 때 하나의 공동체는 건강하게 유지될 수 있다. 사회 하층이나 특정 집단의 이해가 배제되고 소외될 경우, 그것이 초래하는 갈등은 공동체의 붕괴로까지 연결될 수 있다. 더욱이 그것이 노동자나 임금근로자라는 자본주의사회의 기저 계층일 경우 민주주의의 사회적 기반은 허약해질 수밖에 없다. 이런 점에서, 시장의 무한 경쟁과 노동의 상품화가 극도로 전개되는 현재 상황에 맞서 어떻게 대안적 가치에 바탕한 사회적 연대를 조직하고 유의미한 정치적 대안 세력과 정당을 구축할 것인가는 한국 민주주의의 미래를 좌우할 결정적인 과제가 아닐 수 없다.

끝으로 지적할 것은, 민주주의를 통해 우리가 어떠한 사회적 가치를 추구한다는 것은 결국 상이한 이해와 가치 간의 공존과 타협을 받아들이는 것을 전제로 한다는 점이다. 그것은 충돌하는 이해와 이념의 공존을 전제로 하며, 갈등의 제도화에 관한 절차적 합의에서 출발하는 것을 의미한다. 1948년 남한의 국가 형성 과정을 특정 가치와 이념이 승리한 역사로 자축하거나, 아니면 민족 내부의 이념적 차이를 극복하고 단결을 이루지 못한 역사로 기록하면서 민족주의를 통해 차이를 지양하고자 하는 역사 인식으로는, 한 사회 공동체 내의 갈등을 수용하고 이를 제도화하는 데 실패했던 해방 3년기의 역사를 극복할 수 없을 것이다.

여기에서 우리가 48년 체제의 한계를 지적하는 것은, 48년 체제가 냉전이라는 특수한 역사 상황의 산물임을 인식하기 위해서다. 미·소 냉전이 시작되던 시점에서 미·소에 의해 분할 점령되어 냉전의 최전선에 위치 지워졌던 한반도의 상황을 고려한다면, 그 당시의 정치 지도자들에게 '좌우 간 타협을 통해 좌우 공존의 정치 질서를 수립했어야 한다'고 요구하는 것은 과도하거나 비현실적인 요구일 수도 있다. 따라서 이 글에서 말하고자 하는 것은 결국 그 당시를 평가하는 현재의 자세에 대한 것이 된다. 48년 체제를 승리자의 관점에서 정당화하는 것이 아니라, 48년 체제가 특수한 비정상적 상황의 산물이며 따라서 자유민주주의의 보편적 관점에 비추어 여러 가지 한계와 문제점을 안고 있음을 비판적으로 성찰할 수 있을 때, 우리는 그것을 극복할 수 있는 역사적 전망을 확보하게 될 것이다. 48년 체제의 특수성을 낳은 외적 조건 즉 냉전 체제는 이미 해체되었으며, 그것을 지탱시켜 온 남북의 극단적 적대 역시 사실상 해체되고 있다고 보인다. 이제 48년 체제의 한계를 극복할 수 있는 미래의 전망과 실천이 요구되는 때이다.

제2장

한국의 민주주의와 자유주의

1. 문제 제기

민주화 이후의 한국 민주주의가 어떤 구조적 한계에 직면해 있다는 지적이 활발히 제기되고 있다. 절차적 민주주의는 달성했지만 실질적 민주주의를 실현하는 데 실패하고 있으므로 이를 위한 어떤 대안적 민주주의 모델이 필요하다는 주장, 정당정치나 대의 민주주의로는 한계가 있으므로 직접행동이나 직접민주주의 요소를 강화해야 한다는 주장 등은 그 대표적 예이다.[1] 이와 관련된 쟁점의 하나가 자유주의와 민주주의를 둘러싼 논쟁이다. 개혁적 입장이라 할 수 있는 논쟁의 한편에서는 한국 민주주의의 심화를 위해 자유주의의 진정한 실천이 필요하다고 주장한다. 한국에서 자유주의는 그동안 보수 우익에 의해 전유되어 반자유주의적

---

[1] 오해를 막기 위해 미리 밝힌다면, 실질적 민주주의의 실현을 위해서는 정치적 민주주의 또는 대의제 민주주의와는 다른 대안적인 민주주의 모델이 필요하다는 주장에 대해 필자는 비판적이다. 그 이유는 결론에서 논할 것이다.

실천을 정당화하는 논리로 사용되어 왔는데, 이러한 자유주의의 빈곤이 한국 정치가 당면한 문제의 한 원인이므로, 우익으로부터 자유주의를 분리시켜 자유주의의 가치를 확보해야 한다는 것이다(김동춘 2001; 최태욱 2006). 이에 대해 보수적 입장이라 할 수 있을 논쟁의 다른 한편에서는 민주화 이후 과도한 민주주의가 자유주의를 위협하고 있다고 비판한다. 두 번의 '민주개혁 정부'의 포퓰리즘식 민주주의가 사회의 다양성이나 개인적 권리 등을 제약함으로써 한국의 자유주의가 위기를 맞고 있으며, 이로 인해 민주화 이후 자유주의는 더욱 위축되었다는 것이다(전상인 2005; 박효종 2005).

'자유주의 결핍론' 대 '민주주의 과잉론'으로 요약할 수 있는 이러한 논쟁에서 주목해야 할 것은, 그것이 단지 현실에 대한 상이한 인식에 그치지 않고, 민주주의의 지향점을 둘러싼 중요한 차이를 내포하고 있다는 점이다. 주지하듯 자유민주주의는 자유주의와 민주주의라는, 그 출발점과 지향을 달리하는 두 이념의 합성물이며, 양자 간에는 상호 보완과 갈등의 이중적 관계가 존재해 왔다. 자유주의는 민주주의의 기초를 제공했지만 다른 한편으로는 민주주의라는 집합적 결정의 원리와, 개인적 자유와 권리에 치중하는 자유주의 간의 갈등으로 인해 민주주의의 내포와 외연을 둘러싸고 민주주의와 충돌하게 됨으로써 자유주의와 민주주의는 보완과 갈등의 양면적 관계를 노정해 왔던 것이다(비담 1994). 이로 인해 자유민주주의는 하나의 단일 모델이 아니라 다양한 하위 모델들로 분화되어 왔음을 볼 수 있다(Held 1996; 김비환 2005).

이에 반해 한국에서 그동안 자유민주주의는 하나의 단일 모델로 인식되어 왔다. 한국에서 자유민주주의는 냉전 반공 체제를 전제로 해서 수용되고 제도화되었기에, 냉전 자유주의와 그 틀 속에 갇힌 보수적 민주주의가 결합한 하나의 모델이 자유민주주의의 유일한 모델로 강요되어 왔던 것이다. 하지만 이러한 단일 모델은 탈냉전과 민주화 이후 해체되기 시작했다. 자유주의가 단지 반공이나 자본주의 체제 이념에 불과한 것이 아니듯이, 민주주의 역시 자유주의의 한계 안에 갇힌 것이 아니기 때문이다. 현재 진행되고 있는 자유주의-민주주의 논쟁은, 그동안의 한국 민주주의의 단일 모델이 다기화되고 있는 양상을 반영한 것으로 보인다. 즉 '어떤 자유주의이고 어떤 민주주의인가'라고 하는, 민주화 이후 한국 민주주의의 바람직한 지향점과 구체적 모델을 둘러싼 논쟁의 일부인 것이다. 이 장은 기본적으로 이러한 인식 위에서 한국 민주주의의 전개 과정을 비판적으로 고찰하는 데 목적이 있다.

이 장의 문제의식을 명료화하는 데에는 자카리아F. Zakaria의 논의가 도움이 되었다. 자카리아는 '오늘날 민주주의는 번성하고 있지만 자유주의는 그렇지 못하고 있다'고 비판하면서 이러한 문제를 안고 있는 정체를 '비자유주의적 민주주의'illiberal democracy로 규정한다. 자카리아는 자유주의 요소의 결핍으로 인해 결함을 가진 남미나 동구 등 신생 민주국가의 민주주의는 물론이고, '과도한 민주주의(대중 참여)가 자유주의를 위협하고 있다'고 자신이 비판하는 미국의 민주주의 양자를 모두 '비자유주의적 민주주의'로 명명한다(자카리아 2004, 14, 21). 이러한 자카리아의 논의는 한국에서 대중적 정치 참여의 압력을 비판하는 전거로서 인용되고 있다.

자카리아의 논의를 매개로 해 우리는 다음과 같은 질문을 제기할 수 있다. '비자유주의적 민주주의' 개념은 현재의 한국 상황에서 어떤 정치적 함의를 갖는가. '자유주의의 기반이 결핍된 민주주의'와 '민주주의의 과잉이 자유주의를 위협하는 정체' 중에서 오늘 한국의 민주주의는 어디에 속하는가. 이러한 의문에 답하기 위해 2장과 3장에서는 역사적 검토를 통해 한국 자유민주주의의 현재의 위상과 문제점을 살펴본다. 이를 바탕으로 4장에서 '민주화 이후의 민주주의'를 둘러싼 논쟁 속에서 자유주의-민주주의 논쟁의 의미를 살펴보고, 민주주의 발전을 위한 자유주의-민주주의의 바람직한 관계를 설정해 보고자 한다.

2. 한국 민주주의의 초기 구조 : 48년 체제

한국 자유민주주의의 문제점을 파악하기 위해서는 그 역사적 기원부터 살펴볼 필요가 있다. 미·소 분할 점령이라는 외부적 요인의 압도적 규정력 아래 냉전의 국내화로서 전개된 남한 정부의 수립 과정은, '반공 체제의 형성'과 '자유민주주의의 제도화'라는 두 계기의 결합으로 요약할 수 있다. 그런데 이 결합은 단순히 양자의 병렬적 결합이 아니라 반공 체제가 자유민주주의를 근본적으로 제약하는 구조라고 할 수 있다. 즉 한국의 자유민주주의는 반공 체제의 틀 안으로 폐쇄된 민주주의라는 특징을 가지고 있는 것이다(우리는 이런 특징을 가진 체제를 '48년 체제'라고 부를 수 있을 것이다).

그렇다면 '반공 체제의 제약 내에서 제도화된 민주주의'는, 민주주의의 일반적 조건에 비추어 볼 때 어떤 문제와 한계를 안고 있는가. 이러한 한계는 이후 한국 민주주의 발전에 어떤 영향을 미쳤는가. 달R. Dahl의 논의는 이에 대한 하나의 지침을 제공해 준다. 달은 민주주의 발전의 이 정표로 세 가지를 든다. 첫째는 시민 대중이 정치사회로 통합incorporation 되는 것으로서, 보통평등선거권의 실현이 이에 해당한다. 둘째는 대표 representation 즉, 정당 결성의 자유다. 셋째는 조직된 반대organized opposition의 권리다(Dahl 1966). 이 기준에 따른다면, 보통평등선거권을 통해 인민의 정치 참여가 평등하게 실현되는 것과 함께, 정당 결성의 자유가 보장되고 특히 반정부·반체제 정당의 체제 내 진입이 실현될 때[2] 민주주의가 완성된다는 것이다. 한편 달은 이를 다시 두 가지 요건, 즉 참여의 포괄성(선거권이 어느 정도 포괄적으로 부여되느냐)과 정치 경쟁의 자유화(정당 결성과 조직적 반대의 자유가 얼마나 허용되느냐)로 집약하고, 이를 기준으로 정치체제를 〈그림 2-1〉에서와 같이 네 가지로 나눈다.

한편 달은 이러한 유형론을 기초로 자유민주주의 발전의 두 가지 경로를 제시한다. 그 첫째 경로는 서구 자유민주주의가 일반적으로 거친 경로로서, 폐쇄적 패권 체제가 경쟁적 과두 체제를 거쳐 대중민주주의로 나아가는 길이다(①→②→④). 이는 사상의 자유 및 집회·결사·정당 결성의 자유 등이 확보되는 정체의 '자유화'가 먼저 이루어지고, 이러한 자

---

2) 마이어(P. Mair)는 서구에서 '조직된 반대의 권리'라는 요건이 달성된 지표로서 '사회주의 정당의 집권'을 제시한다(Mair 2008, 120). 자본주의 체제를 기반으로 하는 자유민주주의 정치 질서에서 가장 중요하고 근본적인 반대 세력은 사회주의 실현을 지향하는 사회주의 정당이라 할 수 있다. 이들이 합법적 정당으로 활동할 뿐 아니라 집권할 수 있다는 것은 그 만큼 조직된 반대의 권리가 광범위하게 인정됨을 상징하는 지표가 되기 때문이다.

그림 2-1 | 달이 분류한 체제 유형 및 민주화 경로 유형

참여의 포괄성

		저	고
정치 경쟁의 자유화	고	❷ 경쟁적 과두 체제 (competitive oligarchy)	❹ 대중 민주주의 (mass democracy)
	저	❶ 폐쇄적 패권 체제 (closed hegemony)	❸ 포괄적 패권 체제 (inclusive hegemony)

출처 : Dahl(1971).

유주의 국가가 선거권의 확대에 따라 '민주화'되는, 즉 자유화에 이어 민주화가 진행되는 경로라 할 수 있다. 서구 자유민주주의의 이러한 경로는 맥퍼슨 역시 지적한 바이다. 맥퍼슨에 의하면 자유주의 국가의 핵심은, 정치적 권리를 갖는 여러 계급 또는 계급 분파에 대해 정부가 책임지도록 하는 메커니즘인, 자유롭게 경쟁하는 복수 정당 체제다. 자유민주주의 체제는 이러한 자유주의 국가에 민주주의가 추가(즉 민주화)—자유주의 국가의 '민주화'의 핵심은 민주적인 보통평등선거권의 도입—된 결과로 성립되었다(Macpherson 1983, 5-10). 자유민주주의 체제 수립 과정에서 정당 경쟁의 자유가 갖는 중요성은, 좌파 정당의 정치 세력화 과정을 분석한 바르톨리니에 의해서도 확인된다. 바르톨리니에 의하면, 서구 민주주의의 한 축을 담당하는 좌파와 노동의 정치 세력화 과정은 자유화—민주화의 2단계 과정을 거쳐 왔다. 즉 좌파·노동 세력이 먼저 합법적 반대 세력으로 수용되는 '자유화' 단계에 이어서 노동자들에게 보통선거권

이 부여되는 '민주화' 단계를 거쳤다는 것이다(Bartolini 2000). 결국 서구 민주주의 발전 단계에서 흔히 보통선거권이 실현된 시점을 민주화의 완성 시점으로 판단하는 것은, 정당 경쟁의 자유를 통한 유권자 선택의 자유가 이미 보장되어 있었기에 가능했던 것이다.

그런데 달에 의하면, 자유민주주의에 이르는 경로로서 '자유화 → 민주화'와 다른 경로가 있을 수 있다. 〈그림 2-1〉에서 보면, 폐쇄적 패권 체제가 포괄적 패권 체제를 거쳐 대중민주주의로 나아가는 길이 그것이다(①→③→④). 이는 곧 보통선거권이 먼저 부여되고 이후 정당 경쟁의 자유가 확보되는 경로, 즉 민주화가 먼저 이루어지고 그 뒤에 자유화가 이루어지는 경로이다. 그런데 달에 의하면, 이것은 앞의 경로에 비해 더 어렵고 실패하기 쉬운 경로라고 한다. 왜냐하면 정치 엘리트 간에 정치 경쟁의 기술이 확보되고 정당화되기 이전에 보통평등선거권이 부여되어 대중 정치 상황이 도래할 경우, 정당 경쟁이 초래하는 불확실성이 증가되고 이로 인해 기득권 세력들이 체제 유지를 위해 정치적 경쟁의 공간을 폐쇄시키는 비자유주의적 체제를 계속 견지하려고 하기 때문이다(Dahl 1971, 6-9, 38-39).[3] 달의 이러한 지적은, 48년 체제의 특징과 함께 그것이 이후 한국 민주주의 전개 과정에서 상당한 제약 요인이 될 것임

---

3) 이러한 양상은 보통선거권이 일찍 제도적으로 도입되었지만, 반정부 정치 세력이나 정당은 탄압의 대상이 되기 일쑤이고, 심지어 선거를 통해 성립한 좌파 정권이 군부 쿠데타에 의해 전복되는 과정이 되풀이되어 온 제3세계의 권위주의 체제에서 일상적으로 발견되었던 양상이다. 결국 제3세계의 후발 민주화란 보통선거권에 더해 정치 경쟁의 자유를 실현하는 과정이었다고 할 수 있다.

을 예견하게 해준다.

달의 기준에 따를 때, 48년 체제는 '포괄적 패권 체제'에 해당된다. 보통평등선거권은 1948년에 법적으로 도입되었지만, 반공 체제로 인해 정당 경쟁이나 정치적 반대의 공간이 극도로 폐쇄되었기 때문이다.

물론 해방 당시 현실을 볼 때, 공산주의 세력이 계급 혁명과 계급독재 노선을 포기하지 않는 한 남한 체제 내의 합법적 정치 세력으로 포용되는 것은 불가능했다고 보인다. 왜냐하면 자유민주주의 체제는 다원적인 정치 경쟁의 수용을 전제로 하므로, 이를 부정하는 정치 세력까지 합법적인 정당으로 인정받기를 요구할 수는 없을 것이기 때문이다. 하지만 강조되어야 할 것은, 48년 체제에서는 극좌 공산주의 세력은 물론이고 선거와 의회정치를 통한 사회주의 실현을 추구하는 사민주의 노선의 중간 좌파 세력까지 모두 배제의 대상이 되었다는 점이다. 뿐만 아니라 좌파와의 공존이나 타협을 주장한 중간 우파나 분단 체제 수용에 반발한 우파 세력까지도 모두 정치 경쟁의 공간에서 제거되었다. 그 결과 남한의 정치사회는 냉전 반공 체제를 적극 수용한 이승만·한민당 세력만이 경쟁하는 공간으로 협애화되었고, 한국전쟁은 이러한 정치 경쟁의 이념적 폐쇄성을 최종적으로 완성하고 내면화시키게 된다. 이러한 이념적 폐쇄성은 자유민주주의에 대한 심각한 제약이 아닐 수 없다. 대의 민주주의에서 국민의 주권은, 자신들의 정치적 의사와 이해를 조직하고 대변해 줄 정치 세력이 없다면 표출되고 실현될 수 없는 '절반의 주권'에 불과하기 때문이다(샤츠슈나이더 2008). 즉 반공 체제하에서는, 좌파나 온건 좌파를 지지한 국민들의 주권은 물론이고, 냉전 분단 체제에 비판적이었던 민족주의 우파 세력을 지지하는 국민들의 주권도 구조적으로 부정당했다고 할 수 있기 때문이다.

반공 체제라는 한국 현대 국가의 한 특징은, '정치 경쟁 공간의 이념적 폐쇄성'을 낳았을 뿐만 아니라 시민사회를 압도하는 '강한 국가'strong state의 등장을 가져왔다. 이는 미국이라는 외삽 권력에 의해 반공이라는 국가의 목표가 부과되고, 식민지 국가기구를 이어받은 강력한 국가기구가 냉전 반공 체제로의 편입에 저항하는 시민사회를 물리적으로 제압하면서 반공 체제를 시민사회에 강제하는 방식으로 국가 형성이 이루어진 결과라고 할 수 있다.

'정치적 경쟁의 폐쇄성'과 '강한 국가'라는 이러한 특징은 곧 남한의 자유민주주의 체제에서 자유주의 기반이 부재하거나 취약하다는 것을 의미한다. 보수 우파 세력들은 1948년 정부 수립 과정을 우파 민족주의자들에 의한 자유민주주의와 자본주의의 자발적 수용의 결과로서 해석한다. 하지만 우파 세력 또는 건국 주도 세력이 추구했다는 자유주의 혹은 자유민주주의는 본래적 의미의 그것과 내용을 달리하는 것이었다. 자유주의를 어떻게 규정할 것인가는 논란이 있을 수 있지만, 보편적으로 수용되는 공통분모는 그것이 개인의 이익·자유·권리의 보호에서 출발한다는 것이다. 자유주의는 '국가권력으로부터' 개인의 자유와 권리를 보호하고자 하며, 여기에서 나온 핵심적인 정치 이념이 국가권력에 대한 제한 즉, 제한 국가의 이념이다.[4] 입헌주의·법치주의·삼권분립 등

---

4) 자유주의는 가장 반국가주의적인 시장 무정부주의에서부터 최소 국가주의, 조세 최소 국가주의(Taxing Minimal statism)를 거쳐 가장 덜 반국가주의적인 소국가주의(Small Statism)까지 다양한 스펙트럼을 보이지만, 공통적인 교의로서 다음을 공유

민주주의의 핵심 제도적 원리는 이러한 자유주의의 제한 국가 이념을 실현하기 위한 장치라고 할 수 있다.

자유주의가 제공하는 자유민주주의 정체의 또 다른 핵심 요소는 정치적 다원주의다. 자유주의는 '개인의 선택의 자유'에 기초하며, 따라서 개인들의 양심과 의견·사상의 다양성에 대한 존중과 관용 즉 다원적 사회를 지향한다. 이는 논리적으로, 표현과 출판 및 집회와 결사의 자유, 나아가 정치적 반대와 정당 결성의 자유 등을 내용으로 하는 정치적 다원주의로 연결된다. 물론 자본주의 체제에 대한 도전 세력인 사회주의·노동 세력이 정치적 다원주의 구조 내로 수용된 것은 이들에 대한 억압의 비용이 관용의 비용보다 크다는 현실적 힘의 관계에 의해 이루어졌지만(Bartolini 2000), 자유주의 정체에서 이 과정이 훨씬 쉽게 이루어진 것은 사실이다. 다양성을 실현하기 위한 조건으로 갈등의 유익성을 강조하고(보비오 1992, 31), 대안적인 정치적 강령들 간의 경쟁을 촉진하는 메커니즘의 중심성을 강조하는(헬드 1994, 485) 자유주의가 그 촉진 요인이 되었던 것이다.

그러나 건국 주도 세력들이 추구했다는 자유주의에서 정치적 다원주

한다. 개인이 가치·권리·책임의 담지자라는 것, 정치적·법적 규범의 핵심은 개인의 자유라는 것, 개인의 선택에서 나타나는 사회질서가 중앙 계획 질서보다 바람직하다는 것, 정당한 물리력의 행사는 개인의 정당한 요구에 대한 침해를 막는 것에 한정된다는 것, 정치제도는 그것이 가진 폭력을 개인의 자유·재산에 대한 침해를 막는 데에 제한할 때 정당화된다는 것, 개인에게 적용되는 도덕과 정치기구에 적용되는 도덕의 구분을 부정한다는 것, 일정한 정치 권위는 필요하지만 시민은 항상 그 팽창 및 오용에 대해 비판하고 제한해야 한다는 것이다(Mack and Gaus 2004).

의에 대한 존중이나 제한 국가의 이념을 찾기는 어렵다. 48년 체제가 성립되는 과정에서 체제 정당화 이념으로 강조된 자유주의의 내용은 이념과 사상의 국가적 통일을 전제로 한 '냉전 자유주의'cold war liberalism 그것이었다. 국가의 자유를 지키기 위해 개인의 자유가 제한될 수 있다는 논리는, 사실상 반공 국가를 뒷받침하는 체제 논리였다.5)

역사적으로 보더라도 한국에서 자유주의는 구한말과 일제강점기를 거치면서 서구 열강의 독립·부강·자주의 원동력으로서 즉, 부국의 방안으로서 수용되었다. 예컨대 자유주의 제도나 입헌주의는 서구 열강이나 일본이 부강하게 된 근원으로 받아들여졌던 것이다(문지영 2005, 190, 199; 한홍구 2008, 29; 김석근 2005). 근대 국민국가 형성이 지체된 후발·후후발 국가에서 자유주의 이념의 취약성은 공통적으로 관찰되는 일반적 현상이다. 국가로부터의 자유를 주장하기에 앞서 그런 국가가 먼저 필요했기 때문이다.6) 더욱이 근대화 과정에서 식민지로 전락해 민족 독립

---

5) 벌린(I. Berlin)은 자유의 주체는 개인임을 강조하면서, "자유로워야 할 자아라는 것을 더 이상 개인이 아니라 '사회적 전체'로 보는 혼동이 첨가된 결과, 소수 권력자 또는 독재자의 권위에 굴종하고 있는 사람들이 그 권위 덕분에 어떤 의미에서 자유롭게 되었다고 주장하는 일마저 벌어지게 되는 것"이라고 지적한다(벌린 2006, 401). 이 지적은 당초 공산주의 비판을 겨냥한 것이다. 하지만 분단의 쌍생아로 나타난, 반공 체제와 결합한 남한 자유주의의 한계와 특징을 지적한 언명으로도 읽힌다.

6) 유럽에서 국민국가 형성이 뒤처졌던 독일의 경우는 그 대표적 예일 것이다. 프랑스 혁명의 영향 아래, 통일된 근대 국민국가를 수립하고자 개최했던 프랑크푸르트 의회에서, 독일 자유주의자들은 군주 주권에 대해 국민주권을 주장한 것이 아니라 국가 주권을 지지했다. 통일을 우선시한 그들은 민족의 통일을 위해 자유주의의 이상을 유보했던 것이다(강정인·오향미·이화용·홍태영 2010, 28).

과 국민국가 건설이 최우선의 과제가 된 한국 현실에서 자유주의의 현실적 기반은 취약할 수밖에 없었을 것이다. 물론 식민지하에서 자유주의는, 자유의 전제 조건으로 민족 독립을 추구하는 '전투적 민족주의' 형태로 나타난다는 해석도 가능하다(문지영 2005, 199). 하지만 왓킨스(F. M. Watkins)는 '자유주의적 민족주의'란 역설에 가까운 모순적 개념이라고 지적한다(왓킨스 1985, 92). 민족주의에서 우선시되는 것은 개인의 자유가 아니라 국가의 자유이며, 이를 위해 강력한 정부가 요구되기 때문이다.

특히 우파 세력이 냉전 체제로의 편입과 그에 따른 분단을 적극 수용함에 따라 우파의 민족주의는 국가주의로 변화되었다. 분단이 정당화되기 위해서 국민적 정체성의 기반은 '민족'에서 '반공 이데올로기'로 대체되어야 했다. 남한 국가의 국민적 정체성은 반공이라는 이념적 동질성 위에서 새롭게 구축되어야 했던 것이다. 그리고 이를 부과한 것은 강력한 반공 국가였다. 결국 강력한 국가주의와 반공주의는 동전의 양면이었다.

결국 이상과 같은 48년 체제의 특징―보통평등선거권은 실현되었지만 정치적 경쟁의 공간은 이념적으로 폐쇄된 것, 자유주의의 부재 또는 냉전 자유주의, 제한 국가 이념의 부재와 강한 국가주의 등―은 이후 한국 민주주의의 전개 과정에서 결정적인 영향을 미치게 된다.

3. 민주화 과정과 자유주의 세력의 이중성

48년 체제를 '포괄적 패권 체제'로 규정할 때, 이후 민주화의 과제는 두 측면으로 요약할 수 있다. 첫째는 법적으로 도입된 보통선거권을 정치과정에서 실제로 실천하는 것이고, 둘째는 정치 경쟁 공간의 이념적 폐쇄성을 극복하는 것이다.

먼저 첫 번째 과제부터 살펴보자. 일반적으로 국민국가 발전 과정에서 보통선거권이 부여되는 맥락과 의미는 지배 엘리트의 전략에 따라 다르게 나타난다고 한다. 그 하나는 사상과 결사의 권리, 정치적 반대의 권리 등이 확보된 기반 위에서, 정치적 대표의 장치로서 선거권이 확대된 경우다. 이와 대조적인 것은, 국민 통합의 장치로서 보통선거권이 위로부터 주어지는 경우다. 이때 여타의 불평등한 장치에 의해, 투표권이 가지는 정치 대표 수단으로서 갖는 기능은 봉쇄되며, 그것이 실현되기까지는 지체와 역전의 과정을 불가피하게 겪게 된다(Bartolini 2000, 207).

한국의 경우는 전형적으로 후자에 속한다. 건국 동맹 세력들은 애당초 보통선거권이 가져올 대중의 포괄적 정치 참여가 발휘할 효과에 대한 두려움 때문에 제한 선거적 요소를 도입하려 했다. 그러나 분단국가의 수립을 둘러싼 북한과의 체제 경쟁에서 이기기 위해 국민들을 최대한 동원하고 통합해야 할 필요성, 남한 정부 수립의 외부적 정당화 기제로서 기능한 유엔 한위의 요구 등에 따라 1948년 5·10 선거에서 일체의 선거권 제한 요소가 없는 보통선거제가 일거에 도입될 수 있었다.

하지만 당초 건국 동맹 세력의 우려처럼 보통선거권은 정치권력에 대한 밑으로부터의 통제와 저항의 효과를 발휘하기 시작했고, 결국 집권 세력은 정부 수립과 동시에 보통평등선거제가 발휘하는 압박에 직면하게 된다. 1950~60년대의 도시화, 교육의 급격한 보급, 근대화 등은 보통선거제의 효과를 증폭시켰다. 선거라는 자유민주주의 절차 자체를 부정할 수 없었던 권위주의 집권 세력은 보통선거제의 효과를 무력화하기 위해 선거 개입을 일상화했고, 선거는 관권·부정선거로 점철되었다. 결국 권위주의 세력은 1972년 유신헌법에서 대통령 간접선거(통일주체국민회의를 통한 간접선거), 유정회(국회의원 3분의 1을 대통령이 사실상 지명) 제도 등을 도입함으로써 보통선거권을 사실상 무력화시키게 된다.

그러나 보통선거권에 대한 훼손이나 부정은 광범위한 시민적 저항을 촉발했고, 이는 민주화 운동의 주요 동력이 되었다. 예컨대 1950년대 이승만 정권의 노골적 선거 부정과 탄압하에서도 시민들은 1956년 정·부통령 선거와 1958년 총선에서 권력에 대한 징벌 의사를 표출했고,[7] 1960년 3·15 부정선거에 대한 시민 저항은 민주주의가 도입된 이후 불과 10여 년이 지난 시점에서 대중의 힘을 통해 정권을 축출했다. 박정희 정권하에서도 시민들은, 경제성장의 업적에 대해 지지를 보냈던 1967년 선거와 달리 1971년 선거에서는 삼선 개헌(1969년) 등 민주주의 훼손에 대한 저항을 표출하면서 선거를 통한 정권 교체의 가능성을 가시화시켰다.[8] 이는 유신 체제라는 극단적 대응을 초래한 배경이 되었다. 이

---

7) 1956년 정·부통령 선거에서 부통령 후보 이기붕이 낙선하고 장면이 당선되자 자유당은 1960년 '3·15'라는 최악의 부정선거를 치르게 된다. 1958년 총선에서도 막대한 경찰력을 동원했음에도 불구하고 자유당은 10석을 잃었지만 민주당은 47석에서 79석으로 약진했다.

후 유신 체제하에서의 유신헌법 철폐 및 개헌 요구, 1980년대의 직선제 개헌 주장에서 보듯이, 민주화 운동의 핵심 목표는 '선거권' 회복에 있었다. 결국 1948년 도입된 보통평등선거권은 권위주의 정권에 의해 끊임없이 훼손되고 부정되어 왔지만, 다른 한편으로 절차적 민주주의가 훼손되는 것에 저항하는 민주화 운동을 낳음으로써 한국 민주주의 발전의 동력이 되었다고 할 수 있다. 그리고 1987년 민주화란 1948년에 법적·제도적으로 도입된 보통선거권을 실제로 실현하는 것이었다고 할 수 있다. 이 점에서 우리는 흔히 1987년 '민주 돌파'를 이루었다고 자평하고 있다.

그러나 1987년 민주화가, 48년 체제의 특징인 '포괄적 패권 체제'의 한계를 완전히 극복한 것은 아니었다. 1987년 민주화에도 불구하고 48년 체제의 가장 뚜렷한 특징인 '정치적 경쟁 공간의 이념적 폐쇄성'은 극복되지 못했기 때문이다.

물론 48년 체제에서 정치적 반대의 자유가 완전히 봉쇄된 것은 아니었다. 이념적으로 제한되기는 했지만 정치적 다원주의에 기초한 보수정당 간의 경쟁이 허용되었기 때문이다. 이와 같이 '제한된 정치적 다원주의'의 틀 안에서 보수 야당은 권위주의 세력이 민주주의를 침해하는 데

---

8) 1967년 대선에서 박정희는 51.4퍼센트의 지지를 획득해 야당 후보에 대해 10.5퍼센트의 큰 차이로 당선되었다. 총선에서도 공화당은 50.6퍼센트를 득표했다. 하지만 1971년 선거에서 지지율 격차는 현저히 축소된다. 대선의 경우 지지율 격차는 7.9퍼센트로 축소되었고 신민당의 김대중 후보는 야당 후보 최대 기록인 45.3퍼센트의 지지를 획득했다. 총선에서 격차는 17.1퍼센트에서 4.4퍼센트로 좁혀졌다(최장집 2005, 104).

맞서는 민주화 세력으로 자리매김하게 된다. 한국의 민주화는 기본적으로 '운동에 의한 민주화'(최장집 2005)였지만, 학생이나 재야, 노동 등 시민사회 세력에 의해 촉발된 민주화 운동이 운동권의 범위를 넘어 대중적으로 확산되는 데에 제도권 야당이 중요한 모멘텀을 제공했던 것도 사실이다. 야당이 제도권 밖으로 나와 민주화 운동에 합류할 때 대중적 흡인력이 크게 확대되었던 것이다.9) 이렇게 볼 때, 반공이라는 이념적 제약하에서이기는 하지만, 정당 간 경쟁의 공간은 권력을 둘러싼 우파 정치 세력 간의 정치적 역동성을 가능하게 했고, 이것이 권위주의 체제의 극복과 민주화를 가능하게 한 중요한 배경이 되었다.

하지만 1987년 민주화가 냉전 반공 체제에 의해 제한된, '제한적 다원주의'의 틀을 극복한 것은 아니었다. 이런 점에서 87년 체제는 냉전 반공주의 범위 안에서의 다원주의를 특징으로 하는 48년 체제의 연장이었다고 할 수 있다(박상훈 2007, 287). '포괄적 패권 체제'의 한계를 극복하기 위한 두 번째 과제인 '정치적 반대의 자유' 즉, 선거로 확보된 유권자 주권이 실제로 택할 수 있는 정치적 대안의 이념적 제약성을 돌파하는 것은 여전히 미완의 과제로 남겨진 것이다.

한국 민주화의 핵심 과제가 된 이 문제를 우리는 역사를 거슬러 올라가 검토해 볼 필요가 있다. 역사적으로 볼 때, 보수 우파 독점의 정치 대

---

9) 예컨대 유신 체제 말기 재야 민주화 운동과 결합한 신민당 김영삼 체제의 출범이 유신 붕괴의 촉매 역할을 했던 것이나, 1986년 이후 신민당-통일민주당이 개헌 장외 투쟁을 통해 민주화 운동 세력과 민주 대연합을 형성한 것이 1987년 민주화의 성공을 가져온 한 요소가 되었던 것이다.

표 체제라는 48년 체제의 한계를 극복하려는 시도는 크게 두 시기에 걸쳐 전개되어 왔다. 그 첫째는 정부 수립 이후 1960년대 초까지의 시기로서, 대체로 해방 정국에 그 역사적 뿌리를 둔 중도파 또는 혁신계 세력들이 제3의 대안 또는 혁신정당 결성을 시도했던 시기다. 둘째는 1987년 이후 진보 정당 결성 및 의회 진출이 시도된 시기다.

먼저 첫 번째 시기부터 살펴보자. 이 시기의 가장 주목할 만한 사례는, 한국전쟁을 거치면서 냉전 이데올로기가 내면화되기 이전인 제헌국회와 1950년 5·30 선거다. 주지하듯이 제헌국회에서는 한민당과 이승만 세력이라는 보수 양대 세력에 맞서 소장파라는 제3의 세력이 형성되었고, 이들은 사회·경제적 개혁의 측면에서 상당한 성과를 거두기도 했다. 하지만 소장파 세력은 결국 분단·냉전 체제에 도전하다가 1949년 6월 국회 프락치 사건을 통해 제거되는 운명을 맞았다. 반공 체제에 의해 그 도전 세력이 제거되었던 것이다.

한편 1950년 5·30 선거는 제3의 대안의 형성이라는 면에서 또 다른 가능성을 보여 준다. 1948년 5·10 선거 당시 단정에 대한 거부의 표시로서 선거 참여를 조직적으로 거부한 바 있었던 중도파들이 5·30 선거에서는 사회·경제적 개혁과 평화통일 노선을 실현하기 위해 대거 참여했고, 그 결과 한민당이 참패하고 중도파가 대거 의회에 진출하게 된다. 만일 1950년 6월 한국전쟁이 발발하지 않았더라면 이들이 제2대 국회에서 이승만·한민당 세력에 도전하는 제3의 대안을 형성할 수 있었을 것으로 보인다. 하지만 그 가능성은, 이들이 한국전쟁 중에 대거 월북·납북됨으로써 시도조차 되지 못하고 종식되었다.

냉전 반공 체제하에서 우파 독점의 정치 대표 체제를 뛰어넘는 정치적 대안을 조직하는 데 가장 주력했던 정치인은 조봉암이었다고 할 수 있다. 그의 이러한 노력은 1956년 진보당 결성으로 결실을 맺었지만, 이로 인해 그는 죽임을 당하게 된다.[10] 그가 제시한 정치적 대안의 중요성은 1956년 대통령 선거에서 그가 받은 216만 표로 입증된다. 선거인 중 22.5퍼센트(신익희를 찍은 무효표를 제외하면 총 유효표의 30퍼센트)에 해당하는 216만 표―당시 부정선거를 감안한다면 이보다 많을 수도 있다―를, 당시 조봉암이 제시한 사민주의 노선이나 평화통일 노선에 대한 지지표로 본다면(손호철 1997, 195-204), 이들의 주권은 이후 '진보 정당 없는 보수 독점의 정당 체제'에서 결국 구조적으로 배제되었다고 할 수 있을 것이다. 이후 진보당의 도전을 이어받아 4·19 이후 결성된 혁신정당 및 이들의 의회 진출 시도와 부분적 성공(민의원에서 사회대중당 4석, 한국사회당 1석), 혁신계와 학생들에 의한 통일 운동 및 노조운동 등은 모두 1961년 5·16 군부 쿠데타에 의해 진압된다. 국가 형성기 갈등 구조의 연장선에서 냉전 반공 체제의 헤게모니에 도전했던 시도는 이로써 거의 소진된

10) 1958년 진보당 사건의 발단은 진보당의 평화통일 노선이 국가보안법에 위반된다는 것이었다. 그런데 조봉암은 사회·경제적 측면에서는 자본주의와 공산주의를 함께 비판하면서 제3의 노선(사민주의 노선)을 제시했지만, 미·소의 진영 대결 구도와 관련해서는 서방 진영에 속함을 분명히 했다. 반공·친미 노선을 분명히 했던 것이다(서중석 1999, 368). 이 점에서 진보당 노선은 서독 사민당이나 영국 노동당 등 유럽 사민주의 정당의 노선과 유사했다고 볼 수 있다. 진보당의 이런 입장은, 1980년대 후반 운동권의 급진적 통일 노선과 대비되는 것으로 국제정치의 냉혹한 현실을 읽은 정치적 신중함과 혜안을 보여 준다고 생각된다. 결국 진보당의 평화통일 노선은 법원 판결에서 무죄로 입증되었고, 이승만 정권은 조봉암을 '간첩 사건'에 연루시켜 제거하는 방법을 택하게 된다.

것으로 보인다.

냉전 반공의 패권 체제에 대한 두 번째이자 본격적인 도전은 1980년
대 중반에 이르러 시작되었다. 1970~80년대의 산업화에 따른 노동 계
층의 본격적인 형성, 1980년 광주를 계기로 한 학생 및 재야 운동권의
이념적 급진화와 사회주의 이념의 도입, 노학 연대의 형성 등에 따른 새
로운 반체제 세력의 형성이 그 배경이었다.

서구 역사를 볼 때, 조직화된 정치적 반대 세력의 형성은 국가 형성
과 산업화라는 두 역사적 계기와 관련해 이루어지는데, 각국이 최종적
으로 직면하게 된 것은 산업화에 따른 노동 세력의 도전이었다. 그리고
노동계급 및 이들을 대표하는 좌파 세력이 합법적 반대 세력으로서 체
제 내로 통합되는 것은 '좌-우' 또는 '자본-노동' 균열에 따른 정당 체제
의 형성을 통해서였다(Lipset and Rokkan 1967).

한국의 경우도 산업화를 통해 형성된 노동 계층의 등장은 사회적 차
이와 갈등, 나아가 정치적 반대와 저항의 기반이 되었다. 1970년대 노동
기본권 쟁취 투쟁에서 시작된 노동운동은 1980년대 들어 학생 및 재야
운동과 결합해 반체제 투쟁의 주요 세력이 되었다. 이들은 권위주의 체
제하에서 당면 과제인 정치적 민주주의의 실현을 위해 보수 야당과 연
대해 민주 대연합을 결성하기도 했지만, 궁극적으로 지향한 것은 자유
민주주의를 넘어서는 민중민주주의·사회주의적 질서였다. 이러한 시도
는 1987년 7~9월의 노동자 대투쟁과 자주 노조 결성 운동 등으로 분출
되었다. 주목할 것은 1987년 이후 노동 및 진보 진영의 정치 세력화 시
도다. 이는 달이 지적한 대중민주주의의 한 요소인 '정치 경쟁의 자유화'
의 핵심 내용이라 할 수 있다. 하지만 정치 대표 체제로 진입하려는 노

동 정당이나 진보 정당의 시도는 현재까지 사실상 실패로 나타나고 있다. 제17대 국회에서 민주노동당이 10석을 획득해 처음으로 '유의미한'relevant 정당으로 원내에 진출했지만, 제18대 총선에서 민주노동당과 진보신당은 다시 참패를 기록한 것이다.

'노동 없는 민주주의'로 요약될 수 있는 이 문제는 한국 민주주의가 안고 있는 문제의 핵심이 아닐 수 없다. 왜 노동은 '정치적 반대'로 조직되지 못했으며, 그 결과 '정치적 대안의 돌파'는 아직까지 이루어지지 못하고 있는가.

이 문제와 관련해 주목할 것은, '보통선거권의 실제적 실현'이라는 1987년 이전 민주화 운동의 과제와, '정치적 대안의 돌파'라는 1987년 이후의 과제는 그 이념이나 주체에서 본질적 차이가 있다는 점이다. 전자가 정치적 민주주의 또는 정치적 시민권을 실현하기 위한 운동이라면, 후자는 민주주의의 사회적 내용을 확보하고 사회적 시민권을 확보하려는 것이라 할 수 있다. 또한 후자의 과제는, '자유' 민주주의를 넘어서는 '사회적' 민주주의를 지향한다는 점에서, 그리고 이를 위해서는 보편적 시민이 아니라 집단적 정체성을 지닌 노동계급의 형성이 필요하다는 점에서, 이전의 민주화 운동과 다른 단계로의 진입을 의미하는 것이었다. 서구 역사를 볼 때, 그러한 과제는 19세기부터 20세기 초에 걸친 노동계급 형성과 이들을 대변하는 노동 정당 또는 좌파 정당의 원내 진출을 통해 이루어졌으며, 이를 가능하게 한 것은 '좌-우' 또는 '자본-노동' 균열에 따른 정당 체제의 형성이었다.

한국의 경우도 '자본-노동 균열'의 객관적 조건은 산업화를 통해 노동 계층이 광범위하게 형성됨으로써 갖추어졌다고 볼 수 있다. 그러나 우리는 이에 기초한 정치적 대안을 창출하는 데 실패하고 있다. 그 이유는 무엇인가. 이에 대해 마이어의 논의는 하나의 대답을 제시해 준다. 마이어에 의하면 어떠한 '사회적 차이'가 정치적 균열로 전환되기 위해서는 '집단적 정체감의 형성'과 '정당을 통한 조직적 표출'이라는 두 가지 전제 조건이 필요하다(Mair 2006, 373). 결국 한국의 경우 '자본-노동' 균열에 따른 정당 체제의 미형성은 이 두 가지 전제 조건의 부재에 그 원인이 있다고 할 수 있을 것이다.

노동의 정치 세력화 실패에 대한 기존의 논의는 대부분 선거 경쟁이 시작된 1987년 이후의 요인에 집중하고 있다.[11] 그러나 마이어의 논의에 주목한다면, 그 실패의 원인은 민주화 이후의 상황에 대한 분석만으로는 설명될 수 없다. 그 원인은 노동 계층의 형성기인 산업화 과정, 더 나아가 산업화를 주도한 국가의 특징이 주조된 국가 형성 과정으로부터 비롯된 역사적 산물이기 때문이다.

여기에서 우리가 주목하는 것은 국가 형성기에 형성된 역사적 초기 조건이 미친 영향이다. 우리는 앞에서 한국의 국가 형성 과정이 '정치 경쟁 공간의 이념적 폐쇄와 강력한 국가의 등장'을 가져왔다고 논한 바 있다. 이러한 역사적 초기 조건은 이후 산업화 과정에서 등장한 새로운 체제 도전 세력이 정치적 반대 세력으로 조직되는 것을 가로막은 결정적

---

11) 고양되는 노동 세력에 대한 국가의 탄압, 노동운동이나 진보 세력의 이념적 급진성, 민족문제 동원으로 인한 계급 균열의 침잠, 보수정당의 지역주의 동원 전략, 진보 정당의 정치·선거 전략의 부재, 유권자의 지역주의 투표 행태, 노동계급이나 하층의 '계급 배반' 투표 행태 등이 그 원인으로 지목되고 있다.

요인이 되었던 것이다. 이를 반공 국가가 미친 영향과 보수적 정치사회가 미친 영향으로 나누어 살펴보자.

먼저 첫 번째 요인인 반공 국가가 미친 영향부터 살펴보자. 모든 자유주의 국가는 산업화와 함께 노동 및 사회주의 세력의 도전에 직면하게 된다. 다른 측면에서 말하면, 산업화와 함께 등장한 노동 및 좌파 세력은 이미 보수주의·자유주의 세력이 장악하고 있는 국가 및 정치사회 영역에 어떻게 진입하느냐라는 과제에 직면하게 된다. 바르톨리니에 의하면, 이에 결정적 영향을 미친 요인의 하나가 기존 국가의 성격이다. 시민혁명이나 자유주의 개혁을 통해 자유주의 정체가 확립되어 있었던 국가의 경우, 노동계급과 사회주의 운동은 합법적 정치 행위자로 더욱 쉽게 수용되었다. 하지만 강한 국가의 전통이 존재할 경우, 즉 국가 물리력의 이용을 억제하는 요소인, 정체의 자유화 수준이 낮을수록, 기득권 엘리트는 노동계급 정치 운동에 대해 억압을 쉽게 동원하게 되며 사회주의 운동에 대한 억압은 높아진다(Bartolini 2000).

노동 및 사회주의 운동이 대면하게 되는 기존 국가의 성격의 중요성을 지적한 바르톨리니의 논의에 비추어 볼 때, 한국은 강한 국가가 국가 물리력을 동원해 새로운 도전 세력을 억압하고 정치 영역에서 배제시킨 대표적 사례가 될 것이다. 이미 국가 형성기에서부터 건국 주도 세력은 일제로부터 물려받은 강력한 국가 물리력을 이용해 시민사회의 도전 세력을 제거하면서 반공 체제를 확립한 바 있었다. 이러한 과정을 통해 형성된 반공 국가는 한국전쟁을 거치면서 반공 이데올로기라는 시민사회를 압도하는 헤게모니적 이념을 확보함과 동시에 60만 군대라는 엄청난 국가 물리력의 기반을 갖추게 되었다. 그리고 한국전을 통해 성장한 군부는 5·16 군부 쿠데타를 통해 군부 권위주의 체제를 수립하고서, 반공 이념에 더해 경제 발전이라는 새로운 국가 목표를 제시하면서 이를 위해 사회를 동원하고 재조직해 나갔다. 이처럼 반공 체제를 기반으로 한 권위주의 발전 국가는 산업화 과정에서 형성되는 노동계급이 작업장이나 전국 수준의 조직화를 통해 계급의식을 형성하고 이를 기초로 사회적·정치적 도전 세력으로 형성되는 것을 철저히 봉쇄했다. 주목해야 할 것은 노동 계층의 도전이, 단지 저임금 확보 등의 산업적 이유에서뿐만 아니라 반공이라는 체제적 이유에서 억압당했다는 점이다. 1970년대 유신 아래 총력안보 체제에서 노조 활동이 국가 보위의 차원(1971년 〈국가 보위에 관한 특별조치법〉)에서 통제되었던 것은 이를 잘 보여 주는 사례다. 이에 따라 노동의 조직화는 반공 체제의 물리력과 반공 이데올로기가 총동원되어 '외부와 연계된 체제 전복 행위'라는 차원에서 탄압을 받았다.[12] 결국 산업화 과정은, 국가 형성기에 이어서 반공 국가가 정치적 반대 세력의 형성을 원천 봉쇄함으로써 한국 민주주의 발전에 장기적이고 구조적인 제약 요인을 부과한 또 하나의 결정적 국면이었다고 할 수 있다.[13]

---

12) "40년이 넘도록 아무에게도 말을 못하고 살았지만 사실은 내가 전평 활동을 했다. …… 남편에게도 여지껏 말을 못하고 살았지만, 사실은 내가 전평 조합원이었다. 아, 칠순이 다 된 어머니가 40년 동안 살을 맞대고 살아온 남편에게조차 말하지 못했던 비밀을 그날 아들에게 고백했던 것이다"(하종강 2006, 368-369)라는 한 노동운동가의 회고는, 반공 체제와 결합한 권위주의 발전 국가가 노동에 가한 이념적 폭압성을 생생히 전해 준다.

13) 김일영은 '산업화'와 '민주화'의 병행 발전이 가능하다는 주장을 비판하면서, 흔히

이러한 상황은 '87년 민주화' 이후에도 근본적으로 변하지 않았다. 1987년 이후 탈권위주의 공간 속에서 등장한 민주 노조 세력은 1990년 대 말까지도 '법외 노조'로 취급되면서 '경찰국가'의 탄압 대상에서 벗어나지 못했고, 공권력이 개별 사업장 수준의 노사분규에까지 개입하는

병행발전론의 사례로 제시되는 영국의 경우도 실제로 병행 추진되었다고 말할 수 있는 것은 '산업화'와 '자유화'였다고 주장한다(김일영 2005, 23). 영국의 경우 자유화 (노조 조직과 활동, 노조 정치 활동, 노동 정당 결성 등의 자유)는 19세기 말까지 실현되었지만 민주화의 최종 지표로 인정되는 보통평등선거권은 20세기 전반(남성 보통선거권은 1918년, 여성까지 확대된 것은 1928년)에 실현되었기에 김일영의 지적은 사실 그 자체로는 타당하다고 할 수 있다. 그러나 자유민주주의 또는 대의민주주의는 보통선거권에 더하여 결사 및 정당 결성의 자유를 전제로 해서 성립될 수 있기 때문에 자유화는 민주화(광의로 해석된)의 한 필수적 구성 요소로 해석하는 것이 타당할 것이며, '선진국의 경우 산업화와 민주화가 병행 발전해왔다'고 말할 때의 민주화란 이런 광의의 민주화를 의미하는 것으로 이해해야 할 것이다. 자유화와 민주화를 구분해서 말한다면, 한국의 경우 산업화 과정에서 권위주의 발전국가는 서구와 달리 자유화를 철저히 봉쇄·부정했다고 할 수 있으며, 이런 차이는 노동정치의 성립 여부에 결정적인 영향을 미쳤다. 예컨대 유럽의 경우 국가별 편차는 있지만 대체로 20세기로 들어올 무렵에는 이미 노동운동의 자유와 함께 노동계급을 대표하는 사회주의정당이 조직되어 있었는데(즉 이미 자유화가 이루어져 있었는데), 이런 기반 위에서 20세기 초 폭발적으로 등장한 반숙련·비숙련 노동자들이 20세기 전반기에 확보한 보통평등선거권에 기초하여 사회주의 정당을 지지하게 됨으로써 노동정당, 사회주의정당의 급성장과 의회 진출 및 집권이 가능해졌다(김수진 2001, 80-85). 이와 비교할 때, 한국에서는 1960년대 후반부터 1980년대 전반까지 급속한 산업화 과정에서 비숙련 노동자가 폭발적으로 형성되었으며, 이들은 이미 보통평등선거권을 확보하고 있었지만, 노동운동의 자유 및 사회주의 정당 활동의 자유가 국가에 의해 철저히 부정됨으로써(즉 자유화의 기반이 부재했기에), 이들이 선거에서 하나의 계급으로 뭉쳐 노동정치를 실현할 수 있는 가능성도 철저히 차단되었던 것이다. 이런 점에서 '노동 있는 민주주의'인 유럽과 그렇지 못한 한국 간의 결정적 차이를 만들어 낸 주요 요인의 하나는 반공체제에 기초한 한국의 권위주의 발전국가였다고 할 수 있다.

것 역시 지속되었다. 1987년 말 노동법 개정에도 불구하고 3금 조항이 유지됨으로써, 노조의 자율적 조직화와 정치 활동을 사실상 억압하는 체제는 그대로 지속되었다. 노동의 정치 세력화를 막아 온 장벽이 마지막으로 해체된 것은 민주화 이후 10년이 지난 1996~97년의 노동법 개정에 의해서였다. 그러나 이 시점은 탈산업화에 따른 노동 분화는 물론이고 신자유주의적 노동 유연성이 도입됨에 따라 노동 내부의 분화가 급속히 진행되는 시점으로서, 노동 세력이 연대 의식에 기초해 하나의 정치 세력으로 형성되기 어려운 객관적 상황이 아닐 수 없었다.

노동에 기초한 정치적 반대 세력의 조직화를 가로막은 두 번째 요인은, 냉전 반공 패권 체제의 한 축을 이룬 보수적 정당 체제였다. 립셋과 로칸은, 보통선거의 실시로 대중 정치가 본격화되는 초기 시점에 형성된 정당 체제가 이후 지속성을 유지하면서 새로운 도전 정당의 진출을 봉쇄하고 있다는 '결빙 명제'를 제시한 바 있다(Lipset and Rokkan 1967; Mair 2006, 373). 상황은 다르지만, 한국의 경우 48년 체제의 구성 요소인 보수정당 체제는 산업화 이후 등장하는 새로운 사회 세력 즉 노동의 정치적 조직화를 막는 기제로 작동해 왔다. 강조되어야 할 것은 48년 체제 하에서 보수 야당 역시 반공 패권 체제의 일부인 보수적 정치사회의 일원으로서 기능했다는 점이다.

반공 체제와 군부 권위주의 정권하에서 보수 야당의 기능은 이중적이었다. 먼저 국가 형성 과정에서 이념적 균열이 배제된 이후, 보수 야당이 동원한 균열은 절차적 민주주의를 둘러싼 민주-반민주의 균열이었다. 한국의 보수 야당은, 사회·경제적 측면에서는 집권 세력보다 더 보수적이었지만, 정치적으로는 권위주의 정권에 의한 민주주의 침해에 맞서는 '자유주의 세력, 민주화 세력'으로 자리매김하게 된다. 이들의 이념적 정체성이 자유주의였다기보다는 정치 경쟁의 구조가 이들을 '자유주의 세력'으로 기능하도록 만들었던 것이다. 따라서 보수 야당 세력은 민주주의를 내세워 권위주의 집권 세력에 도전했지만, 냉전 반공 체제가 도전받을 경우 권위주의 세력과 타협·연합해 반체제 세력을 고립화시키고 제거하는 데 기꺼이 협력하는 이중적 행태를 보여 주었다. 단적인 예는 1950년대 진보당 사건이었다.[14] 나아가 제2공화국의 민주당 정권은 학생 및 혁신계가 시도한 노동 및 통일 운동을 억압하는 데 있어 구권위주의 집권 세력과 다름이 없었다.

한국에서 보수 야당 및 재야 운동권을 중심으로 한 '자유주의 세력'이 '진보적'으로 기능했던 시기는, 냉전 반공 체제에 대한 반체제 세력의 도전이 가장 약했던 1960~70년대였다고 할 수 있다. 이 시기는 국가 형성기 갈등 구조의 연장선에서 냉전 반공 체제의 헤게모니에 도전했던 세력이 1960년대 초 소진된 이후, 아직 산업화에 기반한 새로운 도전 세력이 본격적으로 등장하기 이전으로서 비교적 이념적으로 안온했던 시기였

---

14) 보수 야당은 중간파와 조봉암에 대해 이승만 못지않게 적대적이었다. 1955년 민주당 결성으로 이어지는 야당 통합 운동에서 조봉암은 '사상이 의심스럽다'는 이유로 배척당했다. 이렇게 형성된 민주당–자유당 대립 구도는 중도파의 정치 참여를 약화시킬 수 있다는 점에서 정치적 이념의 선택 폭을 좁히는 것이었다. 1956년 5월 정·부통령 선거에서 신익희 민주당 후보가 돌연사하자 민주당은 유권자들에게 조봉암을 겨냥해 '용공적 노선을 지지하는 대통령 후보에 대해서는 1표라도 고 신익희 씨를 지지하던 유권자가 투표하는 것을 희망하지 않는다'라고 공개적으로 천명했다(정태영 2007, 257, 269; 김영명 2006, 93). 조봉암에 대한 이러한 고립화는 이승만 정권이 조봉암을 국보법 위반으로 몰아 사형시킬 수 있었던 기반이 된 것으로 보인다.

다. 이 기간 동안 자유주의는 인권과 절차적 민주주의의 회복을 요구하는 보수 야당, 종교계, 재야, 학생 등 민주화 진영의 이념으로 기능했다. 민주화 운동은 기본적으로 자유민주주의 틀 내에서 정치적 민주주의의 회복을 지향하는 것이었으며, 자본주의 질서는 물론 분단 반공 체제에서 결코 벗어나지 않았다. 예컨대, 1960~70년대 재야 세력의 주요 인사들은 우파 민족주의자, 월남인, 기독교인들로서 반공주의, 친미주의를 그 이념적 기반으로 했다(박명림 2008; 박태균 2004). 한국의 보수 세력과 자유주의 세력은 분단의 쌍생아였음을, 즉 자유주의 세력은 반공의 틀을 벗어나지 않았음을 잘 보여 준다. 또한 1977년 3월 1일 재야의 민주구국헌장이 '미군 철수 반대, 민주주의 회복, 미국의 지원 기대' 등을 주창한 것도 이 당시 민주화 운동의 지향을 잘 보여 주는 사례다(김영명 1999, 218).

하지만 이념적으로 안온했던 시기에 자유주의 세력이 상대적으로 '진보적' 역할을 수행했던 상황은 1980년대 이후 새로운 체제 도전 세력이 등장함에 따라 종식되었다. 이 시기 재야 및 학생 운동권의 주류는 민주화가 아닌 '민주 변혁'을 추구했다. 이들의 이념은 더 이상 자유민주주의가 아니라 NL-PD로 상징되는 민족주의적·급진적 이념이었다. 급진 운동권은 야당 등 자유주의 세력과 함께 민주 절차 회복이라는 최소 목표를 향해서 민주화 동맹을 결성했지만, 이질적 두 힘 간의 동맹은 곧 붕괴되었다. 그 결정적 분기점은 1987년 7~9월의 노동자 대투쟁과 1989~90년의 급진적 통일 운동이었다. '노동 해방'과 '냉전 분단 체제 극복'을 내건, 반공·발전주의 체제의 헤게모니에 도전하는 노동·통일 운동의 고양에 따라 자유주의 세력은 급속히 보수화되었다. 노동·통일 운동에 대해 야당과 지식인, 중산계층 등은 냉담하게 등을 돌렸고, 고립된 이들은 '좌경 급진 세력'으로 규정되어 국가 공권력에 의해 진압되었다.

특히 1987년 '민주 돌파' 이후 새로운 정치 경쟁의 규칙을 만드는 헌법 및 노동법 개정 국면에서, 자유주의 진영은 운동권 및 노동 세력의 정치권 진입을 가로막는 데 있어 구권위주의 세력과 기꺼이 협력했다.15) 7~9월 노동자 대투쟁으로 나타난, '사회적' 민주주의를 요구하는 세력의 성장을 차단하기 위해 자유주의 세력을 자처해 온 보수 야당은 구권위주의 세력과 공모했던 것이다. 이런 공모는 지금까지 지속되고 있다. 예컨대 정치개혁이라는 명목으로 지구당 폐지 및 노조의 정치자금 제공을 불법화한 2004년 정치관계법 개정은 결과적으로 노동의 정치세력화를 가로막음은 물론이고, 시민사회의 대중적 기반에 기초한 대중조직 정당을 추진해 온 진보정당의 활동에 결정적 족쇄를 채운 것이 아닐 수 없다. 마이어는 정당체제는 완전 경쟁적 공개시장이 아니며 기존 정당들은 새로운 정당이 출현할 가능성이 있을 경우 이를 억압하기 위해 공모할 수 있다(최장집 2005, 24에서 재인용)고 지적하는데, 2004년 정치관계법 개정은 좋은 사례를 보여 준다.

한편 1987년 이후 절차적 민주화의 진전으로, 보수 세력과 자유주의 세력을 나누었던 '민주-반민주' 대립 구도가 약해짐에 따라, 자유주의 세력은 해체되면서 단계적으로 보수 헤게모니에 편입되어 갔다. 그 첫 사례는 보수적 자유주의 세력이 보수적 권위주의 세력과 결합한 3당 합

---

15) 보수 야당은 여당과 협력해, 엄격한 정당 설립 요건, 정치자금법상의 제약, 복수 노조 금지 및 노조의 정치 활동 금지 등 새로운 세력의 정치권 진입을 막는 높은 '대표'의 문턱을 존치시켰고, 국가보안법 등 높은 '합법화'의 문턱도 변함없이 유지시켰다.

당이었다(최장집 1996, 237). 1988년 총선 이후 나타난 여소야대 정국에서 민주개혁에 대한 압력과 함께 노동 및 통일 운동 등이 고양되자 이를 저지하기 위해 보수적 자유주의 세력은 구권위주의 보수 세력과 결합했던 것이다.

한국 자유주의 세력의 한계는, 김대중 정부와 노무현 정부라는 두 번의 '개혁적 자유주의' 정부가 추구했던 노선과 이에 대한 '보수적 자유주의' 세력의 대응에서 더욱 뚜렷이 확인할 수 있다. 두 정부는 민주주의와 시장경제의 병행 발전, 또는 권위주의 청산과 정치적 민주주의 심화, 재벌 체제 개혁과 공정한 시장경제 확립, 시장이 낳은 불평등을 국가를 통해 교정한다는 목표 등을 내걸고 출범했다. 그런데 권위주의 발전 국가 체제의 극복으로 정의할 수 있는 이러한 개혁을 성공시키기 위해서는 새로운 사회적 동맹의 구축이 필요했다. 그 주요 대상은 중산층과 함께 노동 또는 임금 근로자 계층이었을 것이다. 비유한다면, 좌파 정당이 부재한 상황에서, 자유주의-노동 동맹lib-lab coalition을 통해 개혁적 자유주의 노선을 실현시킨 루스벨트의 민주당 정권(Battista 2008)이 이들의 성공 모델이 될 수 있었을 것이다. 하지만 두 민주 정부는 노동에 대한 이러한 개방적·연대적 자세를 가질 수 없었다. 그와 반대로 두 정부는 신자유주의 이념에 포섭되면서 보수화되었다. IMF가 제시한 신자유주의 개혁 패키지를 그대로 추종하고, 보수 세력이 제시한 '국가 경쟁력' 담론에 매몰되었다. 한국의 '개혁적 자유주의 세력'은 미국 민주당이 가지는 이념적 유연성에 턱없이 부족했던 것이다. 역설적으로 이들이 추진한 것은 급진적인 신자유주의 개혁이었다(최장집 2006, 20).

두 번의 '민주 정부'의 실패가 개혁적 자유주의 진영의 한계를 보여 준다면, 이들에 대한 보수적 자유주의 진영의 대응은 한국 자유주의 세력의 이념적 폐쇄성을 좀 더 적나라하게 보여 준다. 한국에서 보수적 자유주의와 개혁적 자유주의를 가르는 중요한 구분의 하나는 냉전 반공주의와의 결합 여부일 것이다(최장집 2006, 272-273). 두 번의 민주 정부를 개혁적 자유주의로 부를 수 있다면, 그것은 사회·경제정책 영역이 아니라, 남북 관계 영역에서일 것이다. 그런데 두 민주 정부가 남북 화해 정책을 추구하게 되자, 이들은 자유주의 진영으로부터 급속히 고립되었다. 한국 자유주의 세력의 한계와 이중성의 역사적 패턴이 그대로 되풀이되어 나타난 것이다. 진보당 사건, 제2공화국, 1987년 이후에 나타났던 패턴이 그것인데, 민주화의 진전이 냉전 반공 체제의 극복이나 사회·경제적 개혁 등 기존의 헤게모니 체제에 대한 도전으로 확대되려 할 때, 언제든 민주화에 역진하는 양태가 나타나는 것이다. 권위주의 체제하에서 재야나 민주 세력으로 활동했던 자유주의 진영의 많은 인사들은 두 정부를 친북 좌파 정부로 규정하면서, '자유민주주의를 좌파의 위협으로부터 지키고 친북 좌파 세력의 재집권을 막기 위해' 한나라당이나 보수 세력과 동맹하는 방향으로 나아갔다. 그 결과 김대중 정부 말기부터 '전통적인 반북 강경 보수 세력과 자유주의적 보수 세력이 혼재'하는 보수적 시민 단체들이 분출하기 시작했다(강정인 2008, 168). 이들은 햇볕정책은 물론이고 언론 개혁이나 사립학교법 개정, 심지어 '학교 안 종교 자유' 보장 요구까지도 반미·친북·좌경 등으로 몰아갔다. 권위주의 유산과 결별한 '진정한 자유주의 세력'임을 자임하고 나선 뉴 라이트 역시, 소위 386세대 정치인에 대한 '공개 전향' 요구에서 드러나듯이, 냉전 반공 이념의 논리에서 한걸음도 벗어나지 못했다.[16]

민주화 이후 보수화된 자유주의 진영의 새로운 이념적 무기는 신자유주의였다. 이는, 정치적 민주화에 뒤 이은 사회·경제적 민주화에 대한 요구의 고조, IMF 위기를 거치면서 급속히 진행된 사회 양극화로 인한 복지 수요의 확대, 이를 반영한 두 민주 정부의 복지 예산 증액 등에 대한 보수적 자유주의 진영의 대응이었다. 이들은 시장 만능의 신자유주의적 관점에서 '시장'과 '사유재산의 신성함'을 내세우면서, 사회·경제적 시민권의 확대 요구 등을 모두 '좌파'의 논리이자 '반자유주의적'이라고 공격했다. 영미의 신자유주의가 복지국가에 대한 우파의 대응이었다면, 한국의 신자유주의는 복지 '요구'에 대한 선제공격으로서, 한국 자유주의의 사회·경제적 보수성을 보여 주는 뚜렷한 증거라 할 수 있다.

　　주목할 것은 신자유주의가 한국의 '강한 국가' 전통을 불러내고 있다는 점이다. 일반적으로 신자유주의는 시장으로부터 국가의 후퇴 즉, 작은 정부를 추구하는 것으로 인식된다. 그러나 실제로 신자유주의가 추구한 것은, 국가의 후퇴가 아닌 변형이었다. 국가는 사회의 기득권 질서에 개입하지 못하도록 변형되어야 했고, 국가 자체가 시장화되어야 했다. 시장 친화적 민주주의를 복원하기 위해 정당정치에 대한 제한과 노조에 대한 억압이 가해졌다. 특히 노동시장은 유연화되어야 했고, 조직

---

16) 소위 '사상 고백 논쟁'은, 검찰 출신 한나라당 의원이 운동권 출신의 386 국회의원에 대해 과거 노동당 가입 의혹을 제기하면서 "그 의원이 적절한 사상 전향 절차가 없었다"라고 주장함으로써 제기되었다. 뉴 라이트를 표방하는 자유주의연대 측의 인사들도 '지금 어떤 생각인지를 밝히라'고 요구했다(『국민일보』 04/12/13, 12/14). 이런 태도는 개인의 인격이나 양심의 존엄성이라는 자유주의의 가장 기본적 가치를 부정하는 것이다.

화된 노동의 권리가 주된 공격의 대상이 되었다. 이를 위해 강한 국가가 요구되었다. 이와 반대로 사회적 힘의 투입에 초점을 두는 정치 대표 체제로서의 민주주의는 평가 절하되었다. 이들이 선호한 것은 제한된 민주주의, 사회적 요구로부터 자율적인 위임 민주주의였다(Munck 2005, 62-66; Addison and Schnabel 2003; Hague & Harrop 2007, 374에서 재인용).

이렇게 볼 때, 노동 배제, 집단적 갈등의 분출에 대한 부정적 시각, 강한 국가주의 등의 전통을 가진 한국의 우파 세력에게 신자유주의가 친화력을 가지며 수용된 것은 자연스러워 보인다. 특히 민주화 이후 노동을 비롯한 집단적 힘의 분출, '사회적' 국가나 재벌 체제 개혁 등에 대한 요구가 높아지는 상황에서, 신자유주의는 수구로 몰리지 않으면서도 구질서를 지킬 수 있는 최선의 이념이 되었다. 국가 형성기에 냉전 자유주의가 반공 체제를 정당화하는 이념으로 수입되었다면, 민주화 이후에는 반공·발전주의 체제의 기득권 질서를 지키는 이념으로 신자유주의가 다시 수입된 것이다.

정치 경쟁의 자유화 또는 정치적 대안의 돌파라는 한국 민주주의의 과제와 관련해 '개혁적 자유주의'를 표방한 두 번의 민주 정부의 실패가 남긴 영향은 크다. 그것은 유럽의 자유주의 세력(예컨대 영국 자유당)처럼 정치적 경쟁의 공간을 확대함으로써 사회주의·노동 진영의 진출 기회를 넓히는 데 기여하지도 못했으며, 미국의 리버럴(민주당)처럼 정치 대표 체제에서 좌파 부재의 공백을 메우면서 '개혁적 자유주의' 노선을 정착시키지도 못했다. 반면 민주화 과정에서 그나마 진보적으로 기능했던 자유주의 공간은 '보수적 자유주의와 신자유주의'에 의해 장악됨으로써 민주주의의 심화를 가로막는 힘으로 작동하고 있다.

4. 민주화 이후의 민주주의를 둘러싼 논쟁

한국 자유민주주의의 역사적 경로에서 보았듯이, 48년 체제라는 '비자유주의적 체제'는 반공 체제에 기반한 권위주의 발전 국가를 통해, 또한 우파 정당 체제 및 보수적 정치사회를 통해 재생산되면서 '정치적 대안의 돌파'를 가로막아 왔다. 이런 점에서 우리는 아직 48년 체제를 벗어나지 못했다고 할 수 있다. 그 결과는 산업화된 사회의 가장 중요한 균열인 노동-자본의 균열이 정치적으로 대표되지 못하는 '노동 없는 민주주의'로 나타나고 있다. 민주화 이후 한국 정치를 규정하는 가장 큰 균열은, '대표된 이익들 간의 갈등'이 아니라 '대표된 정당 체제와 대표되지 못한 사회 간의 갈등'인 것이다(최장집 2005, 38).

시민사회와 정치 대표 체제의 이러한 괴리는 대의 민주주의에 심각한 제약을 가하고 있으며, 대의 민주주의 자체에 대한 불만과 이탈을 낳고 있다. 기존의 대의 민주주의 체제를 통해 대표되지 못한 요구들은 직접행동에 호소하려는 경향을 강화하고 있다. 이런 점에서 민주화 이후 간헐적으로 분출하는 직접행동이나 직접 참여의 양상은, 보수파에서 비판하는 '과잉 민주주의'가 아니라 '기능 부전의 민주주의에 대한 반발'로 해석되어야 한다. 하지만 '직접 참여의 확대인가 아닌가'를 둘러싼 논쟁은 문제의 핵심을 벗어난 것처럼 보인다. 이 문제를 살펴보기 위해서는, 민주화 이후 민주주의를 둘러싼 논쟁으로 들어갈 필요가 있다.

먼저 민주화 이후 민주주의의 한계를 극복하기 위한 진보 진영의 초점은 정치적 민주주의 또는 대의 민주주의의 한계를 뛰어넘는 어떤 새로운 해결책을 모색하는 데 맞추어져 있는 듯하다. 절차적 또는 형식적 민주주의의 '한계'를 넘어서는 실질적 민주주의를 달성해야 한다는 논리가 대표적이다.17) 이러한 논리는 실질적 민주화를 달성하기 위해서는 대의 민주주의를 뛰어넘는 어떤 것이 필요하다는 논리로 연결된다. 운동의 부활, 시민의 직접행동, 시민 참여의 개헌, 직접민주주의 등이 대안적 정치 참여 메커니즘으로 제시되곤 했다.

이와 정반대에 위치한 것이 보수 진영의 논리다. 이들은 민주주의란 절차적·정치적 영역에 국한되어야 한다고 주장한다. 실질적 민주화 즉 사회·경제적 민주화를 추구하는 것은, 사적인 영역에 집합적 결정의 논리를 적용하는 것으로서 결국 개인의 자유와 권리를 침해하게 된다고 주장한다. 또한 시민 행동과 직접 참여 등은 과잉의 민주주의 또는 포퓰리즘이며, 자유주의를 부정하는 것으로 비판된다.

이 논쟁에서 주목되는 것은 양자 모두 절차적 민주화(정치적 민주화)와 실질적 민주화(사회·경제적 민주화)를 별개의 논리와 메커니즘을 가진 다른 단계의 것으로 구분하고 있으며, 논쟁의 초점을 실질적 민주주의에 맞추고 있다는 점이다. 정치적 민주주의는 이제 달성된 것으로 판단하면서, 진보파는 이를 넘어설 것을, 보수파는 이 단계에 머물 것을 주장하는 것이다. 하지만 이는 잘못된 논리로 보인다. 여전히 문제는 정치

---

17)『한겨레』가 창간 열아홉 돌에 부쳐 작성한 "'87년 체제'를 넘어 실질적 민주화로"라는 사설은 이러한 논리를 잘 보여 준다. "87년 체제는 군사독재를 극복하고 절차적 민주주의를 정착시키는 데 기여했다. 그러나 거기엔 절차적 민주주의 이후의 민주주의, 곧 실질적 민주주의를 구현할 장기적 전망이 결여돼 있었다. …… 형식적 민주주의의 한계를 넘어서 민주주의를 실질화하고 ……"(한겨레 07/05/14).

적 민주주의에 있기 때문이다.

먼저 진보적 입장에 대해서는, 실질적 민주주의는 절차적 민주주의와 다른 단계의 과제가 아니라 절차적 민주주의를 실천한 효과로서 나타난다는 점이 강조되어야 한다(최장집 2007). 사회적 행위자가 의사 결정 과정에 동등하게 참여하는 것은 집단적 선택으로부터 얻어지는 혜택들의 동등한 분배를 가져올 가능성을 내포하고 있다(O'Donnel & Schmitter 1986)고 할 수 있는데, 실질적 민주화는 이런 맥락에서 이해되어야 한다. 민주주의는 정치 영역을 넘어 사회·경제적 영역으로 확장될 수 있는 자기 심화의 가능성을 내포하고 있으며, 실질적 민주주의란 이러한 절차적 민주주의의 자기 확장 가능성을 의미하는 개념인 것이다.

보비오N. Bobbio는, 민주화의 진전 과정에서 '누가 투표하는가'라는 과제가 해결되면 다음의 과제는 '어디에 투표하는가'라고 지적한다(보비오 1992, 122). '어디에 투표하는가'라는 표현은 중의적 의미로 해석될 수 있다. 먼저 그것은 보비오의 지적처럼 민주주의를 통해 다룰 수 있는 의제의 범위에 관한 것이다. 즉 민주주의 원리가 어느 영역까지 적용되느냐(즉, 정치 영역에 국한되어야 하는가, 사회·경제 영역으로 확대되어야 하는가)에 관한 문제로서, 정치적 민주주의에서 사회적 민주주의로 나아가는 것과 관련된 문제이다. 하지만 이것을 좌우하는 것은 정치적 민주주의 영역에서 유권자가 선택할 수 있는 정치적 대안의 범위다. 유권자 선택의 범위를 결정하는 정당 체제의 성격이 민주주의 의제의 범위를 좌우하는 것이다. 따라서 의제의 확대 즉 실질적 민주주의의 실현은, 정치적 민주주의 외부에서가 아니라, 정치적 대안의 확대(한국의 경우 보수 우파 독점의 정당 체제의 변화)라는 절차적 민주주의의 심화 및 발전을 통해 이루어지는 것이다.

한국 민주주의의 문제로 지적되는, 즉 실질적 민주화가 실현되지 못하고 있는 것의 원인은, 여전히 정치적 민주주의가 충분히 실현되지 못하고 있는 데 있는 것이다. 그 핵심은 '정치 경쟁의 자유화'의 미실현에 있다고 할 수 있다. 진보 진영이 이 문제를 핵심에 두지 않는 것은, 민주화를 하나의 민주혁명으로 이해하는 운동의 논리가 남아 있기 때문이라고 생각된다. '자유주의적' 민주주의는 기본적으로 자본주의 체제의 외피를 넘어설 수 없다는 인식이 그것이다. 하지만 의회·정당을 정치적 실천의 도구로 수용하는 한, 그러한 인식은 이론에서는 급진적이지만 현실에서는 비현실적인 따라서 어떤 변화도 가져올 수 없는 무기력한 논리에 그칠 뿐이다.

실질적 민주주의를 절차적 민주주의의 자기 확장 가능성으로 이해할 때, 보수적 입장의 한계 역시 명백히 드러난다. 사회·경제적 민주화의 가능성을 차단하는 것은, 정치적 영역에서 민주주의를 실천하는 것이 아니라, 정치적 대안의 범위를 폐쇄시킴으로써 정치적 민주주의 자체를 제약하는 것이 되기 때문이다. 그것은 민주주의의 자기 확장 가능성을 사전에 봉쇄함으로써 민주주의를 기능 부전의 것으로 만드는 것이다.

주목해야 할 것은, 절차적 또는 실질적 민주화를 둘러싼 보수 진영과 진보 진영의 양극적 인식의 근저에 자유주의에 대한 공통된 견해가 깔려 있다는 점이다. 자유주의를 사적 소유나 자본주의 시장 질서라는 부르주아계급 이데올로기로 환원해 정의하고, 이런 인식에 기초해 자유주의와 민주주의를 상충 관계로 설정하는 논리가 그것이다.

먼저 진보 진영의 논리의 근저에는, 자유주의는 시장 질서와 사적 소유를 신성시하고 그 결과 초래되는 사회·경제적 불평등과 종속 관계를 자연적 질서로 정당화하는 자본주의 체제 이데올로기라는 인식이 존재하는 듯하다. 이에 따를 때, 자유주의는 진정한 민주주의 즉 실질적 민주주의에 반하는 것으로 설정되며, 추구되어야 할 것은 '자유주의를 극복한 민주주의'가 된다. 협소한 계급 이익을 초월해 전체 인민의 이익을 대표하는 '비자유주의적 민주주의'가 자유민주주의에 대한 대안적 민주주의 형태로서 설정되는 것이다. 그러나 이러한 급진적 민주주의는 현실 사회주의의 경험을 통해 그 치명적 결함이 이미 판명된 것으로 보인다.[18]

지금의 한국 현실에서 자유주의의 긍정적 계기를 실현하는 것을 가로막는 더욱 큰 장벽은 보수 진영의 논리다. 이들에 의하면 자유주의는 사적 경쟁의 원리에 기초한 시장 질서와 그 자연적 결과물인 사적 소유와 동일시되며, 집합적 결정의 원리인 민주주의는 자유주의에 대한 위협으로 간주된다. 이러한 논조를 대표하는 신자유주의는 사회나 계급과 같은 집합적인 유기체의 실재를 부정하면서 '개인주의와 자유주의적 가치들의 절대성'을 옹호한다(유홍림 2006, 167). 자유는 사적 영역인 시장에 대한 국가 개입의 최소화, 공적 영역의 축소, 공적인 참여의 축소 등

---

18) 이에 대해 헬드는, 정치 갈등의 원인을 계급적 이해의 갈등으로 환원하고 혁명을 통해 그것의 지양이 가능하다는 마르크스의 인식에 따를 때, '어떠한 정치적 견해의 차이도 정당한 것으로서 받아들일 수 없게 되어 시민 공동체 내에서 정치를 근본적으로 탈정당화시키게 된다'고 비판한다. 그 결과 '그러한 논리는 권위주의적 정치형태를 지향하는 경향을 함축'하게 되며, 따라서 '스탈린주의는 마르크스주의 프로젝트로부터의 일탈이 아니라, 마르크스주의적 범주들의 깊은 구조로부터 나온 결과'라고 비판한다(헬드 1994).

을 통해 달성되며, 따라서 자유주의는 참여라는 민주주의 원리와 분리·상충되는 것으로 설정된다. 민주주의는, 또는 적어도 '무제한적인 민주주의'는, 자유에 대한 위협이 되며 따라서 재갈을 물려야 한다는 것이다(아블라스터 2007, 650).[19]

보수파의 이런 인식은 기본적으로 자유를 공동체의 간섭과 개입으로부터 벗어난 개인의 자유, 좀 더 핵심적으로는 사적 소유의 자유라는 영역에 국한시키는 논리에 기초한다. 하지만 그런 논리는 한 사회 구성원들이 모두 수용할 수 있는 사회질서의 원리로서는 두 가지 문제를 안고 있다. 하나는 자유 개념의 소극성이다. 이 문제를 제기한 스키너Q. Skinner에 의하면, 자유와 민주주의는 자유주의 이데올로기가 주장하는 것보다 밀접하게 연결되어 있다. 스키너는, 단지 외부적 제약의 부재를 자유로 규정하는 소극적 자유관에 따르면 '자유는 어떤 종류의 전제(또는 자치의 부재)와 양립 가능'하다는 논리가 성립되는데, 이는 '노예의 자유'에 불과하다고 비판한다. 대신 그는, 간섭의 부재가 자유의 필요조건이지만 충분조건은 아니며, 모든 시민이 평등하게 복종하는 자치 공동체를 수립할 때

---

19) 이러한 논리의 또 다른 예를 우리는 냉전 시대의 전체주의론에서 볼 수 있다. 이에 따르면 민주주의의 반대는 권위주의이고, 자유주의의 반대는 전체주의가 된다. '전체주의 대 자유주의', '민주주의 대 권위주의'라는 두 수준을 조합하면, 전체주의적 민주주의, 자유주의적 권위주의도 가능해진다. 이는 곧 '민주주의 정부보다도 개인적 자유가 보장되는 권위주의 정부의 예들이 많다'는 주장으로 연결된다(아블라스터 2007, 648). 또한 제3세계의 어떤 반공 군부독재도 공산 전체주의 체제보다 우월하다(현실적으로는 제3세계에서 좌파 집권보다는 군부 쿠데타가 낫다)는 소위 커크페트릭(Kirkpatrick) 독트린으로 연결되었다.

비로소 자유로운 시민이 가능하다고 주장한다. '민주주의와 상충되는 자유'가 아니라 좀 더 '민주적인 자유'를 제시하고 있는 것이다(스키너 2007).

　보수파들의 자유 개념의 또 다른 문제점은 그것의 계급적 한계다. 맥퍼슨C. B. Macpherson은 '소유적 개인주의' 개념을 통해 이를 날카롭게 지적한 바 있다.20) 즉 자유를 소유의 함수로 파악하는 논리는 소유적 시장 사회에 대한 사회 구성원 모두의 동의라는 전제 조건이 성립할 때 사회 구성의 보편적 원리가 될 수 있다. 하지만 소유적 시장 사회의 불가피성을 부정하고 그 체계에 대한 대안을 구성하는 세력(산업 노동자 계급)이 등장한 상황에서 그것은 더 이상 사회 구성원 모두가 수용할 수 있는 정치적 의무에 대한 타당한 이론이 될 수 없다는 것이다(맥퍼슨 1991).21)

　역사적으로 볼 때, '민주주의와 자유주의를 상충 관계'로 설정하는 우파적 인식은 민주주의에 대한 두려움에 기초했다. 하지만 현실의 자유민주주의는 자유주의와 민주주의의 접합으로 발전해 왔으며, 이를 통해 '자유주의 정체가 민주화되는 다른 한편에서 민주주의 역시 자유화'되었음'(Mcpherson 1983)이 강조되어야 한다. 즉 서구 자유민주주의 발전의

---

20) 소유적 개인주의에 의하면, 개인은 자신의 소유자인 한에서 자유로우며(자유는 소유의 함수), 사회는 소유자들 간의 교환관계이고, 정치사회는 이러한 재산의 보호와 질서 있는 교환관계의 유지를 위해 고안된 기제다.

21) 던(J. Dunn)은 환원적 자유주의(reductive liberalism) 개념을 통해 이러한 한계를 지적한다. 즉 '인간 본성을 본래적, 자기 준거적 욕구의 경향으로 환원'하는 환원적 자유주의는, 자본주의사회 구성원의 이해관계가 동질적임을 전제로 해서 성립한다는 점에서 부르주아 권리의 협소한 지평(narrow horizon of bourgeois right)을 초월할 수 없는 한계가 있다(Dunn 1993).

역사는 민주주의에 대한 자유주의의 두려움이 기우였음을 증명해 주고 있는 것이다.

보비오는 자유주의와 민주주의의 관계를 바라보는 세 가지 관점―양립 가능, 양립 불가능, 필연적 상호 연결―이 존재해 왔다고 지적한다. 그리고 양자를 양립 불가능한 대립적 관계로 보는 관점으로서, 최고로 실현될 민주주의는 자유주의 국가를 파괴하게 될 것이라는 '보수주의적 자유주의' 관점과, 그 반대로 사회 개입형 국가를 통해서만 민주주의가 실현될 수 있다는 '급진적 민주주의' 관점을 제시한다(보비오 1992, 60).

자유주의와 민주주의를 상충 관계로 설정하는 것은 민주주의와 자유주의에 대한 양 극단적 인식―한편에서는 민주주의를 급진화하고, 다른 한편에서는 자유주의를 '자유주의적 개인주의'로 환원하는―에 기초하고 있다. 이를 극복하기 위해서는, 급진적 민주주의관의 수정과 함께, 인간 주체의 본성에 관한 특정 교리인 '자유주의적 개인주의'를 민주주의의 유일한 토대적 교리로서가 아니라 민주주의 안에서 경쟁하는 '하나의' 교의로서 상대화할 필요가 있다.

이를 가능하게 하는 것은 정치적 자유주의라고 생각한다. 정치적 자유주의는, 개인주의적 자유주의 교리가 보편적 교의가 아니라 다원적 가치의 공존 위에서 경쟁하는 하나의 상대적 가치임을 전제로 한다.[22] 또

---

22) 자유주의는 관용적인 다원주의 사회를 지향하지만, 이는 상이한 신념 간의 충돌을 불가피하게 초래한다. 그렇다면 다원주의 사회의 질서·법·규범은 어떻게 찾을 것인가. 자유주의는 이에 대한 해결이 되지 못한다. 왜냐하면 자유주의적 관용 이론은 특정의 신념 체계에 기초한 것이어서 모두에게 수용될 수 없기 때문이다. 이에 대한 한

한 정치적 자유주의에서 개인은, 집회, 결사, 정당 결성, 정치적 반대의 자유 등에서 보듯이, 무연고적 자아로서의 개인이 아니라 다원적인 집단적 정체성 형성에 참여하는 존재로서의 개인으로 확대된다. 이러한 정치적 자유주의는 권리의 옹호, 다원주의의 인정, 국가 역할의 제한, 권력분립 등 '법치국가'의 특징을 이루는 일련의 제도들로 구체화되며, 이런 자유주의적 정치제도들은 민주주의에서 핵심적으로 중요하다(무페 2007, 71, 156, 166). '정치적' 자유주의와 민주주의는 양립 가능할 뿐 아니라 필연적으로 상호 연결되는 것이다. 자유주의를 이렇게 구성할 때, 자유민주주의—즉 소유적 개인주의로서의 자유주의에 기초한 자유민주주의가 아니라 정치적 자유주의에 기초한 자유민주주의—는 사회·경제적 민주주의로 나아갈 수 있는 자기 확장의 가능성을 담보하게 될 것이다.

해결책이 정치적 자유주의다. 정치적 자유주의는 상이한 여러 집단에게 수용될 수 있는 좀 더 얇은(즉 특정의 포괄적 교의를 갖지 않는) 관용의 이론을 추구한다. 롤스 (J. Rawls)가 제시한 것은 '포괄적 교의 간의 중첩적 합의'다(Waldron 2004). 이 글에서 제시하는 '정치적 자유주의' 역시 같은 논리의 연장에 있다. 그러나 '정치적 자유주의'는 좀 더 '더 얇은' 관용의 이론을 추구한다. 각 교의들이, 자신의 가치의 상대성을 인정하는 전제 위에서, 공존과 경쟁 그 자체에 대해서 합의하는 것이다. 즉 가치에 대한 합의보다 게임의 룰에 대한 합의를 추구하는 것이다. 전제가 되는 것은 권력 게임의 결과 성립되는 정치권력의 임시성(임기에 의한 제한), 가역성(권력 교체의 가능성), 제한성(권력의 범위와 기능을 규정하는 입헌주의) 등이다. 이러한 정치적 자유주의는 벨라미의 민주적 자유주의 개념과 그 맥락을 같이한다. 그에 따르면, '자유민주주의'가 정치적 심의를 위한 틀을 제공하는 도덕적 합의를 추구하는 데 반해, '민주적 자유주의'는 이념과 사상의 다양성의 표출 및 잠정적 조정을 촉진하고 뒷받침하는 공정한 절차에 초점을 둔다. 또한 정치과정 이전에 어떤 '중첩적 합의'가 존재할 수 있다는 점은 의심스러우며, 합의는 사회적 갈등을 관리 가능한 정도로 낮추려고 시도하는 정치과정의 산물로 파악된다(Bellamy 1992, 252-261).

5. 결론

한국의 자유민주주의의 초기 조건을 마련한 48년 체제는 대략적으로 세 가지 층위에서 정의될 수 있다. 첫째, 가장 본질적으로 그것은 냉전하에서 자본주의 진영에 전일적으로 편입된 자본주의 체제였다. 둘째로, 48년 체제는 일체의 반자본주의·반체제적 반대 세력을 배제하는 극단의 지배 형태인 냉전 반공 체제였으며, 그 외적 표현으로서의 분단 체제였다. 셋째, 48년 체제는 법적·제도적 측면에서는 자유 민주공화국으로 출범했지만, 실제로는 권위주의 통치가 일상적으로 실천되는 권위주의 체제였다(반공을 위해 강력한 권위주의 정부가 필요하다는 논리). 48년 체제의 이 세 가지 속성을 모두 지속시키려 한 세력이 보수 세력이었다면, 그 대척점에 급진 세력이 존재할 것이고, 자유주의 진영은 중간에서 이중적인 역할을 해왔다고 할 수 있다.

먼저 48년 체제의 세 번째 층위인 정체政體의 수준에서, 자유주의 진영은 탈권위주의 민주화를 추구하는 '진보적' 기능을 수행해 왔고, 특히 1980년대 민주화 과정에서는 급진 세력과 민주화 동맹을 구축하기도 했다(자유주의 진영+급진 운동권 대 보수 권위주의 세력). 그리고 자유민주주의는 민주화를 추동한 이념이었다.

48년 체제의 두 번째 층위인 분단·냉전 반공 체제 수준에서 자유주의 진영은 기본적으로 보수의 편에 섰다. 1970년대까지 자유주의 진영은 분단·반공 체제에 대한 급진 세력의 도전 앞에서 보수 진영과 연합했다. 그들이 추구한 민주주의는 냉전 반공 체제를 전제로 한 것이었다. 또한 1980년대 민주화 과정에서 등장한 반체제 세력의 합법적 정치 세력화 기도를 봉쇄하는 데 있어서도 자유주의 세력은 보수 진영과 연대했다(보수 진영+자유주의 진영 대 급진 세력). 한편 1980년대 말 이후 탈냉전의 세계사적 조류와 민주화의 진전에 따라, 이 층위에서 자유주의 진영은 개혁적 자유주의와 보수적 자유주의로 분화된다. 두 번의 개혁적 자유주의 정부가 남북 간 냉전 질서의 해체와 반공 체제의 이완을 시도하자, 이에 맞서 보수적 자유주의 세력은 냉전 반공 질서의 유지를 위해 보수 세력과 연합하는 방향으로 나아갔다(개혁적 자유주의 진영 대 보수적 자유주의+보수 세력).

　마지막으로 48년 체제의 가장 심층적 수준(즉, 자본주의 체제)에서 자유주의 진영과 보수 세력은 동일한 기반 위에 서왔다. 물론 시장경제의 운영 및 복지 확충 등을 둘러싼 갈등도 있었지만, 결국 양자는 신자유주의 개혁을 추구하는 것으로 수렴되어 갔다. 자유주의 진영 전체가 결국 보수 세력의 헤게모니에 흡수된 것이고, 참여정부의 연정 제안은 이를 상징적으로 보여 주는 사례라 할 수 있다(개혁적 자유주의 세력+보수적 자유주의 세력+보수 세력 대 급진 세력).

　48년 체제하에서 자유주의 세력이 수행해 온 이러한 이중적 기능에 따라, 그에 대한 평가도 엇갈린다. 한편에서 자유주의 세력은 민주화 과정을 추동하고 나아가 현재의 자유민주주의를 구축한 것으로서 긍정적으로 평가받고 있다(문지영 2006; 문지영 2007). 하지만 다른 한편에서 자유주의 세력은, 민주화 과정에서 대중적 헤게모니를 장악해 민주화 운동의 지향을 결국 대의 민주주의 수준으로 축소시키고, 이후 세 번의 집권을 통해 자유주의 헤게모니를 강화시킴으로써 결국 민주주의를 형해화시켰다고 비판받는다. 현재의 민주주의는 '자유주의의 과잉'이며, 자유주의 극복이 과제라는 것이다(이광일 2007).

자유주의에 대한 이러한 상반된 평가는 모두 한계를 안고 있다. 전자의 경우, 현재 한국이 도달한 자유민주주의는 정치적 대안이 봉쇄된, 따라서 민주주의의 자기 확장 가능성이 봉쇄된 기능 부전의 것임을 간과하고 있다. 후자는 자유주의를 시장의 자유로 환원시킴으로써 자유주의의 긍정적 계기마저 부정하는 오류를 범하고 있다.

현재의 민주주의를 자기 확장의 가능성이 열린 민주주의로 강화시키기 위한 관건은 정치적 대안의 봉쇄를 돌파하는 데 있으며, 이를 위한 중요한 과제의 하나는 '정치적 자유주의'의 실현에 있다. 그 주요 내용은, 자유주의가 제공하는 민주주의의 핵심 요소인 '제한 국가'와 '정치적 다원주의'의 실현이 될 것이다. '국가 정체성' 등을 내세워 시민사회의 이념적 다원성을 억압하는 반공 이념적 억압 기제(국보법 등)의 해체, 신자유주의 이념으로 재포장된 사회·노동운동에 대한 경찰 국가적 개입의 극복, 사회·경제 정책을 둘러싼 갈등까지 모두 극한의 이념 대결적 언어로 포장해 공격하는 정치 행태의 지양, 이념과 가치의 차이에 대한 관용 등은 구체적 예가 될 것이다. 무엇보다도 노동의 상품화가 급속히 전개되는 상황에서, 사회적 연대의 이념에 기초한 유의미한 정치적 대안 세력과 정당을 구축하는 것은 민주주의의 미래를 좌우할 결정적 과제가 아닐 수 없으며, 정치적 자유주의는 이를 위한 우호적 기반이 될 수 있을 것이다.

시급한 또 다른 과제는, 대안의 봉쇄로 인한 대의 민주주의의 문제점을 대의 민주주의에 대한 공격으로 연결하는 오류의 극복이다. 민주화 이후 '제도화된 정치 참여의 지속적 퇴락'(투표율의 지속적 하락)이 나타나는 다른 한편에서, '제도화되지 않은 정치 참여의 간헐적인 폭발적 분출'이 직접 참여 형태로 되풀이해서 나타나는 현상은 대의 민주주의의 취약함을 보여 주는 뚜렷한 징표다. 중요한 것은 이를 어떻게 해석하고 대안의 방향을 설정하느냐이다.

대의제와 정당정치를 통한 돌파구가 막혀 있기에 이를 넘어서는 대안적 기제(직접민주주의 등)를 구축해야 한다는 진보 진영의 논리는 문제를 오히려 악화시킬 위험이 높다.[23] 따라서 시민의 직접행동과 직접 참여는, 대의제의 대안으로서가 아니라, 이를 어떻게 대안적 정당정치에 대한 지지로 연결하느냐라는 관점에서 고민되어야 한다. 무엇보다, 권력에 대한 통제와 견제라는 소극적 의미의 주권 행사가 아니라, 정치권력을 인민의 의사에 따라 구성한다는 적극적 의미의 주권 행사는 현실적으로 정당을 통해 가능하기 때문이다. 직접 행동을 통해 비민주적 정권을 축출할 수는 있지만, 시민이 직접 정부를 구성하고 운영할 수는 없는 것이다.

다른 한편, 시민들의 직접행동이나 직접 참여를 과잉 민주주의이자 포퓰리즘으로 비판하면서 집단적 힘의 분출로부터 개인의 권리와 다양성을 지키는 개인 중심의 자유주의를 강조하거나,[24] 집단적 힘의 압력

---

23) 직접민주주의의 역기능(강력하게 조직된 이익집단의 강화를 가져와 사회적 약자나 일반 대중의 이익과 상충할 가능성)에 대해서는 최장집·박찬표·박상훈(2007, 135-136) 참조. 직접민주주의와 직접 참여의 확대가 특수 이익집단의 발호, 공공서비스의 축소, 힘 있는 소수의 영향력 강화 등을 초래한 미국의 사례에 대해서는 자카리아(2003, 5장) 참조.
24) 예컨대 "…… 개인주의가 미성숙한 탓에 집단주의 성향은 쉽게 사라지지 않았다.

에서 자유로운 전문가 정치, 민주주의의 과도함으로부터 개인의 자유를 지키는 법치 민주주의 등을 대안으로 제시하는 논리는 결국 반정치로 귀결됨으로써(최장집·박찬표·박상훈 2007), 한국의 보수적 민주주의를 보수하는 논리로 귀결될 것이다.

이론적 논쟁은 항상 어떤 정치적 맥락 속에서 전개된다. 자유주의의 전개 과정을 볼 때, 민주주의를 자유주의에 대한 위협으로 설정하는 것은, 항상 민주주의의 진전(참여의 폭) 및 심화(민주주의 의제의 확대)를 저지하려는 보수화된 자유주의의 논리였음에 주목해야 한다. 현재 보수 진영에서 제기하는 '과잉 민주주의에 의한 자유주의의 위기' 주장 역시 이러한 맥락에서 해석된다. 시민들의 직접행동이나 직접 참여 요구는, 정당정치나 대의 민주주의 제도가 대표 기능을 수행하지 못하는 것에 대한 반발이며, 이런 점에서 '과잉 민주주의'가 아니라 '기능 부전의 민주주의'의 징표로 해석되어야 한다.25) 그 중요 원인은 '정치적 대안의 돌

…… 진정 고민해야 할 문제는 민주주의가 아니라 자유주의다. …… 한국 민주주의를 제대로 심화시키기 위해서도 이제는 자유주의 문제를 성찰할 때가 되었다. …… 한국에서는 민주주의뿐 아니라 자유주의도 미완의 프로젝트임을 인식해야 한다. 그리고 두 프로젝트를 완성시키는 기초는 좀 더 성숙된 계몽된 개인의 출현에서 찾아야 하지 않을까 생각된다"(김일영 2008, 405-407).
25) 이런 점에서 현재 한국 민주주의를 자카리아의 논의를 빌어 '비자유주의적 민주주의'로 표현한다면, 그것은 '과도한 민주주의가 자유주의를 위협하는 것'이 아니라, '자유주의 요소의 결핍으로 인해 결함을 가진 민주주의' 유형에 속한다고 할 수 있다. 하지만 '비자유주의적 민주주의'란 개념은 민주주의 발전 단계를 달리하는 두 정체를 하나로 묶는다는 점에서 문제가 있다. 특히 그것은 전자의 경우와 관련해 '민주주의 과잉이 문제'라는 인식을 낳는 담론적 효과를 발휘한다고 생각된다. 즉 민주주의는 자유주의(소유적 자유주의 또는 자유주의적 개인주의) 틀 속에서 제한되어야 하며, 이

파'의 미실현에 있으며, 해결의 방향은 대의 민주주의와 정당정치의 강화에서 찾아야 할 것이다.

를 벗어날 경우 '과잉 민주주의와 빈약한 자유'라는 문제가 발생한다는 논리가 '비자유주의적 민주주의' 개념 속에 함축되어 있는 것이다. 한편 자카리아가 지적하는 미국의 문제점(직접민주주의의 부작용 등)은 사실 '과도한 민주주의'가 아니라 정당정치의 취약함(노동 정당의 부재, 정당정부의 부재 등)에서 초래된 것으로서, 한국 현실과 관련해 중요한 시사점을 제공해 준다. 비자유주의적 민주주의 개념은 또한 자유주의와 민주주의가 단지 외재적으로 결합한다는 사고에 기초하고 있다는 점에서 문제가 있다. 자유주의가 민주주의를 가져오지는 않지만 자유주의의 기반(제한 국가, 정치적 반대의 자유 등) 없이 민주주의는 성립될 수 없다. 이 점에서 자유주의는 정치적 민주주의의 한 구성 요소로서 민주주의와 내재적으로 결합한다고 생각된다.

2부

48년 체제하
정치 대표 체제의 구조

제3장

냉전 반공 체제하
대의 민주주의의 실험과 좌절

1. 서론

제헌국회는 한국에서 보통선거를 통해 구성된 최초의 대의 기구로서, 이 땅에서 의회 민주주의가 최초로 실험된 무대였다. 또한 제헌국회는 한 사회 공동체의 기본 틀인 헌법을 제정했을 뿐 아니라, 친일파 문제, 농지개혁 문제, 반공 문제, 분단과 통일 문제 등 건국 과정에서 제기된 핵심 의제들을 다룸으로써 이후 한국 사회의 기본 틀을 정하는 데 중요한 역할을 했다.

한국 현대사에서 제헌국회가 갖는 의미는 여기에 그치지 않는다. 제헌국회 시기는, 1948년 정부 수립과 함께 분단·반공 체제가 구축되었지만 아직 그것이 한국전쟁을 거치면서 남한 사회를 압도하는 헤게모니적 체제로 전면화·내면화되기 이전에 해당한다. 따라서 제헌국회에서는, 한민당·이승만 세력이라는 두 보수 우파 세력 간의 권력 쟁투가 지배했던 그 이후의 국회와 달리, '소장파'라고 불린 제3의 세력을 중심으로 분단 반공 체제를 극복 내지 완화하고 남한 체제 내 개혁을 추구하려는 시도가 있었다. 이런 점에서 제헌국회는 그 이후의 어느 국회보다 정치적 대표성의 범위가 넓었고, 사회의 주요한 실질적 의제들을 폭 넓게 수렴해 해결하려 했던 의회였다고 할 수 있다.[1] 하지만 결국 그러한 시도는 냉전 반공 체제를 강화하려는 건국동맹세력의 움직임과 정면충돌하면서 좌절당했으며, 이들 세력은 1949년 6월 최종적으로 국가 폭력에 의해 제거 당했다.

이렇게 볼 때 제헌국회는, 이승만·한민당의 보수 우파 세력만이 아닌 중도파 세력이 남한 사회의 정치 대표 체제 내에서 활동할 경우 보여 줄 수 있는 정치적 역동성의 한 사례가 될 뿐 아니라, 분단 반공 체제가 남한 정치 대표 체제 또는 대의 민주주의에 가하는 부정적 영향을 구체적으로 확인시켜 준 사례이기도 하다. 분단 반공 체제가 정치 대표 체제를 어떻게 협애화시켰는지, 그리고 반공 이념이 권위주의적 국가권력과 결합할 경우 어떤 폭력적 결과를 가져오는지를 생생히 보여 준 것이다.

이 글은 이러한 점에 초점을 두고서 제헌국회의 의정 활동을 살펴보고자 한다. 원내 세력의 변화를 기준으로 제헌국회를 세 시기로 구분하고, 각 시기별 원내 세력 구도 속에서 이루어진 의정 활동을 건국과 관

---

[1] 백영철은 제헌국회의 특징을 '저수준의 실질적 합의와 고수준의 절차적 합의'로 정리한 바 있다. 즉 이념적 스펙트럼 내의 다양한 정치 엘리트들에 의해 사회의 다양한 이해가 제헌국회 내에서 대표되고 있었다는 것이다(백영철 1995). 박명림 역시 '제헌국회는 당시 정치 갈등의 중심 장으로서 핵심 의제를 의회 내로 수렴하고 있었고, 또한 의제에 따라 계급적·계층적 이해를 정확히 반영했다'라고 평가하고 있다(박명림 1996, 제3부).

련된 핵심적 법안을 통해 살펴보고자 한다. 이러한 작업을 통해 국가 형성 과정에서 초기에 제도화된 대의제 민주주의가 분단 반공 체제하에서 어떻게 변화 내지 왜곡되는지 그 과정을 추적하고자 한다.

2. 제헌 및 정부 수립을 둘러싼 연합과 대립(1948년 5~7월)

1) 제헌국회의 구성과 초기 원내 세력의 분포

5·10 선거는 공식적 측면에서 볼 때 신생 정부를 성립시키고 헌법을 제정할 '제헌국회'를 구성하기 위한, 즉 대한민국의 기초를 놓은 '정초 선거'라고 할 수 있다. 하지만 정초 선거로서 5·10 선거의 의미는 제한적인 것이었다. 이미 선거가 실시되기 이전에 반공과 자본주의 체제에 기반한 남한 단정 수립은 기정사실화되어 있었기 때문이다. 최장집의 지적처럼, 5·10 선거는 한국 국가 형성 과정에서 가장 중요한 의제라 할 수 있는 통일국가 수립 대 분단국가 수립의 문제와 자본주의와 사회주의 간의 체제 선택의 문제가 이미 의제에서 배제된, 제한적 의미에서의 선거였다(동아일보사 1988, 229).

5·10 선거가 이와 같이 남한 단독정부를 수립하기 위한 것으로 그 의미가 축소됨에 따라, 남한 내 좌파 세력은 5·10 선거를 전면 거부하면서 북한 정권 수립에 참여하는 방향으로 나아갔고, 우파 세력 중에서도 김구 및 김규식 등은 남북에서의 분단 정부 수립을 모두 비판하면서 단

일 정부 수립을 위한 '남북협상'으로 나아가게 된다. 따라서 5·10 선거는, 해방 정국의 주요 정파 중에서 좌파, 중도파, 민족주의적 우파(김구·김규식) 등이 모두 거부하는 가운데 단정 연합이라 할 수 있는 한민당·이승만 세력의 주도하에 치러졌다.

그 결과 구성된 제헌국회에서 좌파 세력이 배제된 것은 당연했다. 그러나 김구·김규식 노선을 추종하는 세력들 가운데 일부가 무소속으로 출마해 상당수 제헌국회에 진출하게 된다. 이에 따라 제헌국회의 원내 세력은 한민당과 독촉 세력을 양대 세력으로 하고, 그 외에 원내에 진출한 김구·김규식 추종 세력인 중간 우파 세력과 여타 민족주의적 우파 세력들이 무소속으로서 제3의 세력을 형성했다. 보수 양대 세력과 중간 우파 세력의 3자 정립 구도라고 할 수 있다. 이런 점에서 제헌국회는, 비록 좌파는 배제되었지만, 이후의 국회에 비한다면 그 이념적 스펙트럼의 폭이 넓었던 것으로 평가할 수 있다. 이는 한국전쟁을 통해 분단과 반공 체제가 고착되기 이전이었다는 점과, 아무런 선거권 자격 제한을 가하지 않은 보통·평등선거를 통해 제헌국회가 구성된 결과였다고 할 수 있다.

제헌국회의 정파별 구성은, 당선 당시의 소속 정파를 기준으로 하기보다는 의정 활동 과정에서 나타난 성향이나 이후 원내구락부 또는 원내교섭단체 가입 상황 등을 고려해 판단할 수 있다. 이러한 기준에 따를 때 제헌국회 초기의 원내 세력 분포는 대체로 한민당이 약 70~80석 정도, 독촉이 60석 정도, 무소속이 약 50석 정도로 추산된다. 그리고 무소속 중 약 30여 명 정도가 김구·김규식계의 중간파 세력으로 추산된다.[2]

제헌국회는 정파별 구성이 불명확한 상태에서, 또한 우파 양대 세력인 한민당과 독촉 중 어느 누구도 과반을 점하지 못한 상황에서 출발했다. 따라서 개원과 함께 한민당과 독촉 양측은 세 확장을 위해 무소속 포섭 공작을 시작했고, 중도파 중심의 무소속 진영도 나름대로 제3의 세력을 형성하고자 시도했다.

먼저 개원 초기에 세력 결집을 주도한 것은 한민당이었는데, 이들은 무소속의 친한민계 인사는 물론이고 독촉계 의원이나 기타 무소속 의원 등을 포섭해 70여 명 수준으로까지 세력을 확대했고, 이를 이용해 제헌 및 조각 과정을 주도하고자 했다.[3]

주도권을 장악하려는 한민당의 시도에 대한 대응은 독촉 및 중도파 양 진영에서 나타났다. 먼저 중도파 세력을 중심으로 해 비한민·비독촉 우파 세력이 참여하는 형태로 세력 규합이 추진되었다. 5월 30일 조봉암·윤석구·최국현·이문원 외 50여 명의 의원은 '남북통일과 자주독립 전취, 균등 사회 건설' 등을 내걸고 국회에서 행동 통일을 꾀할 것을 천명했다. 이어 6월 1일 조봉암과 김약수를 중심으로 해, 한민당 및 독촉

---

2) 김영상은 제1차 부의장 선거에서 신익희(독촉)와 김동원(한민당)이 각각 획득한 득표수를 기준으로 독촉계 76명, 한민계 69명, 이들을 제외한 63인을 제3세력으로 분류하고 있다(김영상 1949). 김일영은 국회 부의장 선거에서 한민당 김동원이 획득한 69표, 정부조직법안 심의 과정에서 한민당이 제안한 치안부 독립안에 대한 지지자 80명 등을 근거로 해 한민당의 원내 세력을 65~70석으로 추산한다. 또한 6월 13일 무소속구락부 결성 시 참석 의원 53명, 7월 20일 부통령 선거에서 김구가 획득한 60여 표 등을 근거로 해 무소속 세력을 약 50명 정도로 추산한다. 한편 부통령 선거에서 이시영이 얻은 표수(1차 113표, 2차 133표)를 근거로 독촉과 한민당을 합한 세력의 규모를 파악하고 이를 기초로 독촉 세력을 약 55~60명으로 추산한다(김일영 1995).

3) G-2 W/S, no. 144(48/06/11~18), p. 5.

에 맞설 목적으로 의원 32명이 참석하여 6·1구락부가 발족되었다. 또한 한독계 의원을 중심으로 '통일'을 최대 목표로 내걸고 민우구락부가 결성되었다. 뒤이어 6·1구락부, 민우구락부를 중심으로 3·1구락부 일부를 포함하는 합작 공작이 전개된 결과 6월 10일 '무소속구락부'가 결성되었다. 이들은 6월 13일 '평화적 남북통일 전취와 균등 사회 건설'을 내용으로 하는 성명서(의원 53명 서명)를 발표해 자신들의 중도파 노선을 천명하게 된다.[4]

한민당에 맞서 독촉은 비非한민 우익 진영의 결집에 주력했다. 독촉과 대동청년단에 속했던 신익희·진헌식·이청천 의원 등은 '비한민당 세력 규합'을 기치로 무소속의 일부를 흡수해 6월 19일 의원 90여 명 규모의 '3·1구락부'를 발족시켰다.[5] 여기에는 앞서 말한 '무소속구락부' 회원도 상당수 참가하고 있었다.

이와 같이 한민당의 세력 확장에 대응한 무소속 진영의 결집 노력이 무소속구락부와 3·1구락부 등으로 나타나면서 상호 회원들이 겹치게 되자, 3·1구락부와 무소속구락부 간에 합동 움직임이 대두되어 6월 29일 의원 120여 명 규모의 '통합체 무소속구락부'로 합동하는 데 성공하게 된다.[6]

---

4) G-2 W/S, no. 143, p. 4 ; 『조선일보』, 『서울신문』(48/06/12); 『서울신문』, 『동아일보』(48/06/15); 백운선(1992, 82-83).
5) 이들은 "3·1정신을 계승해 자주 독립국가의 민주 건설을 위한 입법에 있어 상호 협조와 행동 통일로 단결할 것"을 목적으로 하는 규약 강령을 채택했다. G-2 W/S, no. 143, p. 4 / no. 144, p. 5 ; 『조선일보』, 『서울신문』(48/06/12).
6) 3·1구락부의 신익희가 의도한 것은 "무소속구락부 중 조봉암 즉 김구·김규식 추종

이상에서 보듯이 제헌국회 초기 원내 세력은 ① 한민당, ② 독촉을 중심으로 비한민 우파 세력이 결집한 3·1 구락부, ③ 중간파 중심의 무소속구락부 등으로 결집 양상을 보이고 있었다. 그리고 초기 제헌의회를 주도한 한민당에 대항하기 위해 비한민 우파 및 중간파 세력 간에 연합이 형성되고 있었지만 이는 한민당 견제를 위한 일시적인 것에 불과했음을 보게 된다.

2) 헌법 제정과 정·부통령 선거 및 조각(組閣)

제헌국회의 최초 의제이자 가장 중요한 과제는 헌법을 제정하고 이에 기초해 정부를 수립하는 일이었다. 이 문제를 둘러싼 제헌국회의 활동은, 원외 두 세력으로부터의 도전 속에서 전개되었다. 그 첫째는 좌파 세력의 도전이었다. 5·10 선거를 무력으로 저지하는 데 실패한 좌파 세력은, 소위 '전국적 대표성'을 지닌 정부를 북한에 수립한다는 목표하에, 7월 15일부터 남한 전역에서 인민 대표자 대의원을 선출하기 위한 지하 선거를 감행했다. 이러한 좌파 세력의 도전은 한편에서 남한 반공 체제를 강화하는 쪽으로 영향을 미쳤지만, 다른 한편에서는 북한과의 정통성 경쟁을 위해 남한에서 수동 혁명적 조치를 취하게 하기도 했다. 헌법 제정 과정에서 졸속 심의에 대한 항의가 '몇몇 분자의 정부 수립 방해 기

의원 20~30여 명을 제외한 '비좌파 의원'을 끌어당기려는 것"이었다고 한다. G-2 W/S, no.145, p5 / no. 146, p. 8.

도'로 규정되면서 봉쇄된 것이 전자의 예라면, 농지개혁, 친일파 처벌 조항, 노동자의 이익 균점권 조항 등이 헌법에 삽입된 것은 후자의 예라고 할 수 있다.

단정 수립 과정에 대한 또 다른 도전은 임정 및 중도파 세력으로부터 나왔다. 좌파의 도전이 '반체제 도전'이라면, 이들은 '체제 내 도전'이라고 할 수 있다. 단정 불참 이후 냉전 체제로 편입되기를 거부하면서 자주적 통일 독립 노선을 추구한 김구·김규식 등의 움직임은 이승만·한민당 진영과 대립을 초래하지 않을 수 없었다. 특히 이 과정에서, 제헌국회에 진출한 중도파 세력들은 원외의 중도파 세력과 인식을 같이 하면서 '체제 내 개혁'을 추구했다.

이러한 정치 지형 위에서, 제헌국회의 초기 활동은 이승만 세력, 한민당, 중도파라는 세 정치집단의 역관계 속에서 전개되었다. 이승만과 한민당의 단정 연합에 대한 중도파들의 도전과 이에 맞선 단정 연합 세력의 제휴, 정권을 둘러싼 단정 연합 내부의 권력투쟁 등이 복합적으로 전개되는 속에서 제헌과 정부 구성이 이루어진 것이다.

먼저 5월 31일 개원한 국회는 6월 3일 '헌법 및 정부조직법기초위원회' 설치를 마치고 헌법안 작성에 착수했다. 헌법 초안은 기초위원회 전문위원으로 참여한, 김성수의 측근이라 할 수 있는 유진오 안을 텍스트로 해 작성되었다(유진오 1980; 이영록 2000, 93). 유진오의 헌법안은 내각책임제, 양원제, 농지개혁, 통제경제 등을 주요 내용으로 했다. 기초위원회는 위원장 서상일을 비롯해 김준연·백관수 등 한민당계가 주도하고 있었다.

기초위원회의 헌법 초안 작성 과정에서 초점이 된 것은 권력 구조 문제였다. 이에 대해 이승만 의장으로부터 여러 차례 대통령제를 택하도록 하라는 요망이 있었지만, 한민당계 및 무소속계 위원들이 의원내각제를 주장한 결과 이것이 관철되었다. 또한 국회를 양원제로 하느냐 단원제로 하느냐는 문제에 있어서, 초안은 양원제로 되어 있었고 무소속계 위원 역시 양원제를 주장했지만, 한민당계 위원이 단원제를 주장한 결과 단원제가 채택되었다. 주목되는 것은, 제헌국회 중반기 소장파로 활동한 김광준 의원의 동의에 의해 초안에는 없는 반민족 행위자 소급처벌 규정이 부칙으로 삽입되었다는 사실이다(김영상 1948, 24-26).

기초위원회에서 한민당은 이승만의 반대에도 불구하고 자당의 주장대로 내각책임제, 단원제, 대통령 간선제 등을 내용으로 하는 헌법안 작성에 성공했다. 그러나 헌법안이 본회의에 상정되기 직전 국회 간부와의 최종 연석 심의에서, 국회의장을 맡고 있던 이승만은 '내각책임제하에서는 정부에 참여하지 않겠다'라고 한민당을 위협했다. 중도파는 물론 김구·김규식 등 민족주의 우파 세력마저 단정 불참을 선언한 상황에서, 이승만마저 이탈할 경우 신생 정부는 심각한 정통성의 위기에 봉착하게 될 것이었다. 따라서 한민당은 당초 주장을 꺾고 내각제 중심의 헌법안을 대통령제로 긴급히 수정해, 내각제 요소가 상당히 가미된[7] 대통령중심제 헌법안을 국회에 상정하게 된다.

한민당과 이승만의 단정 연합은, 김구·김규식의 통일 노선에 맞서 조속히 정부를 수립하는 데 역량을 집중하고 있었다. 따라서 본회의 심

---

[7] 의회에서 대통령·부통령 선출, 국무총리에 대한 의회의 승인 조항 등이 대표적이다.

의 과정에서 이들은 헌법안을 조기 통과하기 위해 적극 협력했다. 무소속구락부 세력은 이승만에 맞춘 권력 구조의 개조 및 졸속 심의 등을 비판하면서 이에 맞섰다. 헌법 제정 과정은 '한민당·독촉 연합 대 중도파'라는 대립 구도하에서 전개된 것이다.

국회는 6월 23일부터 헌법안 심의를 시작했고, 29일부터 대체大體 토론에 들어갔다. 그러나 대체 토론에 앞서 신익희 부의장은 헌법 조기 통과를 위해 각 의원의 발언 시간을 5분으로 제한하자고 제의했다. 조봉암·이문원·윤병구 등 무소속계에서 강력히 반발했지만, 결국 5분 제한 동의가 통과되었다. 대체 토론 과정에서 소장파인 이문원과 배헌 의원 등은, 대통령 이승만에 맞춘 헌법안의 개조 및 졸속 통과 시도를 비판했다. 이에 대해 한민당 및 독촉 진영은 '의장단을 모욕하고 국회와 국민을 이간하려는 것이므로 징계위에 회부해야 한다'고 반발했고, 두 의원이 발언을 취소함으로써 사태는 진정되었다.8) 결국 대체 토론은 51명의 의원이 이틀에 걸쳐 의견을 개진하고 서둘러 종료되었다. 당초 '통합체 무소속구락부'에서 3·1 구락부와 무소속구락부는 양원제 및 내각중심제를 관철시키기로 행동 통일을 약속한 바 있었다. 그러나 이승만이 정부 불참을 담보로 대통령제를 끝까지 고집하자 3·1 구락부는 대통령제로 표변했고, 한민당도 이를 수용했다. 이에 대해 무소속구락부 진영에서 비판을 제기했지만 한민·독촉 세력의 연합에 맞설 수는 없었던 것이다.9)

---

8) 『제1회 국회속기록』 제20호(48/06/29), 제21호(48/06/30).
9) 헌법 제정 이후 통합체무소속구락부는 불과 1개월이 못되어 해체되었다. 김영상은 이를 두고 결과적으로 무소속구락부가 3·1 구락부에 이용당한 꼴이라고 평가하고

7월 1일부터 헌법안 제2독회(축조 심사)가 시작되자, 의장 이승만은 다시 헌법안의 조기 통과를 역설했다. 나아가 제17조 '노자 관계'를 둘러싼 대토론이 있은 이후 이승만은, '헌법 제정으로 정부를 빨리 수립하는 것이 최우선이므로, 수정안을 모두 철회하라'고 요구했다. 그 결과 1백여 건에 달하는 수정안이 거의 철회되었다. 더욱이 반대 의견은 '조속한 헌법 통과를 저지해 정부 수립을 방해하려는 책동'으로 몰리기도 했고, 이 같은 공격 앞에서 자유로운 논의는 불가능했다.[10] 이러한 압박 속에서 헌법안은 불과 13차의 회의를 거쳐 7월 12일 최종적으로 통과되어, 7월 17일 공포되었다.

전체적으로 제헌 과정은, 소장파 세력의 수정 시도 및 졸속 심의에 대한 항의를 원천 봉쇄하면서 헌법안의 조기 통과에 주력한 단정 연합의 승리로 파악된다. 헌법기초위원회 구성을 논의하기 시작한 6월 1일부터 계산하더라도, 국회에서 헌법이 최종 통과하기까지 걸린 시간은 한 달 보름이 채 되지 못했다. 그나마도 6월 8일부터 22일까지는 오후에만 헌법 기초 작업이 진행되었고, 본회의 심의에 들어가서는 휴회 또는

있다(김영상 1949, 20).

10) 소장파의 이문원 의원이 의결정족수 문제를 제기하자 이승만 의장은 다음과 같은 으름장으로 이를 봉쇄했다. "정신 차리시오. 몇 사람 몇 분자들이 수근수근 해 가지고 저 방면 이 방면 헌법을 통과하는 것을 하루라도 지체하자는 태도가 보인다고 할 것 같으면 여기서부터 조처하는 방법이 있으니까 생각들 하시오. 다른 이야기하는 것을 제외하고 국회 안에서는 헌법을 통과하고 정부를 세우는 것이 제일 큰 문제이니까 딴 문제 가지고 방해하는 사람은 우리의 정당한 국회의원의 자격을 가진 사람이라고 인정할 수 없습니다"(이영록 2006, 156).

헌법과는 관련 없는 안건으로 보낸 시간도 상당했다(이영록 2006, 189).

이와 같이 신속한 헌법 제정이 가능했던 것은, 기술적으로 볼 때, 이미 상당 정도 기초 작업이 진척되어 있었기 때문이라 할 수 있다. 헌법 기초위원회의 작업은, 전문위원으로 위촉된 유진오와 권승렬이 각각 제출한 두 헌법안을 주축안과 참고안으로 삼아 이루어졌는데, 이 두 헌법안은 이승만과 독촉, 한민당, 과도정부 등의 지원과 양해하에 준비된 것이었다.11) 헌법 초안은 제헌국회가 성립되기 이전에 우파 세력의 지원을 받는 '법 전문가들'에 의해 이미 작성되어 있었던 것이다. 이처럼 제헌 과정에서 법 전문가들의 역할이 두드러진 것은, '탈정치화'된 제헌 과정의 특징과 한계를 보여 주는 단면이라 할 수 있다.

건국 과정에서 헌법이 갖는 의미를 고려할 때, 제헌 과정은 '신속하고 조용히' 그리고 '사회적 갈등 없이' 진행되었다고 할 수 있다. 물론 국회 회의록을 보면 '대논쟁'이 있었다는 평가도 가능하지만, 그것은 시민사회와 차단된 '찻잔 속의 태풍'에 불과했다. 농지개혁, 통제경제, 노동자의 경영 참가권과 이익 균점권 등 사회·경제적 이슈와 관련된 문제들이

---

11) 1946년 1~3월에 신익희·이승만의 지원을 받는 일제 강점기 고위 관리들로 구성된 행정연구회에서 헌법안을 작성한 바 있다. 이 행정위원회안은 1948년 5월 유진오에 의해 재검토되어 행정위원회-유진오 공동안으로 기초위원회에 제출되었다(소위 유진오안). 당시 유진오의 작업은 한민당 김성수의 지원을 받고 있었다. 다른 한편 남조선과도정부 사법부 산하 법전기초위원회의 헌법분과위원회에서는 1947년 후반부터 유진오에게 헌법 초안 작성을 맡겼는데, 유진오는 5월 초 최종안을 제출했다. 당시 사법부 차장이었던 권승렬이 대체로 이 안을 토대로 해 수정하는 방식으로 별도의 헌법안을 마련하게 된다(권승렬안). 한편 남조선 과도입법의원에서도 1947년 8월 조선임시약헌을 의결한 바 있었다. 이상 내용은 이영록(2006) 참조.

검토되어 삭제되거나 조문화되었지만, 이를 둘러싼 사회적 논쟁이나 사회집단의 움직임은 거의 없었다. 이는 헌법 제정 과정이 시민사회로부터 분리된 채 진행되었음을 의미한다. 자본주의와 양립하기 어려운 노동자의 이익 균점권이 제헌 헌법에 포함된 것이나, 이것이 현실적으로 아무런 의미가 없기 때문에 존속시켜도 된다는 이승만의 발언은 이를 입증하고 있다.12)

제헌 과정이 신속하게 전개될 수 있었던 것은 기본적으로 거대 이슈와 갈등이 이미 배제된 상태였기 때문이었다. 기본적으로 헌법 제정이란, 한 국가 공동체가 추구할 기본적 가치나 공동체 구성원의 기본적 권리를 규정하는 과정이기도 하지만, 정치적으로 볼 때에는 하나의 공동체 내에서 갈등하는 사회·정치 세력들의 공존을 전제로 해 이들 간의 갈등을 제도화하기 위해 권력 경쟁의 절차와 방법을 규정하고 권력의 범위와 한계를 규정하는 것이라 할 수 있다. 따라서 이는 정치권력과 함께 사회·경제적 자원의 배분을 둘러싼 사회집단 간의 이해와 이념이 충돌하는, 즉 거대 이슈가 맞붙는 논쟁과 갈등 속에서 이루어질 수밖에 없

---

12) 노동자의 경영 참가권과 이익 균점권이 제2독회에서 수정안으로 제출되어 비공개 투표 끝에 전자는 부결되었지만 후자는 통과되어 제헌 헌법에 삽입되었다. 노동자의 이익 균점권은 제3독회에서 다시 문제로 제기되었는데, 시간 지체를 우려한 이승만은 더 이상 토론을 삼가도록 요청하면서 "이 조건(이익 균점권)이 국회에서 통과되었다 한다 하더라도 시행을 하자면 잘 아니 되는 것이에요. 그래서 5개월이나 6개월 안으로 근로대중부터 나와서 이것을 교정하자는 얘기가 많을 것입니다. 그리고 그 다음에 국회에서 대다수 헌법을 교정해야 될 것 같아요. …… 그러니 그것을 가지고 문제를 삼을 것이 없이 그냥 두어도 괜찮은데……"라고 발언하고 있다(이영록 1996, 192).

을 것이다. 미국의 헌법 제정 과정은 그 전형적인 예다.

하지만 남한의 경우, 이미 거대 이슈는 물리력에 의해 제거된 상태였다. 좌파는 불법화되었고 사회·경제적 변혁에 대한 민중적 요구는 탈동원화되었다. 따라서 제헌 과정에서 정부 형태 즉, 우파 세력 간에 권력 경쟁을 제도화하는 조항을 둘러싸고 가장 갈등이 첨예하게 나타났던 것은 당연한 귀결로 보인다. 그리고 한민당과 이승만 측의 타협의 결과로 내각책임제와 대통령제가 이질적으로 결합된 정부 형태가 도출된 것은 당시의 권력 현실에 가장 부합하는 것이었다고 할 수 있다. 역설적으로 가장 기형적이었던 이 권력관계 부분이 제헌 헌법 조항 중에서 가장 현실적 의미를 지니는 부분이었다는 평가도 가능할 것이다(이후 제1공화국 정치가 이 조항들의 개정, 즉 내각제와 대통령 직선제 개헌을 중심으로 전개된 것도 이 조항이 가장 현실적 규정력을 지니고 있었기 때문이다).

이와 대조되는 것이 사회·경제 조항이라 할 수 있다. 주지하듯이, 제헌 헌법은 자유경제 체제를 원칙으로 하되 광범한 국가 통제를 규정하고 있었고 균등 사회를 지향하는 사회민주주의적 요소까지 광범하게 포함하고 있었다. 사회민주주의적 내용들을 담고 있는 이 조항들은 그동안 모색되어 온 새로운 국가의 이상을 일정 부분 반영한 것으로 볼 수 있다. 임시정부의 건국이념이었던 조소앙의 삼균주의는 물론이고 사회주의적 이상이나 제3의 길 등 그동안 신생국가의 이상으로서 추구되어 왔던 다양한 모색이 헌법에 일정 부분 반영된 것으로 볼 수 있는 것이다. 제헌국회 내에도 '균등 사회' 실현을 추구했던 중도파들이 일정 부분 존재했기에 이들의 존재를 그 조항들과 연계시켜 생각할 수도 있을 것이다. 그러나 이 조항들은 냉전 반공 국가의 성격과 분명 괴리되는 것이었다. 또한 당시 사회·경제적으로 가장 보수적 세력이었던 한민당과, 반공주의에 가장 철저했던 이승만 세력의 연합으로 구성된 건국 주도 세력의 성격과 뚜렷이 배치되는 것이었다. 따라서 이 조항들은 이후 어떠한 현실적 규정력도 갖지 못한 채 조문으로만 존재하다 결국 1954년과 1962년 헌법 개정 시에 삭제·수정되는 운명에 처하게 된다(34쪽의 〈표 1-1〉 참조). 결국 그 조항들은 신생국가가 추구할, 건국 주도 세력 간에 합의된 이상이나 목표라기보다는, 화석화된 과거의 흔적이었다고 평가하는 것이 타당하다고 생각된다.[13)

하지만 제헌 헌법이 단순히 장식물만이었던 것은 아니다. 제헌 헌법은 비록 권력 구조에서 기형적인 면이 있었지만 기본권의 광범위한 보장, 삼권분립을 통한 권력 간 견제와 균형, 사법권 독립 등 근대 자유민주주의 헌법이 갖추어야 할 사항을 두루 갖춘 것이었고, 이후 이는 어떤 정치적 이상으로서 권위주의에 대한 저항과 민주화의 기반이 되었다고 할 수 있다.

특히 주목되는 것은 제헌 헌법이 농지개혁이나 반민족 행위자 처벌 근거 조항 등 핵심적 건국 의제에 대한 해결책을 담고 있었다는 점이다. 이러한 내용은 기본적으로 당시 탈식민지 사회의 일반적인 합의였다고

---

13) 다른 한편 그 조항들은 사민주의적 성격의 것이라기보다는 민족주의·국가주의적 성격의 것으로 해석될 수 있다. 당시 신생국가 재산의 70~80퍼센트를 적산이 점하는 상황에서 일제로부터 되찾은 자산은 특정 집단이 아닌 국민 공동의 것이 되어야 한다는 공감대가 있었고, 이러한 인식이 광범위한 국가 소유와 국가 통제, 이익 균점 조항 등의 배경이 되었으리라는 것이다.

할 수 있지만, 보수 우파 세력이 이를 수용한 것은 수동 혁명적 조치로 이해될 수 있을 것이다. 민중들의 변혁 요구는 탈동원화되었지만, 이들을 체제 내로 포섭하기 위한 조치는 필요했던 것이다.

헌법 제정 다음으로 중요했던 제헌국회의 과제는 정·부통령 선거 및 국무총리 승인 문제였다. 이 문제는 단정의 국가 권력 또는 행정부의 성격을 좌우할 중요한 이슈였다. 이를 둘러싸고 이승만의 독촉 세력과 한민당, 중간파 세력은 복합한 대립 양상을 보여 주었다.

먼저 이승만의 대통령 선출은 기정사실화되어 있었다. 이승만과 대결할 유일한 위치에 있던 김구는 5·10 선거 불참은 물론 대통령 선거에 출마하지 않겠다는 의사를 명백히 밝혔기 때문이다. 예상대로 이승만은 7월 20일 국회에서 재석 의원 196명 중 180표라는 압도적 다수로 대통령에 당선되었다. 김구는 겨우 13표에 불과했다. 따라서 초점은 부통령 선거, 대통령에 의한 국무총리 지명, 장관 인선 등에 맞추어졌다.

헌법 제정 과정에서 한민당이 대통령제를 수용한 것은 장차 내각을 장악해 실권을 차지하려는 의도에서였다(박명림 1996, 391). 이에 따라 조각을 앞두고 한민당은 '정당내각'을 주장했다. 원내 제1당인 자당 내각을 획책한 것이다. 이것이 용납되지 않자 한민당은 국무총리 김성수를 고집하면서 한민당, 조선민주당, 독촉, 과도 정부 세력 등이 참여하는 연립내각 구성을 제안하기도 했다(문창영 1948, 27).

신정부 내각을 장악하려는 한민당의 시도를 견제하기 위해 독촉을 중심으로 한 비한민 우파 세력과 무소속 의원들은 연합 전선을 형성했다. '통합체 무소속구락부'는 7월 20일과 21일 국무총리 및 내무·재무·국방부 장관 등의 요직에 과도 정부 인사와 한민당 측 인사를 기용하는 것을 거부하기로 결의하고, 이러한 내용을 담은 건의서를 22일 이 대통령에게 제출했다. 또한 무소속 의원들은 '국회에서 군국주의나 경찰국가화할 염려가 없는 조각'을 강조하는 "조각 인선에 관한 건의안"을 이승만에게 전달했다.[14]

　한편 조각 과정에서 무소속 중간파 세력이 한민당을 견제했듯이 한민당 역시 중간파를 집중 견제했다. 중도파 진영 중에서 김구는 여전히 남북의 단독정부 수립 모두를 비판하고 있었지만, 김규식은 '불참여 불반대'라는 중립적인 입장이었고, 조소앙은 적극적으로 정부 참여 의사를 밝히고 있었다(도진순 1997, 315). 이러한 배경 위에서 무소속구락부는 '대통령 이승만, 부통령 김구, 국무총리 조소앙'안을 실현시키기 위해 노력했다. 하지만 한민당은 '성격이 투명치 못한 인물로 구성되면 단명 정부가 될 것'이라며 임정 요인의 정부 참여를 극력 저지했다. 이승만 역시 임정 계열 배제 방침에 있어서 한민당 못지않게 확고했다. 의회 내에서 친이승만 세력은 부통령 선거를 앞두고 김구가 당선되는 것을 저지하기 위해 한민당과 긴밀히 협력했다. 또한 이승만은 7월 20일 이시영을 공개적으로 부통령에 추천했다. 결국 한민당과 독촉의 우파 연합이 이시영을 지지하고, 무소속계가 김구에게 표를 던진 결과, 이시영이 부통령으로 당선되었다.[15] 국무총리 지명에 있어서도 이승만은 조소앙에 대

---

14) 『조선일보』(48/07/23); 『제1회 국회속기록』 제37호(48/08/02).
15) 이시영은 임정 출신이었지만 김구의 남북협상 노선을 배격하고 이승만의 단정 노선을 지지한 인물이었으며, 더욱이 이미 정계에서 은퇴한 '원로'에 불과했다(동아일보사 1975, 129-134).

해 "단정 반대의 의혹이 풀릴 때까지는 어렵다"는 말로써 중간파 배제 방침을 분명히 밝혔다.

이상에서 보듯이 정부 구성 과정은, 정부 내 중간파의 진입을 저지하기 위한 우파 세력(즉 독촉과 한민당)의 연합뿐 아니라 한민당의 정부 장악을 저지하기 위한 독촉계와 중간파계의 연합이 작용하는 복잡한 세력 관계 속에서 이루어졌다. 그리고 이승만은 한민당과 중간파의 상호 견제를 이용해 이들 모두를 초대 정부에서 배제하게 된다. 초대 정부의 구성 과정은, 임정계 및 중도파 배제에서 단적으로 드러나듯이 친미 반공이라는 정권의 성격을 뚜렷이 함과 동시에, 반공 체제 내에서 한민당과 이승만 세력 간에 격렬한 권력투쟁이 전개될 것을 예고하고 있었다.

3. 한민당, 독촉, 소장파의 정립과
   국회의 대(對)행정부 우위(1948년 8월~1949년 5월)

1) 한민당, 독촉, 소장파의 3파 정립 구도 형성

조각이 완료되고 정부가 출범하게 되면서 원내 각 세력들에게는 행정부와의 관계를 어떻게 설정하느냐라는 문제가 핵심 과제로 제기되었다. 먼저 조각에서 배제된 한민당은 8월 8일 '본당은 시시비비주의로 임할 것이며 정부에 대한 감시를 게을리 하지 않을 것'이라는 성명을 발표해 야당 세력임을 자처했다. 이 과정에서 윤치영 등 친이승만계 인사들이 탈당함으로써 한민당은 세력 약화를 겪게 된다. 한민당은 이후 야당적 입장을 취하면서 무소속 일부와 공동 태세를 갖추려 했다. 그러나 이들은 반민법, 농지개혁법, 외군 철퇴 문제 등을 둘러싸고 이념과 노선이 크게 달랐으므로 공동보조를 취하는 것은 불가능했다.

한편 제헌국회 초기 반한민 연합체로서 결성된 통합체 무소속구락부는 여야당 관계 정립을 둘러싼 대립 결과 1개월도 못되어 해체된다. 원래 120여 명에 이르는 통합체 무소속구락부에는 독촉계가 다수 참여하고 있었고, 이들은 조각 과정에서 대통령 추종파에 가담했다. 이후 독촉계와 대동청년단계 의원을 중심으로 하는 이 대통령 지지파는 여당 세력화를 도모하면서 무소속구락부를 이탈해 '이정회'를 결성했다. 윤치영·임영신·이종린·유성갑·진헌식 등을 중심으로 50여 명의 의원을 규합한 이정회는 '원내에서 한민당을 견제하며 이 대통령의 정치 노선을 지지하는 데 선봉 역할을 한다'는 기치하에 결성되었고 이후 원내에서 여당적 존재로 활동하게 된다.16)

한편 통합체 무소속구락부에서 보수파 의원들이 이정회를 결성하면서 이탈하자, 잔여 무소속구락부는 이전의 조직·계보 등을 중심으로 개별적 조직화 작업을 서둘렀다. 그 결과 1948년 10월 이문원·신성균·윤석구 등을 핵심으로 해 한독당계 의원을 중심으로 동인회가 결성되었다. 또한 진보적 색체의 이론파 의원 10여 명은 성인회를, 족청계 의원 20여 명은 청구회를 각각 결성했다. 이들 세 정파는 이정회 일부를 포섭

---

16)『서울신문』(48/08/01), 윤치영(1991, 236).

해 세칭 '소장파'를 형성해 활발한 원내 활동을 벌였다. 제헌국회 중반기 소장파 세력은 대략 60여 명 정도로 추산된다(백운선 1992, 82-85). 통합체 무소속구락부의 해체에 따라 원내 세력 분포는 한민당, 친이승만계인 이정회, 소장파라는 본격적인 3자 구도로 정립되었다.

한편 신정부 발족을 계기로 여당 또는 야당을 지향하는 정계의 개편 움직임이 나타나면서 원외의 신당 결성 움직임도 본격화되었다. 여당 공작은 독촉국민회의 목요회를 중심으로 전개된 결과, 이 대통령의 일민주의一民主義 이념을 당시黨是로 내걸고 대한국민당이 11월 12일 창당되었다. 그러나 대한국민당은 이승만의 후원을 얻지 못해 성과를 거두지 못했고, 이후 1949년 2월 10일 신익희·지청천 등 합당파가 이탈해 한민당에 합류함으로써 일부 잔류파가 겨우 명맥만 유지하게 된다.

야당 결성 작업은 여러 방향에서 전개되었다. 초기에는 조소앙·신익희·이청천·안재홍·박용희·명예세 등에 의해 한독당, 민련, 한민당, 대동청년단(대청), 독촉 내 여당화 공작 불만 세력 등을 총망라해, 민족진영 대동단결의 구호 아래 차기 정권 장악을 목표로 하는 일대 야당 공작이 추진되었다. 그러나 반이승만 보수 우파 세력과 임정 및 중간파 세력 간의 합동에 의한 신당 창당 시도는 성사되지 못했다. 한독당에서는 통일된 독립국가 건설 노선을 견지하는 조완구·엄항섭 등이 반대했고, 한민당에서도 삼균주의 원칙의 수용 등을 둘러싸고 반발이 제기되었기 때문이다. 이에 따라 조소앙 중심의 신당 공작은 그 범위가 축소되어 12월 1일 사회당 결성으로 귀결되었으며, 이들은 원내의 소장파인 동인회와 연계를 맺게 된다.

한편 한민당은 원내 과반수 확보와 지방조직 침투를 위해 대청과의 합작을 적극 추진했다. 그러나 대청 측에서는 조소앙계까지 포섭할 것을 주장했지만 한민당은 이에 반대했고, 결국 조소앙계까지 포함하려는 이들의 합당 시도는 좌절된다. 이후 한민당은 대청과의 단독 합작을 계속 추진하게 된다.

1948년 후반기에 추진된 이러한 여야당 결성 시도의 결과가 1949년 초 가시화되면서, 제헌국회의 원내 세력 분포는 제2회 국회(1948년 12월 20일~1949년 4월 30일)에 들어서면서 좀 더 뚜렷한 3자 정립 구도로 재편되었다. 먼저 제2회 국회에 들어서자 종래 여당에 가깝던 이정회 소속 의원 중 일부 소장파에 가담한 의원을 제외한 의원들이 태백구락부와 회동해 이 대통령의 일민주의 노선을 지향하는 일민구락부를 형성하고, 이승만 지지 세력으로서의 성격을 더욱 뚜렷이 천명했다.

한편 한민당은 조각 과정에서 소외되고 또한 원내에서는 소장파에게 야당의 역할을 빼앗김에 따라 열세를 면하지 못하고 있었는데, 이를 만회하기 위해 1949년 2월 10일 대한국민당의 신익희 세력과 대동청년단의 이청천 세력을 규합해 민주국민당(이하 민국당)으로 확대·개편했다. 이들은 내각책임제로의 개헌을 정강으로 내세우면서, 79석을 점하는 보수계의 제1야당으로 부상했다.

이러한 보수 세력의 결집에 대응해, 중도파 세력 역시 성인회와 동인회가 동성회로 통합(1949년 2월 18일)하는 한편, 동성회를 주축으로 청구회, 잔류이정회, 대한노농당 등이 연합 전선을 형성했다. 이렇게 됨으로써 원내 세력 분포는 친여적인 일민구락부, 보수 야당인 민주국민당, 중간파 노선의 소장파 연합 세력으로 뚜렷이 3분된다. 보수 2대 세력과 중간파 세력의 3자 정립 구도는 1949년 6월까지 지속된다.

특히 주목되는 것은 원내에 진출한 중간파 세력이 원외의 중간파 세력과 연계를 맺고 원내 보수 세력에 도전하는 구도를 형성했다는 점이다. 김구·김규식 등 중간파 세력은 5·10 선거 이후에도 통일독립촉진회(이하 통촉)를 결성하는 등 통일 독립국가 수립 운동을 계속하고자 했지만, 정부 수립 이후 남한 정부 참여 문제를 둘러싸고 중간파 진영 내에는 일정한 분화가 일어났다. 통촉 내부에서 남한 정부에 참여할 것을 주장하는 세력이 등장하고 있었고, 특히 한독당 내에서 조소앙 등은 새로운 야당을 결성해 남한 정치에 참여할 것을 적극 주장한 것이다. 그 결과 조소앙은 한독당을 탈당해 새로운 야당을 결성하게 된다. 5·10 선거 때와는 달리 중간파 세력 중 일부가 남한 정부를 인정하면서 적극적으로 남한 정치사회 내에 진입한 것이다. 그리고 이미 원내에 진출해 있던 중간파 세력은 이들 원외 중간파 신당과 연계를 맺었다. 나아가 이들은 남한 정치사회에 참여하기를 거부한 김구·김규식의 자주 통일 노선을 원내에서 적극 대변했다.

이런 점에서 이 시기는 원내 세력의 분포만이 아니라 원외 정당정치의 측면에서도 이념적 스펙트럼의 폭이 비교적 넓게 열린 기간이었다고 할 수 있다. 이러한 구도 속에서 다양한 정치 세력의 이해와 이념이 국회 내로 반영되고 대표될 수 있었다. 주요 건국 의제를 중심으로 이를 살펴보자.

2) 건국 의제를 둘러싼 원내 3정파의 연합과 대립

제1회 국회(임시회) 후반기와 제2회 국회(정기회)에 해당하는 이 기간

동안 국회에서는 통일 및 남북문제, 미군 철수 문제, 국가보안법, 농지개혁법, 친일파 처리 문제 및 반민특위, 지방자치법 등 건국 과정에서 해결해야 할 핵심적 안건들이 상정되어 심의·처리되었다. 이 과정에서 원내의 세 정파는 행정부와의 관계 및 원내 법안 심의 등을 둘러싸고 복잡한 대결과 연합 양상을 보여 주었다. 행정부와의 관계에서 볼 때, 이정회가 여당의 역할을, 한민당(민주국민당)과 소장파가 야당의 역할을 했다고 할 수 있다. 이에 따라 이승만은 원내에서 열세에 처하지 않을 수 없었다. 의회는 행정부에 대해 우위를 점했고, 의회와 행정부 간에 상당한 마찰이 야기되었다. 그러나 의회 내에서 야당적 위치를 차지하는 한민당(민국당)과 소장파 세력 역시 농지개혁 문제를 둘러싸고 대립했다. 반면, 통일 및 남북 관계 등을 둘러싸고 한민당(민국당)은 이승만계 세력과 연합해 소장파 세력에 대항했다. 친이승만계와 한민당(민국당), 소장파는 사안의 성격에 따라 각기 다양한 연합 및 대립 관계를 형성했던 것이다.

(1) 농지개혁법

전체 인구의 70~80퍼센트가 농민이었고 농민 중 대다수가 소작농이었던 당시 현실에서 농지개혁 문제는 신생 정부의 가장 시급하고도 중요한 과제였다. 이미 북한은 1946년 전반기에 농지개혁을 실시한 바 있었고, 이에 대응해 미군정 역시 과도입법의원에서 농지개혁 입법을 추진했지만 성사되지는 못했다. 이후 미군정은 5·10 선거를 앞두고 농민들을 남한 정부 수립으로 끌어들이기 위해 적산 농지에 한해 농지분배를 실시했다. 5·10 선거에서 입후보자들이 한결같이 내건 구호도 "토지는 농민에게"라는 것이었다. 적어도 농지개혁 실시에 대해서 사회 전체가 그 필요성에 합의하고 있었던 것이다.

이를 배경으로 국회는 제헌 헌법 제86조에서 "농지는 농민에게 분배하며 그 분배의 방법, 소유의 한도, 소유권의 내용과 한계는 법률로써 정한다"라고 규정해 농지개혁 실시를 명문화했다. 그러나 그 구체적 방법을 결정하게 될 농지개혁법 제정을 둘러싸고 한민당, 친이승만 세력, 소장파 세력들은 각각 상이한 입장을 보였다.

먼저 이승만은 조각 과정에서 일반의 예상을 뒤엎고 조봉암을 농림부 장관에 임명했다.[17] 조봉암은 일제하에서 공산주의 활동을 한 바 있고, 해방 이후 사민주의 노선을 택하면서 박헌영과 결별했지만 여전히 좌파의 거두였다. 또한 농림 차관 강정택 역시 군정 시기에 좌익계인 민주주의 민족전선에서 농업 문제를 담당한 이론가였고, 농지개혁의 실무 담당자로 농지국장에 임명된 강진국도 조봉암 신봉자였다. 이들은 정부 내의 가장 혁신적인 진영이었다. 이들을 중용했던 것은 한민당의 기초인 지주제를 붕괴시키는 한편, 좌파에 맞서 국민을 신생 정부로 적극 끌어안기 위한 다목적 포석이었다고 할 수 있다.

농림부는 9월 7일 농지개혁법 기초위원회를 설치한 이후 5개월여의 작업 끝에 농림부안을 작성해 1949년 1월 14일 기획처와 법제처에 제출했다. 농림부안은 지주에 대한 보상 지가를 '연간 수확량의 15할, 3년

---

17) 농지개혁법 제정 과정은 김성호 외(1989) 참조.

거치 10년 상환'으로 하고, 상환 지가는 '12할, 6년 상환'으로 하며(보상액과 상환액의 차액 3할은 정부가 부담), 자작농 소유 상한(즉 매수 상한)을 2정보로 하고, 농지개혁 후 농지의 매매 및 소작 임대차를 금지하는 등 지주 계층에 엄청난 타격을 줄 수 있는 것이었다.

그러나 농림부의 급진 개혁안이 제시되자 정부 고위층에서는 반발 기류가 형성되었고, 이를 배경으로 국무회의는 이례적으로 기획처에 대해 농림부안에 대한 재심사를 지시했다. 재심사를 맡은 기획처장 이순택은 한민당 발기인으로 한민당의 재산분과위원장을 역임한 인물이었다. 또한 정부 내의 법제처장 유진오, 재무부 장관 김도연 모두 한민당계 인사들이었다. 이처럼 한민당의 보수계 인사들에 의해 재검토된 결과, 농림부안은 기각되고 기획처안이 1949년 2월 5일 국무회의에 상정되었다. 기획처안은 보상 지가를 '20할, 거치 기간 없이 10년 상환'으로 인상하고, 상환 지가 역시 '20할, 10년 상환'으로 인상했으며, 자작농 소유 상한은 3정보로 완화했다. 또한 한민당 측에서는 조봉암을 농림부 장관직에서 축출하기 위한 공작으로 비리 사건에 연루시켰고, 결국 조봉암은 이로 인해 사직했다. 정부 측은 기획처안을 1949년 2월 5일 국회에 제출했다.

한편 정부에서 농지개혁법 기초 작업이 진행되는 동안 국회에서도 산업위원회 농림분과위에 의해 농지개혁법안이 마련되고 있었다. 농림분과위에 의해 작성된 국회안은 1948년 12월 초 산업위원회에 보고되었고 이후 1949년 1월 26일에 국회안으로 성립되었다. 한민당 서상일을 위원장으로 해 한민당이 장악하고 있던 산업위원회에서 작성한 국회안은 보상 지가를 30할로 하는 등 기획처안보다 지주층에 더 유리한 내용을 담고 있었다.

그러나 기획처안이나 국회안 모두 농지개혁 실시라는 면에서 지주 측에 불리하기는 마찬가지였다. 따라서 한민당은 농지개혁법 제정을 최대한 지연시키는 전술로 나왔다. 국회 산업위원회는 국회안 및 정부안의 상정을 계속 저지했다. 산업위원회가 법안 상정을 계속 기피하자 3월 1일 서용길(성인회) 외 30명의 의원은 2월 5일자로 국회에 접수된 정부안의 상정을 제의해 3월 3일 산업위원회에 회부했다. 이에 따라 법안 상정이 불가피해진 산업위원회는 3월 10일 국회안을 긴급동의로 본회의에 기습 상정시켰다. 정부안보다 더 지주 측에 유리한 산업위원회안을 상정한 것이다. 한민당은 법안 상정을 2개월가량 지연시킴으로써 결국 농지개혁 실시를 1년 유예시키는 데 성공한 것이고, 그 내용 역시 농림부안, 기획처안, 산업위원회안 중 지주 측에 가장 유리한 산업위원회안을 상정시키는 데 성공한 것이다.

농지개혁법안은 3월 10일부터 18일까지 질의 및 대체 토론을 마치고 4월 1일부터 제2독회에 들어갔다. 그러나 법안 심의 과정에서 산업위원회안은 대폭 수정되었다. 특히 정부안보다도 농민에게 불리한 국회안에 대해 비판이 집중되었다. 비판의 선봉은 소장파 세력들이었지만, 일민구락부나 이정회 소속 의원들 역시 '농민을 위한 농지개혁이 아니라 지주를 위한 농지개혁'이라고 국회안을 비판했다. "공산주의자들이 무상몰수·무상분배를 주장하는 마당에 이와 같이 지주를 위한 지주만을 생각하는 토지 분배를 구상해 가지고 농민들을 민국 정부로 유도할 수 있는가"라는 윤재근 의원(이정회)의 발언은, 농지개혁에 대한 이승만의 생각과 일치하는 것이었다.[18] 결국 4월 25일 통과된 농지개혁법은, 보상 지가 '15할, 5년 상환', 상환 지가 '12.5할'(차액 2.5할은 정부가 부담)로 수정되었다. 지주 측 이익을 최대한 보장하려던 한민당의 의도는, 국회에서 소장파 및 이정회·일민구락부 세력들에 의해 좌절된 것이다.

농지개혁법 제정 과정에서 한민당은 자신들의 계급적·계층적 이익 보호를 최우선시했다. 이에 맞서 소장파 세력들은 농민적 입장에서 봉건제의 철저한 타파를 주장했다. 보수계인 한민당과 소장파 세력의 이러한 대립 속에서 이정회와 일민구락부 등 친이승만계 의원들은 소장파를 지지했다. 농지개혁을 통해 농민들을 신생 정부로 끌어들이는 동시에 한민당의 기반를 와해시키려는 의도에서였다. 결국 이승만과 소장파의 연합을 통해 한민당의 의도를 누르고 개혁적인 농지개혁법안이 탄생한 것이다.

(2) 지방자치법

제헌국회 중반기 동안 의회와 행정부의 대립 및 행정부에 대한 의회의 우위를 보여 주는 대표적 사례는 지방자치법 제정 과정이다. 지방자치 문제는 신생 정부가 중앙집권적 체제를 택하느냐 아니면 지방분권적 체제를 택하느냐라는, 국가의 권력 구조에 관련된 중요한 문제였다. 1948년 8월 20일 제1회 국회 제45차 본회의는, 내무치안위원회와 법제

---

18) 농지개혁법 작성 과정에서 이승만계와 소장파의 연합은, 한민당이 조봉암 축출을 위해 제기한 비리 의혹 사건에서 이정회 의원들이 조봉암을 옹호했던 사실에서도 드러난다.

사법위원회 연석회의에서 지방자치법을 제정해 제출하도록 의결했다. 그러나 국회에서 법안 기초 작업이 진행되는 사이에, 1948년 9월 13일 정부에서 〈지방행정조직법안〉을 제출했다. 그 내용을 볼 때 읍·면장은 선거제로 하되 군수와 도지사는 임명제로 하는 등, 사실상 지방자치제 실시를 부정하고 중앙집권적 체제를 지향한 것이었다. 또한 경찰을 지방행정 기구 조직에서 독립시켜 치안국장 밑에 두며, 수도경찰부를 특별히 두어 서울시와 경기도를 관장하게 하는 등 군정시대의 중앙집권적 경찰 제도를 그대로 유지하려는 것이었다.

이에 대해 국회는 법안 명칭을 〈임시지방행정조직법〉으로 수정하고 법의 유효기간을 6개월 이내로 제한함으로써 이 법이 지방자치법이 제정·시행될 때까지 한시적으로 유효하도록 제한했다. 또한 수도경찰부를 폐지하는 등 지방자치제의 전면 실시를 전제로 그 내용도 대폭 수정했다. 이에 대해 정부는 10월 30일 원안대로의 수정을 요구하는 재의를 요청했다. 그러나 국회는 압도적 다수결(재석 136, 가 103, 부 16)로 원안을 가결, 행정부의 요구를 거부했다.

지방행정조직법을 둘러싼 한차례 공방을 거친 행정부와 의회는 지방자치법안을 둘러싸고 본격적으로 대립한다. 지방자치법 초안 작성 임무를 맡은 내무치안위원회와 법제사법위원회는 1949년 1월 31일 법사·내무 양 위원회안으로 지방자치법안을 제출했다. 이는 제2회 국회 제20차 본회의(1949년 2월 2일)에 상정되어 14일에 걸친 심의 결과 3월 9일 제49차 본회의(1949년 3월 9일)에서 통과되었다. 동 법은 도·서울특별시·시·읍·면을 지방자치단체로 해, 각각 주민 직선에 의한 지방의회를 설치하도록 했다. 또한 도지사는 도·시·읍·면 의원의 선거를 통해 간선으로 선출하되, 서울특별시장과 시·읍·면장은 지방 주민의 직접선거로 선출하도록 했다. 그리고 '공포 후 10일 경과 후 시행'하도록 했다. 거의 전면적인 지방자치제의 즉각적인 실시를 요구한 것이다.

지방자치법이 국회를 통과하자, 정부는 국내외 정세 및 불안한 치안 상태를 감안해 본법 시행을 대통령령에 위임해 줄 것을 이유로 재의를 요구했다. 그러나 국회는 재차 정부의 요구를 물리치고, 공포 후 90일 이내에 실시토록 하는 수정안을 통과(재석 169, 가 86, 부 83)시켜, 이를 4월 15일 정부에 이송했다. 임시지방행정법에 대한 재의 요구를 거부했던 때에 비해 의회의 결집력은 약화되었지만, 여전히 지방자치제 실시를 다수 의사로서 정부에 요구한 것이다. 그러나 정부는 지방자치제 실시를 막기 위해 헌법에도 없는 재재의 요구로 국회에 다시 맞섰다. 정부는 '지방자치법을 1년 이내에 실시하되 그 시행기일은 대통령령에 위임해 줄 것'을 요구했던 것이다. 이에 대해 국회는 정부의 재재의 요구는 위헌이며 일사부재의 원칙에 위배된다는 이유로 재재의 요구를 무효라고 결론짓고, 이를 정부에 반송했다.

제2회 국회까지 지방자치제를 둘러싼 의회와 행정부의 대립은, 헌법상 부여된 권한이나 헌법 해석을 둘러싼 대립이라는 형태로 즉, 입헌주의의 틀 내에서 전개되었다. 그 결과 정부는 의회에 패배했다. 제헌국회 중반기 행정부에 대한 의회의 힘의 우위를 극적으로 보여 준 것이다. 그러자 정부는 제2회 국회 폐회 이후 의회의 요구를 무력으로 진압하는 방식으로 맞섰다. 즉 제2회 국회가 폐회한 후인 5월 12일 지방자치법의 폐기를 국회에 일방적으로 통고하면서 국회의 대행정부 우위 상황을 종식시키기 위한 노골적인 의회 탄압에 나서게 된다.

(3) 반민족행위처벌법

일제하의 친일파 및 민족 반역자 숙정 문제는 농지개혁과 함께 건국 이후 해결해야 할 가장 시급한 과제의 하나였다. 이미 이와 관련해서는 군정하의 과도입법의원에서 관선 의원들의 주도하에 1947년 7월 〈부일협력자·민족반역자·간상배에 관한 특별 조례〉(이하 특별 조례)를 통과시켰지만, 군정 내 친일 경찰들의 반발 등을 고려한 군정 당국이 인준을 보류함으로써 폐기 처분된 바 있었다(박찬표 2007, 245). 제헌국회는 다시 한 번 이에 도전했다. 친일파 처벌법은 고위직의 다수를 친일파가 차지하고 있던 관료 및 경찰 조직에 대한 직접적 위협이었다. 따라서 이를 둘러싸고 의회와 행정부는 직접적인 물리적 대립을 겪게 된다.

먼저 국회는 헌법 제101조에서 "이 헌법을 규정한 국회는 단기 4278년 8월 15일 이전의 악질적인 반민족 행위를 처벌하는 특별법을 제정할 수 있다"라는, 형벌 불소급 원칙에 대한 유일한 예외 규정을 둠으로써 친일파 및 민족 반역자를 처벌할 헌법적 근거를 마련했다. 8월 5일 제40차 본회의에서 국회는 이를 위한 특별법기초위원회를 설치해 동 특별법을 8월 15일까지 기초하게 할 것을 압도적 다수 의사(재석 155, 가 105, 부 16)로 결정했다.

이에 따라 구성된 특별법기초위원회는 과도입법의원에서 만든 〈특별 조례〉를 기초로 〈반민족행위처벌법안〉을 작성했다. 특별법기초위원회 위원 28명 중에는 소장파 세력이 11명을 차지하고 있었다. 특별법기초위원회 초안은 〈특별 조례〉보다 그 처벌 대상을 광범위하게 규정하고 형량 역시 더 엄중하게 했다. 특히 〈특별 조례〉가 부일 협력자의 범위를 일제하의 고위직 공무원에 한정했음에 반해 모든 관공리를 선택범의 대상으로 해 직위 고하를 막론하고 민족에게 악질 행위를 한 모든 관공리를 처벌할 수 있게 했다.[19] 또한 '종교·사회·문화·경제, 기타 각 분야에서 일본 제국주의와 그 시책을 악질적인 반민족적 언론 및 저작으로서 극력 지도한 자' 역시 선택범의 대상으로 규정함으로써 소위 민족 지도층의 '변절 및 부일 행위'를 처벌할 수 있게 했다.[20]

특별법기초위원회에서 작성한 초안은 본회의에 회부되어 1948년 8월 17일부터 제1독회가 시작되었다. 법안 심의 과정에서 노일환·김명동·김상돈·이원홍 등 소장파 의원은 친일파에 대한 준엄한 심판을 요구했고, 이에 반해 김준연 등 한민당계와 신익희의 국민당계는 온건한 입장을 취했다. 한편 친일파처벌법 심의와 병행해 국회는, 8월 19일 국회의원 11명이 제출한 〈정부 내 친일파 숙청에 관한 건의안〉을 압도적 지지(재석 165, 가 139, 부 없음)로 통과시켰다.

동 법에 대한 제1독회를 마친 국회는 8월 25일부터 축조심의에 들어갔는데, 기초위원회는 제출된 49개의 수정안 중 16건을 채택해 수정안을 제출했다. 이 과정에서 초안의 내용은 오히려 강화되었다.[21] 축조심

---

19) 특별 조례는 선택범의 대상을 '일반 행정 분야에서 진임관(奏任官) 이상, 군경 부문에서 판임관(判任官) 이상, 고등계 재적자(지원병·징병·학병은 제외)' 등으로 규정했음에 반해, 초안은 '군·경찰 관리 및 관공리'를 모두 선택범의 대상으로 규정하고 있다. 선택범이란 재판 과정에서 정상을 참작해 유죄 여부를 결정하게 될 대상을 말한다. 이에 반해 재판 과정에서 정상참작의 여지없이 당연히 유죄로 될 대상은 당연범이라 한다.

20) 『서울신문』(48/08/13), 『조선일보』(48/08/14).

21) 수정된 주요 내용을 보면, 일제하 독립운동자 및 그 가족을 상해·박해한 자에 대해서도 사형에 처할 수 있게 처벌을 강화한 것, 일제하의 고위 관공리(고등관 3등급 이

의를 마친 법률안은 1948년 9월 7일 제59차 본회의에서 가결(재석 141인, 가 103, 부 6)되었다.

친일파 처벌법은 이상에서 보듯이 8월 5일 본회의에서 의결된 이후 1개월 남짓한 짧은 기간 안에 신속한 심의 과정을 거쳐, 정부 수립 이후 1개월이 채 못 되는 시점에서 성립되었다. 그 내용을 볼 때 과도입법의 원에서 제정한 것보다도 더 철저한 친일파 숙정을 지향하고 있었다고 평가할 수 있다. 또한 법안 성립도 압도적 다수 의사로 통과되었다.

심의 과정에서 동 법 제정을 지연시키려는 시도도 일부 있었고, 또한 최종 표결에서 공개적으로 반대할 수는 없었지만 소극적 반대(기권)까지 포함할 경우 이에 대한 반대 역시 상당수 있었음을 알 수 있다. 그러나 일제하 민족 반역자 처리 문제에 있어 국회는 상당히 단결된 의지를 보여 주었다. 또한 친일 문제에 관한 한 의회는 행정부와 사법부에 비해 식민 통치에 협력한 계층이 가장 적었고, 제헌국회의 친일파 비율은 4.8 퍼센트로서 이승만 정부의 다른 세 번의 의회에 비해서도 절반에 불과했다(임종국 1985). 이는 선거를 통한 여과 과정이 있었고, 특히 제헌국회 선거법에서 이들의 피선거권을 제한했기 때문이다. 국회로부터 법률안을 이송 받은 정부는 처음에는 반민법을 거부하기로 결정했지만,[22] 반

상, 훈5등급 이상을 받은 관리) 및 헌병보, 고등경찰 등에 대해서는 본법 공소시효 이전에 공무원에 임용될 수 없도록 한 것 등이었다. 한편 당연범의 대상을 '칙임관 이상의 관리'에서 '고등관 이상의 관리'로 확대하자는 수정안은 받아들여지지 않았다.
22) 특별재판부에 국회의원도 포함된 것이 삼권분립에 어긋나며, 법관의 자격은 법률로 정한다는 헌법에 위반되며, 반민족 행위를 일제하의 직위로 규정한 조항은 '8·15 이전의 악질적 반민족 행위를 처벌한다'는 헌법 제101조에 위배된다는 것 등이 그

민법을 거부할 경우 국회에서 양곡수매법안을 부결시킬 것이라는 이유 때문에 마지못해 9월 22일 반민법을 공포했다(길진현 1984, 48-50).

이에 따라 1948년 10월 국회 내에 반민족행위특별조사위원회(이하 반민특위)가 구성되었으며, 지방에는 서울시 및 각 도에 조사부가, 각 군에 조사 지부가 설치되었다. 또한 특별조사위원회의 조사를 바탕으로 기소와 재판을 담당할 특별검찰부와 특별재판부가 국회에서의 선거에 의해 설치되었다. 특별재판부 재판관 12인 중 5인은 국회의원이 맡도록 했다. 의회로서는 이례적으로 검찰권과 사법권을 갖는 특별사법기관을 갖추게 된 것이다.

반민특위 활동은 1949년 들어 구체화되어, 1월 8일 최초로 화신재벌의 친일 자본가 박흥식이 체포되었고, 1월 10일 반민법 반대에 앞장섰던 악질 친일 분자 이종형이 체포되었다. 이어 최린·최남선·이광수도 체포되었다. 또한 노덕술·김태석·김덕기 등 일제하의 악질 경찰, 헌병 등이 속속 체포되었다(김삼웅 1995, 27-31). 그리고 이들에 대한 공판이 3월 28일부터 시작되었다.

국회의 반민특위 활동은 행정부 내 친일파 세력에 대한 치명적 위협이었다. 이에 대한 반격은 이미 반민법 제정 과정에서부터 시작되고 있었다. 예컨대 반민법 공포 다음날인 1948년 9월 23일 친일 극우 단체들은 '반공구국총궐기대회'를 열어 '반민법으로 민족 분열을 노리는 국회 내 공산당 프락치를 숙청'하자고 위협했고, 국무총리 이범석은 이 집회

이유였다.

에 참석해 축사를 했다.

1949년 들어 반민특위가 본격적인 활동을 시작하게 되자 친일 세력과 국가기구의 방해 공작이 본격화되었다. 그리고 이승만은 이들을 적극 옹호했다. 이승만은 1949년 1월 10일 '명확한 사실과 증거 및 법에 의한 처단'을 강조하는 담화를 통해 간접적으로 반민특위 활동에 제동을 걸고자 했다. 뿐만 아니라 1월 25일 친일 경찰 노덕술이 체포되자 반민특위 위원장 등을 불러 해방 이후 치안 확보의 공로를 이유로 그를 석방할 것을 종용했다. 반민특위가 자신의 요구를 거부하자 이승만은 2월 2일 '반민특위활동이 삼권분립에 위배된다'라는 내용의 담화를 발표했다. 그리고 2월 15일 '대통령령으로 검찰과 내무부에 지시해 특경대를 폐지하고 특별조사위원들의 체포·구금 행위를 금지하도록 했으며, 또한 정부에서 반민법 개정안을 작성해 국회에 제출했다'라는 특별 담화를 발표했다. 이승만의 담화에 대해 국회는 2월 17일 '반민족행위처벌법 실시에 관한 대통령 담화는 부당하므로 이를 취소할 것을 요청'하는 동의안을 아슬아슬한 다수결(재석 119, 가 60, 부 11)로 통과시켰다.[23] 또한 대법원장이며 반민특위 특별재판관장인 김병로 역시 반민특위의 활동은 적법한 것이라는 견해를 밝혀 국회를 지원했다.

한편 정부는 2월 15일 이 대통령이 담화에서 밝힌 대로 〈반민족행위처벌법 개정안〉을 2월 22일 국회에 제출했다. 사실상 반민특위를 무력화시키는 동시에 반민특위를 완전히 대통령이 통제할 수 있도록 하고,

---

23)『서울신문』(49/02/19);『제2회 국회정기회의의속기록』제33호(49/02/17).

행정부 내의 반민법 해당자를 처단하지 못하도록 한 것이 그 핵심이었다.[24] 그러나 2월 24일 국회는 정부의 개정안에 대한 제1독회를 끝낸 뒤에 제2독회로 넘기지 않기로 함으로써 동 개정안을 폐기시켜 버렸다.[25]

2월 17일 대통령 담화 취소 요청안이 재석 119인 가운데 가 60인이라는 아슬아슬한 다수결로 통과된 것에서 보듯이, 친일파를 숙정하려는 제헌국회의 단결된 의지는 극우 친일 세력의 위협과 이승만 및 행정부의 계속되는 방해 공작에 직면해 약화되었음을 알 수 있다. 그러나 의회는 여전히 친일파 숙정을 요구하는 다수 의사를 형성할 수 있었다. 그리고 이를 바탕으로 행정부의 반민법 개정안을 봉쇄한 것이다.

이와 같이 법 개정을 통해 반민특위 활동을 무력화하려던 시도가 실패로 끝나자, 이승만 행정부에게 남은 수단은 무력으로 의회의 반민특위 활동을 종식시키는 것이었다. 이승만은 1949년 4월 16일 직접 반민특위 활동의 중지와 특경대 해산을 지시했고, 이러한 위협은 6월 6일 경

---

24) 국회에서 선거하도록 되어 있는 특별조사위원을 '국회에서 선거·추천한 자 중에서 대통령이 임명'하는 것으로 개정, 국회에 설치하도록 되어 있는 특별조사위원회를 '대검찰청에 설치'하는 것으로 개정, 특별재판부에 병치하도록 되어 있는 특별검찰부를 '대검찰청에 부치'하는 것으로 개정, 국회에서 선거하도록 되어 있는 특별재판부를 대통령이 임명하는 것으로 개정, 일제하의 고위 관공리(고등관 3등급 이상, 훈5등급 이상을 받은 관리) 및 헌병보·고등경찰 등에 대해서 본법 공소시효 이전에 공무원에 임용될 수 없도록 한 것을 수정해 '이들 중 악질 행위를 한 자'에 대해서만 임용을 제한하도록 하는 것 등이 주요 내용이었다. 『제2회 국회정기회의속기록』 제37호(49/02/22).

25) 제2독회로 넘길 것인가를 두고 표결한 결과 재석 157인 중 가 59, 부 80표로 부결되었다. 『제2회 국회정기회의속기록』 제39호(49/02/24).

찰에 의한 반민특위 사무실에 대한 수색 및 압수, 특위 소속 특경대의 강제 해산 조치 등 물리력의 직접적 행사로 나타났다.

(4) 남북문제, 통일 문제, 미군 철수 문제

이 시기 의회 내 보수 세력과 소장파 세력 간에, 의회와 행정부 간에 최대의 균열과 대립을 야기한 것은 남북문제, 통일 문제, 미군 철수 문제 등이었다. 주지하듯이 1948년 8월 수립된 남한 정부는 강력한 반공 이념, 북한에 대한 전면적 부정(평화공존과 평화통일의 부정), 미·소 냉전 하에서 서방 진영에의 전면적 편입 등을 기반으로 하고 있었다. 따라서 이에 대한 도전은 이승만과 한민당의 단정·반공연합에 대한 중대한 도전이었다. 이 문제에 관한 한 원내의 한민당 및 이정회, 일민구락부 세력들은 굳게 단결해 소장파 세력을 배제했다.

통일 문제를 둘러싼 대립은, 5·10 선거와 남한 정부에 대한 국제적 승인 문제를 다룰 유엔총회를 앞두고, '외군 철수, 남북협상 및 유엔 감시하 남북 총선을 통한 통일 정부 수립 노선'을 유엔 외교를 통해 관철시키려 한 김구·김규식 측의 시도로부터 발단되었다. 김구·김규식은 이러한 내용을 담은 서신을 9월 23일 유엔 한위에 제출해 유엔총회에 전달해 줄 것을 요청했고, 김구는 별도로 한독당 주석 명의로 "유엔총회에 대한 메시지"를 유엔 한위를 통해 제출했다.

이는 국회 내에 즉각 파장을 미쳤다. 10월 13일 성인회 소속이자 소장파 의원인 박종남 의원 등 47명이 "외군 철퇴 요청에 관한 긴급동의안"을 제출한 것이다(백운선 1992, 82-83). '외군 철퇴 요청'은, 1948년 말로 예정된 미군 철수를 연기시키고자 했던 이승만 정권과 보수 우파 세력의 노선에 정면 배치되는 것이었다. 따라서 동 안건은 본회의 상정 단계에서부터 격렬한 반발에 직면했다. 상정 및 낭독을 시도하는 측과 이를 저지하려는 측 사이에 물리적 충돌이 야기되어 국회 경위가 출동해 질서를 유지해야 했다. 결국 긴급 동의안은, 안건 심의를 보류하기로 결정(재석 133, 가 68, 부 10)되어 본회의에 상정조차 되지 못했다.26)

단정, 분단 체제에 대한 이와 같은 체제 내 저항과 함께, 1948년 말 체제 자체에 대한 좌파 세력의 저항이 폭발했다. 1948년 10월 여순반란사건이 그것이다. 남한 정권 수립 이후 최대의 위기였던 여순반란사건을 진압한 후 이승만 정권은 반공 체제를 강화하는 데 본격적으로 나서게 된다. 이승만은 11월 7일 정부에 대해 '공산 분자 숙청'을 지시했고, 이후 군 내부의 좌파 세력에 대한 대대적 숙청이 단행되었다. 또한 사건의 여파로 주한 미군 철수가 1948년 말에서 1949년 6월로 연기되었다.

여순반란사건은 국회에 바로 영향을 미쳤다. 가장 중요한 것은 국가보안법 제정이다. 당초 이와 관련된 입법 작업은 9월 말 김인식 의원 외 33인의 연서로 〈내란행위방지법안〉 제정 결의안이 통과되면서 시작되었다. 그러나 법사위에서 법안 기초 작업이 추진되고 있는 도중에 여순반란사건이 발생함에 따라 법률의 성격은, 내란 '행위' 이전에 내란 유사의 목적을 가진 결사·집단의 '구성과 가입' 자체를 처벌하는 것으로 근본적으로 변화되었다.27)

_____

26) 『제1회 국회속기록』 제87호(48/10/13).

여순사건 이후 그 수습책의 하나로 법안 작성 작업이 급속하게 진행된 결과, 법사위에서 작성한 국가보안법안이 11월 11일 국회에 제출되었고, 11월 16일부터 제1독회가 시작되었다. 소장파 세력들은 동 법이 반민주적 악법으로 악용될 것이라는 이유로 김옥주 의원(성인회) 외 47인의 서명으로 국가보안법안 폐기 동의안을 제출했다. 이를 둘러싸고 소장파 세력과 한민당·일민구락부 세력 간에 격렬한 논쟁이 전개되었다. 11월 16일의 대체 토론에서 성인회의 노일환·김광준·서용길·김중기, 동인회의 신성균·배헌, 대한노농당의 윤병구·조국현, 무소속 박해정 의원 등 소장파 세력들은 동 법안의 폐기를 주장했다.[28] 이에 맞서 이정회 소속이거나 또는 나중에 일민구락부에 합류하게 되는 신상학·강기문·곽상훈·이호석·박순석·이주형 의원, 그리고 한민당원이거나 이후 민국당에 합류하게 되는 최국현·김인식·조한백·이원홍·김준연·김동원·정광호 의원 등은 동 법의 신속한 제정을 촉구했다.[29] 결국 국

27) 11월 18일 제107차 본회의에서 법사위원장 백관수는, '국헌을 위반하고 정부를 참칭해 국가 변란이나 이를 위한 행위를 하는 것'뿐만 아니라 '이러한 목적을 위해 조직된 집단 및 결사 자체'를 처벌하는 것이 본법의 입법 정신이라고 밝혔다.

28) '사상에는 사상으로 대응해 극복해야지 권력으로 막을 방법이 없다', '좌익에 대항하려면 민주주의적 입법을 해 민족적 정기를 살려야 한다', '이 법은 3천만 국민이 비판만 하면 잡혀갈 수 있는 법이며, 결국 애국 투사가 이 법에 의해 쓰러 넘어질 것이다', '공산주의자들의 준동은 내란에 관한 법률이나 일반 형법으로 제재할 수 있다' 등이 그 논리였다. 한편 당시 미군정 정보 보고서도 국가보안법을 '어떠한 불평분자도 구속할 수 있는 법안'이라고 평하고 있다. G-2 P/R, no.1004 (48/12/04).

29) 이들은 '이 법안을 폐기하자는 것은 폭동과 반란을 조장하고 공산당을 고무하자는 것이다', '이 법으로 만일 정부에 반대하는 우익을 탄압하면 우리가 정부를 탄핵할 수 있다', '이 법으로 경찰, 국군, 관청 내의 불순분자를 숙청해야 한다', '지금은 사상으

가보안법안 폐기 동의안은 부결(재석 122, 가 37, 부 69)되었다.[30]

11월 18일 제107차 본회의에서도 성인회의 서용길·박윤원 의원 등은 동 법안이 '신앙과 양심의 자유' 및 '헌법에 의하지 아니하고 언론·출판·집회·결사의 자유를 제한받지 아니한다'라는 헌법 정신에 위배된다는 이유로 심의 유보 및 폐기를 다시 주장했지만, 부결(재석116, 가 34, 부 63)되었다. 11월 19일 제108차 본회의에서 제2독회가 시작되자, 소장파 세력은 '국헌 위배, 정부 참칭, 국가 변란' 등을 규정한 제1조를 삭제하자는 수정안을 제출했다. 그러나 이 역시 부결(재석 122, 가 20, 부 74)되었고, 원안이 가결(재석 121, 가81, 부 12)되었다.[31]

국가보안법은 12월 1일 법률 제10호로 공포되었다. 국가보안법의 기본 정신은 국헌 위배나 국가 변란 행위에 대한 처벌이 아니라, 국헌을 위배하는 결사·집단 자체를 불법화하고 처벌하기 위한 것이었다. 즉 좌파 세력 자체를 정치적 결사의 공간에서 완전히 배제하는 것이었다. 국가보안법 제정은 남한 반공 국가가 법률적 근거를 확보한 것을 의미했다.

한편 여순사건 이전 외군 철퇴 동의안이 제출되었던 것과 반대로, 여순사건 이후 한민당, 이정회 계열, 대한노농당계 의원 등을 중심으로 한 의원 99명은 미군이 계속 주둔할 것을 요청하는 "미군 주둔에 관한 결의안"을 제출했고, 11월 20일 통과(재석 113, 찬성 88, 반대 3)되었다.[32] 냉전

로 사상을 대항할 시기가 아니고 총칼이 다가온 시기이므로 엄정한 법규로 처단해야
한다'라고 주장했다.

30) 『제1회 국회속기록』 제105호(48/11/16).
31) 『제1회 국회속기록』 제107호(48/11/18), 제108호(48/11/19).
32) 『제1회 국회속기록』 제109호(48/11/20).

체제하에서 미국 진영에 전면적으로 귀속되는 것을 수용한다는 면에서 의회 내 우파 세력들은 강한 결집력을 보인 것이다. 또한 민족주의적 입장 때문에 미군 철수를 적극적으로 반대할 수 없었던 태도에서 벗어나 여순반란사건 이후의 강한 반공 드라이브 속에서 미군 철수 반대를 공개화한 것이다.

이에 맞서 소장파 의원 13명은 투표 시에 퇴장하면서 '여론에 반하는 것이며 독립국가가 자진해서 외군에 의한 자국의 주둔을 요구하는 예는 없다'라는 성명을 발표했다.[33] 국가보안법, 미군 철수 반대 등의 반공 드라이브에 맞서 소장파 세력들은 주한 미군 철수와 평화통일, 국가보안법의 비민주성을 역설했다. 공산주의에 맞서기 위해서는 민주주의를 수호해야 한다는 것이 이들의 논리였다. 한편 원외의 김구 역시 보수 우파의 강력한 드라이브 분위기 속에서도 11월 1일 '미·소 양군 철수 후 통일 정부 수립'을 주장했다.

1949년에 들어서도 남북 관계 및 미군 철수를 둘러싼 공방은 계속되었다. 특히 이 시기 이승만은 통일 정책을 두고 소장파는 물론 유엔 한국위원단과도 상당한 대립을 노정하게 된다. 1948년 12월 12일 유엔총회는 '미·소 양군 철퇴 감시, 남북통일 과업 추진, 민주주의 정치 향상 원조' 등을 목적으로 유엔 한국위원단을 새로 설치했고, 동 위원단은 2월 내한해 7월까지 활동하게 된다. 미국으로서는 한국에 대한 유엔의 개입을 대소 봉쇄의 수단으로 이용하고자 한 것이다. 그러나 '한반도의

---

33) G-2 W/S, no.167, p. 4 ; 백운선(1992, 82-83).

평화적 통일과 이를 위한 북한과의 협상'을 시도한 유엔 한국위원단의 활동은, '북진 통일, 주한 미군 철수 연기, 대한 군사원조 확보' 등을 추구한 이승만 정권의 노선과 배치되는 것이었다. 반면 소장파 세력들은 유엔 한위와의 협조를 통해, 또는 이를 이용해 자신들의 평화통일 노선을 관철시키고자 했다.

유엔 한국위원단 방한에 대응해, 2월 5일 무소속 의원 71인은 '남북 평화통일을 실현하기 위해 유엔 결의에 의한 한국 내 주둔 외군의 즉시 철퇴를 유엔 한국위원단에 요청할 것'을 내용으로 한 "남북 평화통일에 관한 결의안"을 제출했다. 하지만 이는 2월 7일 부결(재석 159, 가 37, 부 95)되었다. 국회에서 결의안 통과가 저지되자 개혁파 국회의원들은 3월 18일 다시 63명의 연서로 유엔 한위에 '평화통일과 외군 철퇴'를 요구하는 진언서를 제출했다.[34]

6월 말로 예정된 미군 철수를 앞두고 평화통일 및 외군 철수 등을 둘러싼 소장파 세력과 보수 우파 세력 간의 갈등이 고조되는 가운데, 이승만 정부는 미군 철수에 대비해 확고한 반공 태세를 확립하기 위해 중간파 세력의 평화통일 논의를 잠재우기로 하고, 5월 중순부터 소장파 의원들을 체포하기 시작했다. 그러나 유엔 한국위원단은 6월 들어 38선을 방문, 북한 정부와의 접촉을 시도하는 등 출국에 앞서 활동을 강화했으며, 더욱이 6월 하순에는 '통일 정부 수립에 필요한 대표 선출을 목적으로 하

---

34) 『국제연합한국위원단보고서(1949/1950)』(국회도서관 입법조사국, 1965), 191-193쪽; 도진순(1997, 337); 백운선(1992, 82-83); 『제2회 국회속기록』 제24호(49/02/07).

는 남북한 총선거를 유엔의 감시 아래 실시할 것'을 공식적으로 제안했다 (매트레이 1989, 240). 그리고 소장파 세력들은 유엔 한위의 활동 시한이 끝나 가는 시점에서 자신들의 평화통일 노선을 실현시킬 최종적 수단으로 유엔 한위를 적극 이용하고자 했다. 김약수는 출국을 앞둔 유엔 한위에 대해 계속 머물 것을 권유하면서 유엔이 한반도 통일을 달성하지 못하면 내전이 불가피할 것이라고 주장했다. 6월 17일, 김약수 외 네 명의 의원은 유엔 위원단에게 한국에서 미·소가 완전 철수해야 하며 이를 위해서는 미·소 양국의 군사 사절단까지 완전 철수할 것을 요구하는 청원서를 제출했다. 이에 맞서 141명의 우파 의원들은 군사고문단 주둔을 환영하고 유엔 위원단에 대해 한국 방위를 약속할 것을 요구했다.[35]

당시 원내 소장파의 '외군 철수, 평화통일' 주장은 원외의 김구·김규식 노선과 연계될 뿐 아니라, 유엔 한위의 '남북 화해 및 협상' 시도와도 결합하고 있었다. 이러한 도전에 직면한 이승만은 결국 소장파 세력을 무력으로 잠재우기로 결정한다. 이들의 활동을, 남로당의 노선을 추종, 정부를 전복하기 위해 북한과 공모했다는 혐의로 탄압하게 되는 것이다. 경찰은 미 군사고문단 철수를 유엔 한위에 청원한 김약수와 이들 의원에 대한 체포에 들어갔다.

이상에서 보듯이 이 기간 동안 원내의 각 정파는 사안별로 다양한

---

35) 『국제연합한국위원단보고서(1949/1950)』, 194-195쪽 ; 김약수와 이들 의원에 대한 체포 영장은 6월 21일 발부되었다. "MILATTACHE Seoul Korea to Dept of Army for Intelligence Division," 24 Jun 1949, *Joint Weeka (Joint Weekly Analysis)*(『주한 미국대사관 주간보고서』, 영진문화사 영인, 1993), vol. 3, p. 9.

연합과 대립 관계를 보여 주었다. 반민족 행위자 처벌 문제와 지방자치 입법에 있어서 의회 내 각 정파들은 상당한 합의를 이루었고 비교적 강한 결속력을 과시했다. 그러나 이들의 결속력은 행정부의 계속적인 견제에 직면해 1949년 중반에 이르러 점차 약화되고 있었다. 다른 한편 농지개혁 문제를 둘러싸고는 소장파 세력과 이승만계 세력 간에 연합이 맺어졌고, 이에 따라 한민당의 지주 중심적 농지개혁안이 좌절되고 개혁적인 농지개혁안이 성립될 수 있었다. 하지만 남북 관계·통일·반공 의제 등을 둘러싸고 의회 내 보수 세력인 한민당과 독촉 계열은 강고히 연합했으며, 소장파는 원외의 김구·김규식 노선과 연계하면서 이에 도전했다.

4. 소장파의 몰락과 대(對)행정부 우위의 종식
(1949년 6월~1950년 5월)

1) 소장파의 몰락과 보수 양파의 대립 구도 형성

제헌국회의 중반기 동안 의회는 행정부에 대한 우위를 점하고서, 국가기구 내 친일파 제거, 사회·경제적 개혁(농지개혁), 정부 권력 구조의 분권화(지방자치 입법), 외군 철수와 평화통일 등을 추진했다. 이를 주도한 것은 국회 내에서 강력한 결속력을 과시한 소장파 세력이었다. 특히 소장파 세력은 원외의 김구·김규식 노선과 연합해 분단 및 반공 체제에 도전함으로써, 이승만 정권은 물론 원내 보수 세력에 대해 심각한 위협을 가했다. 또한 소장파를 중심으로 한 반민특위 활동은 경찰 및 관료집단 내 친일파 세력에 대한 직접적인 위협이었다.

제헌국회 중반기에 수세에 몰렸던 이승만 정권은 1949년 5월부터 의회에 대한 반격을 시도했다. 그 표적은 강성 의회를 주도한 소장파 세력이었다. 1949년 중반에 이르러 소장파를 중심으로 한 강경파는 의회에서 점차 고립되고 있었고, 결국 이들이 표적이 된 것이다. 그 결과 원내의 중간파 세력은 소멸하게 되고, 원내 세력 분포는 보수-보수-중간파의 3자 정립 구도에서 보수-보수 구도로 변화된다.

중간파 세력을 제거하기 위한 시도는 원내외에서 동시에 전개되었다. 원내 중간파 세력을 제거하기 위한 것이 국회 프락치 사건, 반민특위 습격 사건이었다면, 6월 26일 김구 암살 사건은 원외 중간파를 제거하기 위한 것이었다. 먼저 원내 중간파를 제거하기 위한 공작은 이미 1949년 2~3월경부터 시작되고 있었다. 3월부터 친일파, 경찰 등을 중심으로 반민특위의 친일파 체포에 대한 반격 작전이 구체화되었고, 소장파 국회의원에 대한 내사 역시 3월 중순부터 시작되었다. 행정부를 강하게 압박했던 제2회 국회가 5월 2일 폐회된 이후, 제3회 국회가 개원하기 직전인 5월 18일 서울시 경찰국 사찰과는 이문원·최태규 두 의원을, 20일 이구수 의원을 각각 검거했다. 혐의는 3월 말 남로당의 회의에 참석해 미군 철수, 정치범 석방 등을 주장할 것을 약속하는 등 국가보안법을 위반했다는 것이었다. 세 의원의 구속에 대해 김용현 의원 등 49명은 5월 23일 석방 결의안을 제출했지만 부결(재석 184, 가 88, 부 95, 기권 1)되었다.[36)

제3회 국회 회기 중에도 소장파에 대한 수사는 계속되었다. 6월 16일 남로당원 정재한 여인의 체포를 계기로 국회 폐회(6월 19일) 직후인 21일 노일환·강욱중·김옥주·김병회·박충원·황윤호 의원 등 여섯 명의 의원이 체포되었고, 6월 25일에는 소장파의 주장 격인 김약수 부의장이 국회 내에 남로당 프락치를 구성했다는 죄명으로 체포되었다. 제4회 국회(7월 1~30일)가 폐회된 후에도 국회 프락치 사건은 확대되어, 8월 10일과 16일 서용길·신성균·배중혁·김봉두·차경모 의원 등이 구속됨으로써 구속 의원은 모두 15명에 이르게 되었다. 이 중 14명이 동인회·성인회 소속이었다.[37]

국회 프락치 사건과 병행해 이루어진, 국회 무력화를 겨냥한 또 다른 조치가 6월 6일 경찰에 의한 반민특위 사무실 수색·압수 및 특위 소속 특경대의 강제해산 조치였다. 반민특위 활동을 중지시키기 위한 대통령의 요청과 법 개정 노력이 실패로 끝나자 직접 물리력을 동원한 것이다. 1947년 후반기 과도입법의원에 의한 친일파 숙청 시도를 대대적인 좌파 검거 및 숙청을 통해 잠재웠듯이, 친일파 숙청 시도를 다시 한 번 반공과 연계시켜 좌절시킨 것이다.

국회 프락치 사건의 진위 여부는 지금까지 논쟁의 대상이 되고 있다. 권승렬 검찰총장이 이 사건에 대해 국회에서 보고한 바에서 알 수 있듯이 증거도 불투명한 인적 증거에 불과했고,[38] 국회의원들이 준수했다

---

36) 『제3회 국회속기록』제1호(49/05/23), 제2호(49/05/24); 『국회사 : 제헌국회, 제2대 국회, 제3대 국회』, 140-142쪽; 도진순(1997, 339).
37) 국회사무처, 『국회사 : 제헌국회, 제2대 국회, 제3대 국회』, 132, 133, 169쪽.

는 남로당 7원칙39)도 비판적 우익·중간파의 것인지 좌익의 것인지, 합법적인 것인지 불법적인 것인지 애매모호한 것이었다(도진순 1997, 340). 하지만 몇몇 소수 소장파 국회의원이 남로당과 접촉했는지의 여부나, 그들의 주장과 남로당 7원칙과의 외형적 유사성만으로 국회 소장파 세력을 북한 동조 세력이나 좌파 세력으로 규정하는 것은 오류다. 당시 소장파 세력의 노선은 분명히 김구 및 김규식의 노선이었다(백운선 1992, 98). 하지만 이승만 정부는 국회 소장파를 김구가 아닌 좌익과 연관시켜 사법 처리했다. 남북의 대치가 심화되는 상황에서 좌우와 남북을 모두 비판하는 중간파 노선이 설 땅은 없었던 것이다. 결국 국회 프락치 사건은 이승만 정부가 정치적 반대자를 친공으로 몰아 숙청하는 길을 튼 것이었다(이호진·강인섭 1988, 83).

원내 중간파 세력에 대한 공격과 함께, 원외 중간파 세력을 제거하기 위한 조치가 6월 26일 김구 암살 사건이었다. 김구의 암살로 한독당은 붕괴 과정을 겪게 되며, 같은 중간파인 민족자주연맹 역시 한독당 붕괴와 홍명희·이극로 등 남북 협상파의 이탈, 그리고 민국당 등 우익 단체

---

38) "이 사건은 물적 증거라는 것은 완전한 것이 없읍니다마는 다소는 있읍니다마는 …… 없읍니다마는 …… 대개 물적 증거가 박약한 사건 즉 모의 사건 말과 말이 서로 연락해서 논의한 사건은 사람의 말에 의해서 판단하는 것밖에 없읍니다."『제3회 국회속기록』제1호(49/05/23). 한편 사건의 열쇠를 쥔 의문의 여인 정재한은 공판 과정에서 한 차례도 출석하지 않아 그 존재 자체가 논란의 대상이 되고 있다.
39) 그 내용은 ① 외군 완전 철수, ② 남북한의 정치범 석방, ③ 남북의 모든 정당·사회단체 대표자로 정치 회의 구성, ④ 동 회의는 보통선거에 의해 구성하되 최고 입법기관이 되며, ⑤ 동 입법기관은 헌법을 제정하고 정부를 수립하며, ⑥ 반민족자의 처단, ⑦ 조국 방위군의 재편성 등이다.

로 이탈자가 속출하면서 급격히 분열되었다. 국회 프락치 사건 및 반민특위 사건, 김구 암살을 계기로 정치사회에서 중간파는 급격히 약화되었다.

국회 프락치 사건 및 김구 암살 사건은 원내 각 정파의 세력 분포에도 지대한 영향을 미쳤다. 7월 7일 국회가 국회법 개정을 통해 '교섭단체 제도'를 공식적으로 채택하게 된 것도 원내 각파의 세력 분할을 더욱 제도화하고 공고화시키는 계기가 되었다. 먼저 국회 프락치 사건의 표적이 된 소장파 의원들은 신분상의 위협을 피하기 위해 타 정파로 이적하지 않을 수 없었고, 이로써 원내에서 단결된 힘을 과시한 소장파 세력은 소멸되었다. 소장파 세력의 이적 과정에서 주목되는 것은, 이들이 민국당에 비해 대한국민당으로 이적한 경우가 압도적으로 많았다는 사실이다. 제1회 국회와 제2회 국회에서 소장파로 활동했던 의원 50인 중 대한국민당으로 이적한 경우가 28명(이 중 두 명은 일민구락부)인 데 비해 민주국민당으로 이적한 경우는 6명에 불과했다(백운선 1992, 85). 분단 체제 수용을 전제로 한다면, 농지개혁법 제정 과정에서도 나타나듯이 이정회나 대한국민당이 민국당보다 사회·경제 정책 면에서 더 개혁적이었기 때문으로 해석된다. 이상과 같은 원내 세력 분포의 대변동 결과 제3회 국회 폐회 당시 원내 세력 분포는 민국당 70여 명, 일민구락부 40여 명, 신정회와 대한노농당 기타 20여 명 등으로 변화되었다.

한편 이 과정에서 민국당은 원내 제1세력으로 지위를 확보했으며, 신익희·김동원 정·부의장을 중심으로 원내에서 독자적이고 강력한 세력을 구축했다. 또한 1949년 6월에 이르러 민국당원인 김효석·임병직·윤보선·허정·신성모·장기영 등이 입각해 행정부 12부 중 7부를 차지함으로써 내각에서도 실권을 장악했다. 소장파의 도전에 직면해 이들을 제거하는 과정에서 이승만과 민국당은 협력 관계를 구축한 것이다(박명림 1996, 461).

소장파의 몰락과 민국당의 강화로 인해, 국회의 정파 구성은 민국당 대 반反민국당·친親이승만 세력의 대립 구도로 변화되었다. 그리고 소장파의 위협이 제거되자, 민국당과 이승만 간에는 다시 정권을 둘러싼 각축전이 전개되었다. 민국당은 원내외에서 독점적 지위를 장악한 데 자신을 가지고 일부 무소속 의원과 제휴해 1950년 1월 27일 내각책임제 개헌안을 국회에 제출한 것이다.

한편 민국당의 개헌 추진에 반대하는 개헌 반대파 의원들은 대한국민당으로 총집결했다. 당초 대한국민당은 1948년 12월 독촉국민회를 중심으로 창당되어 여당 조직 운동을 전개했지만 이승만의 후원을 얻지 못해 별 성과 없이 명맥만 유지하고 있었다. 그러나 소장파가 소멸된 이후 원내에서 민국당의 독주를 견제할 세력이 필요하다는 것을 절감하고 있던 일민구락부, 신정회, 노농당 일부 의원들의 호응을 얻어 12월 22일, 개헌 저지를 목적으로 71명의 의원을 규합해 합당을 이룬 것이다. 그 결과 내각제 개헌안은 1950년 3월 14일 부결(재석 179, 가 79, 부 33, 기권 66, 무효 1)되었다.

2) 의회의 후퇴와 개혁 입법의 후퇴

제2회 국회 말에 의회와 행정부는 '입헌주의' 내에서 심각한 대립을 겪었다. 더욱이 제2회 국회 폐회 중 정부는 지방자치 법안과 농지개혁

법안에 대한 일방적 폐기 통보라는 초헌법적 조치로 의회에 맞섰다. 정부와 의회의 대립이 이처럼 고조된 가운데 6월 6일 경찰에 의한 반민특위 공격 사건이 발생하자 국회는 즉각 행정부에 대한 강경 대응의 자세를 천명했다. 6월 6일 국회는 반민특위 사건을 '국회에 대한 중대한 모욕이요, 강압적인 방법에 의한 위협'이라고 규정하고, "국무총리 이하 전 각료의 총 퇴진을 조속히 실행할 것, 반민특위에 대한 경찰의 불법적 행동 결과를 전부 원상 복귀하고 책임자를 처벌할 것, 이것이 관철되지 않을 경우 정부 제출의 모든 예산안 및 법률안 등에 대한 심의를 거부할 것"을 재석 153인 중 가 89, 부 59로서 의결한 것이다.

그러나 국회 프락치 사건이 확대되어 의원들이 잇달아 구속되자 국회는 위축되지 않을 수 없었고, 행정부에 대한 의회의 우위 역시 종식되었다. 제4회 국회(7월 1~30일)는 개회와 함께 제3회 국회의 '내각 총사퇴 및 정부 제출 법안 심의 거부' 결의를 재석 135인 중 가 101, 부 1로써 번복한 것이다. 또한 제2회 국회에서 통과시켰던 각종 개혁 법안들은 정부의 재의 요구에 의해 거부당했고, 결국 행정부의 의도대로 수정되었다.

(1) 반민법의 사실상 폐기

가장 중요한 것은, 제헌국회 중반기의 중요 성과물인 반민법이 사실상 폐기된 것이다. 제4회 국회 개회와 함께 〈반민족행위처벌법 중 개정법률안〉이 의원입법으로 제출되었다. 개정안 중 가장 논란이 된 부분은 법안의 공소시효 문제였다. 조영규 의원(민국당)이 제출한 개정안은 반민족 행위에 대한 공소시효를 원래의 1950년 9월 21일에서 1949년 12월 말로 단축할 것을 제안했고, 곽상훈 의원(일민구락부)이 제안한 개정안은 이를 다시 8월 말까지로 단축할 것을 제안했다. 이 문제를 둘러싸고 반발도 있었지만, 7월 6일 곽상훈 의원의 수정안이 결국 통과(재석 136석, 가 74, 부 9)되었다. 이승만 대통령의 강력한 요청에 따라 이루어진 공소시효 단축은 사실상 반민특위 활동의 전면 중지를 가져왔다. 반민특위는 이미 특위 검찰관 노일환 의원이 국회 프락치 사건으로 구속 중이었고, 서용길 의원 역시 내사를 받고 있었다. 검찰부의 활동이 거의 정지 상태에 있을 즈음 국회가 공소시효를 대폭 축소시키자, 검찰부와 재판부는 물론, 김상덕 위원장 외 특별위원 전원이 총사직을 단행했고, 이로써 반민특위 활동은 사실상 종식되었다.[40)]

(2) 지방자치의 유보

제2회 국회에서 의회와 행정부가 대결한 핵심 안건의 하나였던 지방자치법 역시 전면 개정되었다. 제2회 국회에서 정부는 두 차례에 걸쳐 재의를 요구했고, 이것이 관철되지 않자 결국 제2회 국회 폐회 이후 지방자치법의 폐기를 통고했다. 제3회 국회가 개회되자 이 문제를 둘러싼 격론이 벌어졌지만, 결국 국회는 정부의 폐기 통고를 받아들이기로 결

---

40) 『제4회 국회속기록』 제3호(49/07/06); 국회사무처, 『국회사 : 제헌국회, 제2대 국회, 제3대 국회』, 154쪽.

정하고 새로운 법안 기초에 착수했다. 법안 기초 임무를 맡은 내무치안위원회와 법제사법위원회는 6월 14일 동 법안을 제출했다. 문제가 되었던 지방자치단체장 선출 방법에 있어서, 도지사, 시·읍·면장을 각기 그 의회가 선출하도록 함으로써 직선제를 모두 폐지하고 간선제로 바꾸었다. 그러나 시행 시일에 있어서는 '공포 후 90일'로 약간 완화하는 선에서 수정했다. 이후 본회의 심의 과정에서 시·읍·면장은 지방의회에서 선출하되 도지사 및 서울특별시장은 대통령에 의한 임명제로 하자는 조한백 의원(민국당)의 수정안이 가결(재석 149, 가 79, 부 55)되었다. 그러나 시행 시기에 있어서는 공포 후 90일을 1949년 8월 15일로 다시 앞당기는 김병회 의원 외 22인의 수정안이 제출되어 가결되었다.[41] 주민 직선의 정신은 거의 제거되었지만, 지방자치제의 실시를 사실상 유보하려는 정부의 시도는 다시 한 번 좌절된 것이다.

따라서 정부는 의회에 대한 대공세 이후 개회된 제5회 국회(9월 12일~12월 3일)에서 지방자치제법 개정안을 다시 제출했다. 핵심 내용은 지방자치권을 현격히 제약하는 동시에, 비상사태 등으로 선거 실시가 곤란할 때 선거를 중지 또는 정지하는 권한을 대통령에게 부여한다는 것이었다. 정부안을 심의한 국회는 전자는 물리쳤지만, 후자는 결국 정부안대로 통과(재석 109석 중 가 74)시켰다. 이로써 결국 지방자치제의 실시를 사실상 유보하려는 정부의 의도가 관철되었다.

지방자치법과 반민법은 정부의 중앙집권적 권력 구조를 지방자치에

---

41) 국회사무처, 『국회사 : 제헌국회, 제2대 국회, 제3대 국회』, 139-140쪽.

기초한 분권적 구조로 개혁하며 또한 행정 및 경찰 고위직의 친일파 관료를 숙청한다는 점에서, 건국과 함께 해결해야 할 핵심 의제의 하나인 동시에 제헌국회 중반기 개혁 입법을 대표하는 것이었다. 그러나 국회 내 개혁 세력을 대표한 소장파 세력이 몰락하고 행정부에 대한 국회의 우위가 사라지게 되자 이러한 개혁 입법도 사실상 폐기되었다. 하지만 제헌국회 중반기의 또 다른 대표적 개혁 입법이었던 농지개혁법은 이와 다른 길을 걷게 된다.

⑶ 농지개혁법 개정 : 보수적 개혁의 관철

제2회 국회의 대표적 성과물이었던 농지개혁법은 정부로 이송되어 1949년 6월 21일자로 공포되었다. 하지만 동 법은 졸속 심의로 인해 많은 문제점을 안고 있었기에 즉각 개정을 전제로 해 공포된 것이었다. 따라서 1949년 7월 1일 제4회 국회 개회식에서 이승만 대통령은 농지개혁법의 시급한 개정을 촉구했다. 이에 따라 이인 의원 외 10인, 황호현 의원 외 31인, 이원홍 의원 외 10인 등이 각각 수정안을 제출했고, 이 수정안들은 정부안과 함께 산업위원회로 회부되었다.

산업위원회는 이러한 내용을 취합해 농지개혁법 중 개정안을 작성해, 제17차 본회의(1950년 1월 28일)에 상정했다. 산업위원회는 지주에 대한 보상 지가 15할과 농민에 대한 상환 지가 12.5할을 모두 24할로 인상해서 통합하는 등 수정안이 아닌 사실상 새로운 법안을 제출했다. 당초 한민당이 의도했던 바를 다시 관철시키고자 한 것이다.

그러나 본회의 심의 과정에서 보상 지가는 산업위원회안의 24할, 또 다른 수정안의 20할 등이 모두 부결되고 원안대로 15할로 결정되었다. 소장파 세력이 소멸한 상태에서 보상 지가 15할이 고수될 수 있었던 것은 같은 보수계이면서도 민국당과 라이벌 관계에 있었던 이 대통령 계열의 일민구락부와 국민당에 의해서 가능했다. 본회의 심의 과정에서 산업위원회 소속 국민당 의원들(이유선·황두연 등)은 산업위원회안의 24할 결정 과정의 문제점을 비판했고, 일민구락부의 박순석 의원 역시 24할의 문제점을 통박했던 것이다.[42] 결국 이들에 의해 민국당의 의도는 좌절되었다.

하지만 상환 지가 문제를 둘러싸고는, 상환 지가와 보상 지가를 동일하게 하자는 산업위원회안이 통과되어 결국 보상 지가와 동일한 15할로 인상되었다. 정부에서는 재정 압박을 이유로 양자를 동일하게 정하기를 원했고 결국 이것이 관철된 것이다. 국회 프락치 사건으로 소장파 교섭단체가 거의 해체됨에 따라 정부와 산업위원회 측의 공세를 감당할 수 없었던 것으로 해석된다(김성호 외 1989, 569).

그러나 전체적으로 제헌국회 후반기에 통과된 농지개혁법은, 한민당·민국당 계열의 지주 중심적 농지개혁 시도를 제압하고 개혁적 내용을 고수한 것이었다고 평가할 수 있으며, 이는 이승만계 세력에 의해 가능했다.

---

42) 일민구락부는 이미 1949년 11월 2일 임시총회를 열어 산업위원회 측의 24할안에 대해 15할안을 고수하기로 결의했다(『서울신문』 49/11/04).

⑷ 평화통일 논의의 종식과 국가보안법 개악 저지

6월 사태는 국회 내에서 '남북 화해 및 평화통일'을 촉구하는 어떠한 움직임도 잠재우게 된다. 이 문제를 둘러싼 극적인 변화는 7월 초 유엔 한위가 남북대화를 제의하자 국회가 보인 반응에서 나타난다. 유엔 한위는 7월 10일 공보30호로서 소위 "남북통일 제3방안"을 발표했다. 그 내용은 '남북통일을 논의하기 위한 남북 대표자 사이의 대화를 원조하겠다'는 것이었다. 이것이 언론에 발표되자 국회에서는 김준연·조긍규·윤치영 의원 등으로부터 '북괴와 대한민국 정부를 은연 중 동등으로 묶인하는 것으로 국시에 위반되는 언어이며, 공산당 제5열에 협조하는 담화'라는 등 격렬한 비판이 제기되었고, 이에 대해 국회에서 반대 결의를 하자는 동의까지 제기되었다. 단지 소장파 신성균 의원만이 '유엔 한위 결의를 국회에서 공격하는 것은 마땅치 못하며, 대한민국을 기초로 한 평화적인 교섭 자체를 반대해서는 안 된다'라는 신중론을 제기했다. 결국 국회는 외무국방위의 세 의원을 한위에 파견해 조사하도록 하고, 이를 기초로 '정부로 하여금 여기에 대해 적절한 외교 조치를 취하도록 촉구'하기로 결정(재석 128, 가 109, 부 없음)했다.[43] '부 없음'에서 나타나듯이 6월 사태 이전과 비교하면 극적인 변화였다. 6월의 사태로 원내 중간파와 원외 중간파 세력이 소멸한 이후 '평화통일'에 대한 논의는 사라졌다. 이후 남북한 관계에 대한 논의는 이승만 정부의 '북진 통일론'으로 일원화되어 갔다.

---

43) 『제4회 국회속기록』 제8호(49/07/12), 제9호(49/07/13).

한편 반공 체제를 법적으로 더욱 강화시키기 위한 조치로서 국가보안법 개정 작업이 추진되었다. 1949년 6월 미군 철수와 함께 북한은 38 선에서의 무력 충돌 및 남한 내부에서의 게릴라 투쟁을 강화했다. 1948 년 말의 여순반란사건 이후 반란군들이 산악 지대로 입산하는 것을 계기로 남로당의 투쟁은 이미 무장 유격 투쟁(소위 '빨치산' 투쟁)으로 전환하고 있었는데, 1949년 7월부터는 산악 지대 중심의 산발적 투쟁에서 벗어나 도시지역 및 경찰서 등에 대해 정면공격을 가해 옴에 따라 남한 지역은 사실상 준내전 상태에 빠져들었다.

이에 맞서 이승만 정부는 내부 전복 행위를 근절하기 위한 '좌파 박멸'에 착수했다. 대표적인 조치는 1949년 6월 조직된 보도연맹保導聯盟이었다. 과거에 좌익 단체에 들었거나 좌익 운동을 한 사람을 가입시켜 일정한 심사와 교육을 받게 함으로써 공산당의 행동이 국가와 민족에게 얼마나 해로운가를 인식시켜 건국 노선에 끌어들인다는 것이 그 취지였다. 이에 따라 국가의 강요에 의한 자수와 전향, 전향자의 밀고에 의한 체포가 꼬리에 꼬리를 물었고, 신문에는 거의 매일 전향 성명서가 게재되었다. 보도연맹에는 전국적으로 약 30만 명이 포함되었는데, 그 중에는 좌익 조직원이 아니라 심정적인 좌익 동조자도 있었고 심지어 실적을 위해 강제로 가입된 자들도 있었다. 각 지역에 할당된 숫자를 채우기 위해 정부에서 억지로 보도연맹에 가입시킨 예도 빈번했기 때문이다.

정부는 좌익 세력에 대한 최종적 타격으로서 1949년 10월 18일 남로당, 근로인민당 등 좌파 및 중도좌파 정당, 사회단체 133개를 등록 취소했다. 이들을 최종적으로 불법화시킨 것이다. 이후 1949년 겨울에서 1950년 봄에 걸쳐 빨치산에 대한 동계 토벌과 함께 좌파 세력 전반에 대한 체포·전향 조치가 줄을 이었다. 이러한 대공세로 인해 감옥은 죄수들로 넘쳐 났다. 법무부장관이 국회에 보고한 바에 의하면, 1949년 12월에 국가보안법으로 구속된 자는 3만 명에 가까웠고, 1950년 2월의 경우 전 죄수의 약 8할이 국가보안법 위반 피의자였다(서중석 1996, 273-274).

정부는 좌파 세력에 이와 같은 대대적 숙청을 뒷받침하기 위해 1949년 11월 17일 국가보안법 개정안을 제출했다. 개정안의 골자는 형량 강화, 미수범 처벌, 단심제 채택, 소급 처벌, 보도 구금소 제도 도입 등이었다.[44] 그 내용에서 보듯이, 형사소송법의 기본 절차를 무시하면서 좌파 세력에 대한 강력하고도 신속한 처벌을 확보하는 데 주안점을 둔 것이었다. 정부 개정안을 회부받은 법사위는 최소한 형사소송법의 기본 절차를 되살린다는 점에서, 미수범 대상의 축소, 단심제를 2심제로 수정한다는 것 등을 내용으로 하는 수정안을 제출했다. 그러나 12월 2일, 제56차 본회의에서 법사위 수정안은 거의 부결되고 정부 원안이 그대로 통과되었다.[45]

---

44) 구체적으로 보면, 정부 참칭, 국가 변란을 목적으로 결사 또는 집단을 구성하거나 그러한 행위를 한 자에 대한 형량을 최고 무기에서 사형으로 강화하고, 국가보안법 위반 범죄를 박멸하기 위해 미수범도 처벌할 수 있게 하며, 국가보안법 위반 사범에 대해서는 3심제를 적용하지 않고 단심제를 적용하도록 하며, 또한 부칙 중에 소급효(遡及效)에 관한 조항을 두어 국가보안법의 소급 적용을 가능케 하고, 전향 가능성이 존재하면 형의 선고를 유예하고 보도 구금소에 수용해 교화하도록 하는 것 등이었다.
45) 『제5회 국회속기록』 제56호(49/12/02); 국회사무처, 『국회사 : 제헌국회, 제2대 국회, 제3대 국회』, 198-200쪽.

국가보안법 1차 개정안이 정부안대로 통과되었지만, 정부는 시행조차 하지 않고 1950년 1월 20일 다시 2차 개정안을 제출했다. 개정 법률이 위헌 및 인권유린 법률이라는 국내외의 비난에 직면했기 때문이었다. 정부의 제2차 개정안의 주요 내용은, 사형선고를 받은 자에 한해 대법원에 상고할 수 있게 하고, 소급효溯及效에 관한 조항이 헌법에 위반된다고 판단되어 삭제한 것 등이었다. 그러나 국회는 여기에서 한걸음 더 나아가 정상적인 재판 절차의 회복이라는 측면에서 적극적으로 국가보안법을 수정하게 된다. 이는 정부의 요구를 거의 그대로 수용했던 1차 개정 때와는 상당히 다른 모습이었다. 국회의 태도가 이렇게 달라진 것은 민국당 측이 내각책임제 문제를 둘러싸고 이승만 대통령과 정면 대결하게 되었기 때문이다(서중석 1996, 275).

먼저 1950년 2월 1일 정부 제출안을 회부받은 법사위는, 3심제 회복을 골자로 하는 법사위 대안을 본회의에 제출했다. 2월 15일부터 본회의 심의가 시작되자, 법사위 대안과 정부안을 두고 치열한 논란이 전개되었는데, 결국 3심제를 부활시키고, 소급 적용 조항을 삭제하며, 2회 이상의 구류 경신을 금지한 법사위 대안이 통과되었다.[46] 국회는 1950년 2월 25일 이를 정부에 이송했다. 그러나 정부는 3월 11일 국회에 재의를 요구했다. 이를 검토한 제6회 국회 제71차 본회의(1950년 4월 8일)는 국회 통과안을 가결(재석 148, 가 106, 부 3)해 정부의 재의 요구를 물리쳤다.[47]

---

46) 『제6회 국회속기록』제31호(50/02/15), 제32호(50/02/16), 제37호(50/02/22) ; 국회사무처, 『국회사 : 제헌국회, 제2대 국회, 제3대 국회』, 270-273쪽.
47) 『제6회 국회속기록』제71호(50/04/08); 국회사무처, 『국회사 : 제헌국회, 제2대

반공법 개정을 둘러싼 의회와 행정부의 공방은, 이후 한국 정치에서 의회의 역할을 보여 주는 한 사례라 할 수 있다. 소장파가 제거됨으로써 의회는 보수 우파 세력으로 그 이념적 스펙트럼이 좁혀지고 보수 우파 간의 권력 경쟁이 전개되었지만, 권력 간의 상호 견제로 인해 의회가 행정부를 견제하게 되는 의도하지 않은 순기능이 발휘되었던 것이다. 반공 체제 내에서, 권력의 권위주의화를 추구하는 행정부와 이를 저지하려는 의회 간의 갈등이 전개되는 한국 정치의 한 전형의 초기 형태를 목도하게 되는 것이다.

5. 결론

제헌국회는 한민당, 친이승만 세력, 소장파(중간파) 등의 세 세력으로 구성되었다. 보수 양대 세력과 중도파 세력이 대결하는 보수·보수·중도의 3자 정립 구도였던 것이다. 이러한 구도는 제헌국회 중반기까지 유지되었다. 또한 제헌국회 중반기까지는 원외의 정치사회에서도 중간파 세력이 중요하게 일각을 차지하고 있었다. 원외 중간파 세력은 보수정당과 연합해 신당을 결성하고자 시도하기도 했고 이것이 여의치 않자 독자적인 정당을 결성해 원내 중간파 세력과 연계하기도 했다.

국회, 제3대 국회』, 242쪽.

한편 제헌국회 내에서 보수·보수·중간파의 세 집단은 친일파 문제, 농지개혁 문제, 국가권력 구조 문제, 남북·통일 문제, 냉전 체제에 귀속되는 문제 등 건국 과정에서 제기된 핵심 사안들을 심의하는 과정에서 시민사회의 다양한 이해와 이념을 대표했으며, 원내에서 이념과 정파적 이해관계에 따라 다양하게 연합하고 대립했다. 세 정파가 초정파적 단결력을 보인 것은 친일파 처리 문제였다. 의회의 제 정파는 건국 이후 최대의 민족적 과제였던 친일파 처리 문제에서 연합했고, 그 결과 행정부와 심각한 갈등을 노정했다. 의회 세력이 행정부에 대항해 연합을 형성한 또 다른 예는 지방자치 문제였다. 일부 유보적인 입장도 있었지만 의회는 원내에서 다수 의사를 형성해 지방자치제 실시를 행정부에 강하게 요구했다.

원내에서 각 정파 간에 가장 주목할 만한 연합을 보인 것은 농지개혁 문제였다. 이를 둘러싸고는 한민당의 지주적·보수적 노선과, 소장파의 급진 개혁 노선이 대립했고, 여기에 친이승만 세력의 보수적 개혁 노선이 중재역을 했다. 결국 한민당의 지주적 농지개혁 시도에 반발해 이승만 지지파와 소장파는 원내에서 연합했고, 그 결과 제헌국회의 최대 업적이라 할 농지개혁법이 탄생되었다. 농지개혁 의제와 대조적인 원내 연합 양상을 보여 주는 것은 남북문제, 통일 문제, 미군 철수 문제 등이었다. 분단, 반공, 미·소 대결 등 이념적으로 가장 첨예했던 이 의제에서 소장파는 고립되었고, 한민당과 이승만의 단정 연합은 강고한 결집력을 보여 주었다.

각 정파별 입장을 살펴보면, 원내 소장파 세력은 중간파 노선을 대표했다. 이들은 남한 단정에 참여한 점에서, 남북 정부 어디에도 참여하기를 거부한 김구 등 완강한 민족주의 우파 노선과 일정한 차별을 보인다. 그러나 냉전 체제하에서 미·소의 어느 한 진영에 전면적으로 편입되는 것을 거부하는 자주 노선을 지향하고 북한과의 평화공존이나 평화통일을 추구한 점에서 이들은 공통점을 갖는다. 또한 이들은 일제 잔재의 완전한 청산과 봉건제의 철저한 청산을 추구했다. 그리고 민주화되고 분권화된 정치체제를 지향했다. 한편 단정 연합 세력인 독촉 계열과 한민당계는 분단과 반공 체제의 수용이라는 면에서 원내에서 소장파에 맞서 강고히 연합했지만, 권력 구조 문제를 둘러싸고, 또한 자신들의 사회·경제적 기반과 관련된 농지개혁 문제를 둘러싸고 대립했다.

이상에서 보듯이 제헌국회는 의원들의 구성과 의회에서 논의된 안건들의 내용을 볼 때, 시민사회의 다양한 이해와 의사를 비교적 잘 대표하고 있었음을 알 수 있다. 또한 원내의 세 정파는 보수파 대 중간파의 양극적 대립보다는 사안에 따라 어느 정도 신축적인 원내 연합을 형성했다. 원내 정파 간의 갈등적 이해로 인한 대립을 '의회주의' 내에서 해결할 수 있는 구조를 갖추고 있었던 것이다. 특히 국회 프락치 사건으로 구속된 의원의 석방을 요구하는 의원들을 공산주의 동조자로 매도한 김준연 의원을 의회가 자체 의결을 통해 징계위에 회부했던 사례는,[48] 한

---

48) 한민당의 김준연 의원은 1949년 5월 24일 본회의에서 국회 프락치 사건으로 구속된 의원들에 대한 석방 요구안에 반대하면서 '세 의원의 석방을 운운하는 그 자체가 대한민국을 부인하는 것'이라고 비판함으로써 원내에서 대소란을 야기했다. 특히 김준연 의원은 5월 9일자 『동아일보』 기고문에서 '국회 내 60여 명의 소장파 의원은 김일성 추종자이며 남로당 프락치'라고 매도한 바 있었고, 더욱이 같은 지면에는 소장파 국회의원 4명의 구속을 예고하는 기사도 실려 있어 의혹을 자아냈다. 결국 5월

국전을 거치면서 반공 체제가 내면화·전면화되기 이전 정치사회의 건강성과 함께 의회가 스스로의 '제도적 정체성'을 유지할 능력이 있었음을 보여 준다.

그러나 제헌국회의 분수령이 되었던 1949년 6월의 사태는 제헌국회의 구성과 활동을 근본적으로 변화시키는 계기가 되었다. 먼저 그것은 남한 정치사회의 폭을 좁게 제약시켰다. 이미 1948년 말 여순반란사건의 여파로 국가보안법이 제정됨으로써 정치사회에서 좌파는 제도적·법적으로 배제된 바 있었다. 이것은 남북에 적대적인 두 정부가 수립된 분단 구조하에서 남한 내 좌파 세력이 '체제 내 반대 세력'이기를 포기하고 북한과의 연계하에 무력 투쟁 노선을 택하게 된 순간부터 예정된 귀결이었다고 할 수 있다. 물론 남한 내 좌파 세력의 전략에도 문제가 있었지만, 내부의 적이 외부의 적과 동일시되는 분단 구조가 가한 제약이었다. 분단 체제의 제도화 및 강화가, 합법적인 정치적 결사와 활동의 공간 즉 정치사회를 폐색시키고 그 활성화를 저해하는 구조적 제약으로 작용한 것이다.

1949년 6월의 사태는 이와는 또 다른 의미를 갖는다. 그것은 좌파가 아닌 중간파를 정치사회에서 제거했고, 이로써 정치사회는 보수 우파

28일 이진수 의원 등은 이상의 사실을 근거로 해 김준연 의원 제명 동의안을 제출했는데, 본회의 심의 결과 김준연 의원을 징계위에 회부해 심사 보고하도록 하기로 의결(재석 155, 가 81, 부 69, 기권 3)되었다. 그러나 이후 이 안건은 '회기 불계속으로 인해 폐기'됨으로써 징계가 성립되지는 못했다. 『제3회 국회임시회의속기록』 제2호(49/05/24), 제6호(49/05/28); 『제헌국회경과보고서』, 116쪽.

세력만의 경쟁으로 폐쇄되었다. 6월 사태에서 이승만 정권이 원내외의 중간파를 제거한 이유는 이들이 냉전 및 분단 구조에 도전했기 때문이다. '남북에서 외군의 완전 철수와 평화통일'을 주장한 이들의 노선은 북한 노선에 동조한 것이 아니라, 민족주의적 입장에서 미·소에 의존한 우파·좌파 노선 모두를 비판한 것이었다. 하지만 냉전 분단 구조하에서 이러한 도전은, 어떤 현실적 가능성보다는 민족주의적 열정에 기초한 것으로서 구체적 성과를 내기 어려운 의제였을 뿐만 아니라, 체제 내 야당의 생존을 위태롭게 할 사안이 아닐 수 없었다.[49] 결국 이승만 정권은 이들을 북한의 대남 노선과 연계시켜 합법적인 정치의 공간에서 제거했다. 1949년 6월의 사태는 분단 구조가 정치사회에 가하는 부정적 효과를 보여 준 것이기도 하지만, 그 본질은 집권 세력이 분단 구조를 이용해 반대파를 제거한 것이었다.

또한 이 사태는 단순히 소장파를 제거했을 뿐 아니라, 행정부에 대한 의회의 비판과 도전을 제거한 것이었다. 이로써 제헌국회의 각종 개혁

---

49) 이 문제와 관련하여 주목되는 것은 조봉암의 선택이다. 조봉암은 이 문제와 관련해서는 소장파 의원들과 거리를 두었다. 예컨대 조봉암은 1949년 3월 소장파 의원들이 주도한 외군 즉시 철퇴 진언서 연판장 서명을 거부했는데, 이에 대해 조봉암은 아무리 민족 자주성으로 보아 타당하다고 보이는 외군 철퇴라도 소련군이나 공산당의 기만 술책에 이용될 수 있으므로 자신은 그것에 반대했다고 진술했다(서중석 1999, 34). 이러한 자세로 인해 조봉암은 국회 프락치 사건에 연루되지 않았다. 이 문제는 당시 소장파 노선의 중심이 되었던 김구의 중도파 노선과 조봉암의 중도파 노선 간의 차이를 보여 주는 사례로 보인다. 김구가 정의적 민족주의에 치우쳤다면, 조봉암은 냉전과 분단의 현실을 냉정하게 수용하면서 남한 체제 내에서의 사회·경제적 개혁에 좀 더 치중했다는 해석도 가능할 것이다.

시도는 대부분 좌절되었다. 1948년 8월 시점에서 등장한 남한 국가는 고도로 중앙집권화된 정부 구조, 친일파 세력에 의한 행정 및 경찰력 장악, 냉전하에서 미국 진영으로의 전면적 귀속, 강력한 반공 이념 등에 기반하고 있었다. 소장파는 이러한 초기 구조를 일정하게 개혁하고자 했다. 특히 전자의 두 의제인 지방자치입법과 반민법을 둘러싸고 제헌국회는 정파에 관계없이 상당한 결집력을 가지고서 개혁을 추구했다. 그러나 6월 사태 이후 이들의 개혁 시도는 행정부의 반격에 의해 모두 좌절되었다. 밑으로부터 국민의 의사를 결집해 원내에서 다수 의사를 형성하고 이를 통해 국가권력과 기구를 개혁하려는 의회의 시도가 좌절된 것이다. 이런 점에서 1949년 6월의 사태는, 단순히 이승만 정권의 권위주의화에 따른 결과만이 아니라, 국가의 기본 이념과 구조가 미군정에 의해 위로부터 부과되고 여기에 맞추어 정치사회와 대의 기구의 범위가 결정되었던 남한 국가 형성 과정의 특징을 선명히 보여 주는 것이라 할 수 있다.

결국 제헌국회의 활동은 초기 제도화된 대의제 민주주의의 실험과 그 한계를 보여 준다. 제헌국회는 중반기까지 사회의 여러 갈등적 이해를 입헌주의와 의회주의의 틀 내에서 해결하는 데 성공하고 있었다고 할 수 있다. '낮은 실질적 합의'의 수준에도 불구하고 '높은 절차적 합의'를 바탕으로 갈등적 이해를 관리하는 데 성공했던 것이다(백영철 1995, 제4장). 이런 점에서 제헌국회는 대의제 민주주의의 가능성을 보여 주는 중요한 역사적 경험이었다. 특히 원내에 진출한 중간파 세력들의 존재는, 반공과 분단 체제하에서 보수 우파 세력 이외의 다른 정치 세력이 정치사회 내에 진입함으로써 의회의 대표 기능과 사회 통합 기능을 증대시킬 수 있는 가능성을 보여 주었다.

그러나 1949년 6월의 사태는 대의제 민주주의의 이러한 실험을 좌절시킨 계기가 되었다. 행정부가 무력으로 의회 활동을 탄압한 6월 사태는 단순한 일과성 사건이 아니라 한국의 의회 민주주의에 구조적 영향을 미쳤다. 6월 반민특위 습격 사건은, 의회를 통해 밑으로부터 결집된 국민의 의사를 행정부 권력이 강압적인 물리력을 동원해 분쇄한 것을 의미한다. 이 점에서 그것은, 국민이 대의제 민주주의를 통해 권력을 밑으로부터 통제하지 못하고, 오히려 국가권력이 물리력을 동원해 국민을 강압적으로 통제하는 권위주의 체제의 출발점을 의미한다. 국가 형성 초기에 제도화된 대의제 민주주의가 권위주의 체제로 변질되는 결정적 계기는 1952년 6월의 '부산 정치 파동'으로 평가되지만(한배호 1990, 35-37), 그것은 이미 1949년 6월부터 시작되었던 것이다.

1949년 6월 의회의 무력화 이후 의회의 개혁 시도는 대부분 좌절되었지만, 두 가지 중요한 예외적 사례가 존재한다. 농지개혁법의 통과와 반공법 개악의 저지가 그것이다. 농지개혁법을 둘러싸고 친이승만 세력은 잔존 소장파 세력과 연합해 한민당 세력(민국당)의 의도를 물리치고 보수적 개혁을 이룩했다. 이는 이승만 정권에 의한 보수적 개혁의 대표적 사례였다. 한편 반공법 개악 저지는, 이후 한국 정치과정에서 의회가 수행하게 되는 역할을 미리 보여 준다. 보수 세력으로 그 이념적 스펙트럼이 좁혀진 의회는 분단과 반공 체제를 수용하는 면에서는 하나가 되었지만, 보수 우파 간 권력 경쟁이 의회 세력을 민주주의 주창자이자 반권위주의 세력으로 만드는 의도하지 않은 결과를 가져온 것이다.

제4장

우파 독점의 정치 대표 체제에서
노동은 어떻게 대표되었나

1. 서론

　권위주의 체제하에서뿐만 아니라 1987년 민주화 이후에도 노동의 정치적 조직화나 의회 진출은 저지당해 왔다. 2004년 총선 결과 제17대 국회에서 민주노동당의 원내 진출이 이루어지기 전까지, 국회 내에서 노동 세력의 집단적 이익을 대변해 줄 정치 세력은 부재했다고 볼 수 있다. 사회의 갈등적 이해가 정당을 통해 조직화되고 공적 의사 결정 구조에 반영되는 정당정치 상황을 고려할 때, 노동 정당이 의회에 부재하는 이러한 대표 체제는 계급으로서의 노동의 집합적 이해가 공적 의사 결정 과정에 반영되는 데에 결정적인 한계로 작용하게 될 것이라 추정할 수 있다.

　그런데 달리 생각하면, 노동 정당이 없는 의회에서도 노동의 이해가 완전히 배제될 수는 없을 것이다. 자본주의사회의 가장 중요한 생산 계층인 노동의 이해를 정치 대표 체제 내에 통합하지 않고서는 사회 통합이 유지되기 어렵기 때문이다. 또한 주기적 선거 시장에서 지지를 획득해야 하는 상황에서 보수 우파 정당일지라도 득표 전략상 노동의 요구를 선거나 정치과정에서 일정 부분 반영하지 않을 수 없을 것이다.

이런 점을 고려할 때, 우리는 다음과 같은 질문을 제기할 수 있다. 노동 정당이 존재하지 않는 의회에서 그동안 노동의 이해는 보수정당에 의해 어떻게 대표되어 왔는가. 다양한 노동의 이해와 이슈 중 어떠한 것이 대표되었으며 혹은 대표되지 못했는가. 기존의 보수정당을 통해 노동의 이해가 대표되는 데에는 어떠한 한계가 존재했는가.

한편 이 글이 대상으로 하는 제11대부터 제16대 국회까지의 시기는, 정치적으로 군부 권위주의, 민주화 이행, 민주 정부의 수립 등 정치 지형의 급격한 변화가 있었고, 경제적으로는 1990년대 초까지의 호황, 이후의 경기 침체와 IMF 외환 위기 등이 있었으며, 노동 진영 내에서도 1987년 노동자 대투쟁, 민주 노조 합법화, 노동 유연성 도입 등 노동기본권이나 노동시장과 관련된 주요한 변화가 있었던 시기다. 그렇다면 노동을 둘러싼 이러한 정치·경제 지형의 변화는 의회의 노동 이익 대표 기능에 어떠한 영향을 미쳤는가.

특히 이 글이 주목하는 바는, 1987년의 민주화 및 이후 민주 정부의 등장이 미친 영향이다. 오도넬과 슈미터는 제3세계 민주화 연구에서 민주화 이행의 성공을 위해서는 최소주의적 민주주의의 추구, 즉 중도 보수적 경로가 유리하다는 잠정적 결론을 내리면서, 다른 한편으로 정치적 민주주의로의 이행은 제2의 이행, 즉 사회·경제적 민주주의로의 이행의 가능성을 설정한다고 조심스럽게 낙관적 전망을 제시한 바 있다. 시민권의 원리가 일단 공적인 지배 절차에 적용되면 또 다른 두 방향 즉 사회·경제 영역으로 확대될 것을 요구받기 때문이라는 것이다(O'Donnel & Schmitter 1986, 29-32). 그렇다면 한국의 경우 민주화나 민주 정부의 등장은 과연 의회에서 노동 이익이 대표되는 데에 어떠한 긍정적 변화를 가져왔는가. 만일 그렇지 못하다면 그 배경이나 원인은 무엇인가.

의회의 노동 이익 대표 기능을 살펴볼 수 있는 가장 확실한 소재는 법안이다. 하지만 노동 관련법이 입법 의제로 상정된 것은 1987년 및 1996~97년 등 몇 회기에 불과하다. 법안이 상정되지 않았다 하더라도, 임금 인상과 파업이 경제 위기의 원인인가를 둘러싼 공방, 국가 경쟁력 강화를 위한 임금 인상 억제론, 노동 기율 재강화론, IMF 위기 시의 고통 분담론 등 노동은 중요 이슈로서 의회에서 다루어졌다.

이 글은 통시적 관점에서 이러한 포괄적 이슈를 둘러싼 의회의 노동 이익 대표 기능을 파악하고자 한다. 이를 위해 선택한 소재는 매년 정기 국회에서 이루어진 '교섭단체 대표 연설'이다. 이는 통상 국회 회기 초에 정부 측으로부터 시정연설 또는 국정 보고를 듣고 의원들이 대정부 질문에 들어가기 전에 각 교섭단체의 대표 자격을 가진 의원이 소속 교섭단체를 대표해 본회의에서 행하는 발언으로서, 정강 정책에 입각해 국정 전반에 대한 당의 기본 정책 방향을 제시한 것이다. 대표 연설은 자료의 연속성으로 인해 통시적으로 각 당의 입장 변화를 파악하는 데 유리하다. 국정 전반에 대한 정책이나 입장을 표명하기 때문에, 다른 의제와의 관련 속에서 노동에 대해 어떠한 태도를 취하고 있는지를 볼 수 있다. 또한 일정한 발언 시간이 정해져 있기 때문에, 노동 관련 이슈가 언급된 양을 측정함으로써 여러 의제 중에서 노동 이슈가 어느 정도 중요한 비중으로 다루어졌는지를 비교할 수 있는 장점이 있다.

분석 대상은 제11대 국회부터 16대 국회까지(1982년부터 2003년까지) 정기국회에서 행해진 총 63회의 교섭단체 대표 연설이다. 먼저 2장에서는 노동 이슈가 어느 정도의 비중으로 다루어졌으며, 노동 이슈에 대한 각 정당의 정책 기조는 어떠했는지를 파악하고, 제3장에서는 구체적인 발언의 내용을 분석하고자 한다.

2. 국회의 노동 이익 대표 기능에 대한 통시적 분석

먼저 〈그림 4-1〉은 대표 연설을 구성하는 전체 문장 중에서 노동 관련 주제를 언급한 문장이 점하는 비율이다. 이는 노동 의제가 전체 의제 중에서 어느 정도의 비중으로 다루어졌는가를 보여 주는 것으로서, 각 당이 노동문제에 부여한 중요도로 해석될 수 있다.

〈그림 4-1〉에서 우선 주목되는 것은 제12대 및 13대 국회에서 노동 문제가 가장 빈번하게 언급된 점이다. 특히 1987년부터 89년까지가 최고치를 기록하고 있다. 이는 1987년 민주화 이후의 7~9월 노동자 대투쟁, 1988년 여소야대 상황에서 야당 주도의 노동법 개정 시도 등을 반영한 것이다.

여야를 비교할 경우, 1995년 이전까지는 야당이 여당에 비해 노동문제를 언급한 빈도가 압도적으로 높았다. 전두환 정권부터 김영삼 정권 전반기까지 노동 이슈는 주로 야당이 제기한 것이다. 이러한 상황은 1990년대 후반부터 변화되어 김영삼 정권 후반기 및 김대중 정권 시기

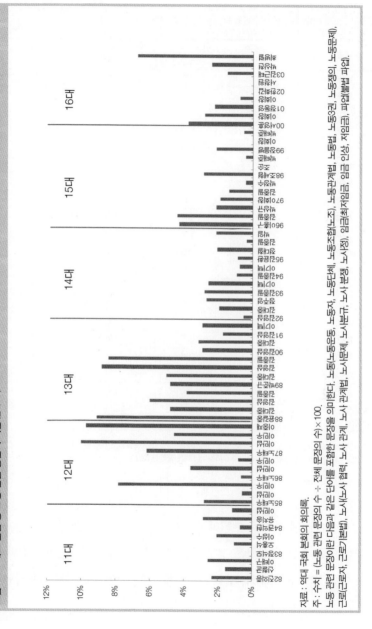

그림 4-1 | 대표 연설 중 노동 관련 발언의 비율 (단위: %)

자료: 역대 국회 본회의 회의록.
주: 수치 = (노동 관련 문장의 수 ÷ 전체 문장의 수)×100.
노동 관련 문장이란 다음과 같은 단어를 포함한 문장을 의미한다. 노동(노동운동, 노동자, 노동단체, 노동조합(노조), 노동관계법, 노동법, 노동3권, 노동쟁의, 노동문제),
근로(근로자, 근로기준법), 노사(노사 협력, 노사문제, 노사분규, 노사 관계, 노사 관계개혁, 노사 분쟁, 노사정), 임금(최저임금, 임금 인상, 저임금, 파업(불법 파업).

표 4-1 | 노사 관계 주요 통계와 노동 발언 빈도의 상관관계

년도	노동 손실일 수 (천 일)	발생 건수 (건)	분규 참가자 수 (천 명)	노동 발언 빈도 (%)
1985	64	265	29	3.50
1986	72	276	47	1.77
1987	6,947	3,749	1,262	7.50
1988	5,401	1,873	293	5.68
1989	6,351	1,616	409	6.39
1990	4,487	322	134	3.08
1991	3,271	234	175	2.39
1992	1,528	235	105	1.73
1993	1,308	144	109	2.67
1994	1,484	121	104	0.81
1995	393	88	50	1.34
1996	893	85	79	3.69
1997	445	78	44	1.28
1998	1,452	129	146	0.96
1999	1,366	198	92	0.99
2000	1,894	250	178	3.18
2001	1,083	234	89	1.46
2002	1,580	321	94	0
2003	1298	320	137	3.69
노동 발언 빈도와의 상관계수**	0.797	0.834	0.749	

주 : 노동 발언 빈도 = (정기국회 대표 연설 중 노동 언급 문장의 수 ÷ 정기국회 대표 연설 총 문장 수) ×100.
출처 : KLI, 『2003 KLI 노동통계』, 146쪽 ; www.kli.re.kr ; 역대 국회 본회의 회의록.

에는 여야가 비슷하거나 오히려 여당이 언급한 빈도가 높게 나타난다. 김영삼 정권 후반기 상황은 정부 주도의 노동법 개정 시도를 반영한다. 다른 한편 1998년 최초의 여야 정권 교체 이후, 구여권은 야당의 위치에 있으면서도 여전히 노동문제 언급 빈도에 있어서 여당(즉 구야권)에 비해 떨어진다. 이는 노동문제의 중요성에 대한 인식이 단지 여야의 입장 차이가 아니라 정당 자체의 성격에서 비롯된다는 것을 보여 준다.

한편 〈표 4-1〉은 대표 연설 중 노동 관련 발언의 비율(즉 노동 이슈의 중요도)의 연도별 평균을 노동 관련 주요 통계와 비교한 것인데, 노동 손실일 수, 파업 발생 건수, 파업 참가자 수 등과 강한 양의 상관관계를 가지고 있음을 알 수 있다.

노동문제에 대한 각 정당의 입장을 살펴보기 위해서는 발언의 양(스칼라)뿐 아니라 방향(벡터)을 살펴보아야 한다. 이를 정리한 것이 〈그림 4-2〉에서 〈그림 4-4〉이다.

〈그림 4-2〉는 노동문제를 언급한 문장을 '노동 우호적'인 것과 '노동 비판적'인 것으로 구분해 전체 발언의 벡터를 계산한 것이다(수치는 관련 문장을 노동 우호적인 것은 양수로, 노동 비판적인 것은 음수로 셈해 합계한 것이다).

〈그림 4-3〉과 〈그림 4-4〉는 노동 관련 문장을 '노동기본권 관련'과 '노동시장 관련'으로 나누어 각각의 벡터를 계산한 것이다. 구분의 구체적 내용은 다음과 같다.

	우호적 언급	비판적 언급
노동기본권 관련 언급	노동기본권 보장, 노동 악법 시정, 노동자 및 노조 탄압에 대한 비판, 노조 설립 자유, 복수 노조 허용, 제3자 개입 금지 폐지, 정치 활동 보장 등.	노사 분쟁의 폭력성 및 불법성 지적, 이에 대한 엄격한 대처 촉구, 노사협조주의 강조, 노사 안정 및 노사 평화 강조, 노동자의 애사심 강조, 복수 노조 불허, 제3자 개입 금지 유지, 정치 활동 불허 등.
노동시장 (임금, 근로조건 등) 관련 언급	임금 인상, 최저임금제 실시, 노동자 생존권 보장, 저임금 비판, 노동자 복지 확대, 임금 가이드라인 비판 등.	국가 경쟁력 약화 원인으로 임금 인상, 임금 인상 자제, 임금동결, 노동 기율 강조(근로 의욕 감소 및 근로자의 사치 낭비 풍조 비판, 근로자 의식 개혁) 등.

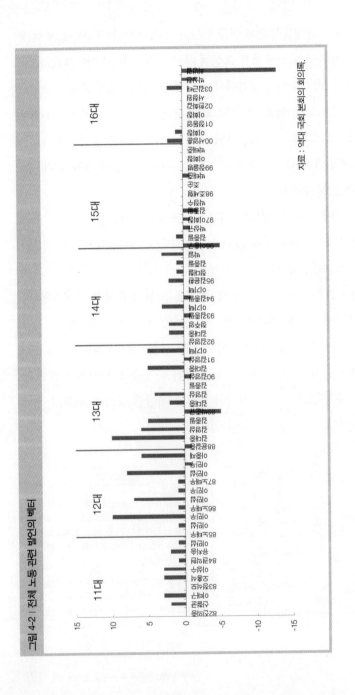

그림 4-2 | 전체 노동 관련 발언의 빈도

자료 : 역대 국회 본회의 회의록.

〈그림 4-2〉에서 전체 노동 관련 발언의 벡터를 보면, 여야 정권 교체 이전인 1997년까지 여당(민주자유당·민주정의당·신한국당·한나라당)의 경우 노동에 대해 중립적이거나 비판적 태도를 취했다. 특히 1982년부터 1987년까지는 거의 중립적인 입장이었음에 비해, 1988년 이후 1997년까지 노동 관련 발언은 모두 비판적 또는 부정적인 것이었다. 1998년 정권 교체로 야당이 된 이후 부정적 입장은 크게 완화되어 대체로 중립적 입장으로 전환되었지만, 2003년의 한나라당(최병렬) 대표 연설은 역대 국회 중에서 가장 노동 비판적인 것으로 기록된다.

1998년 여야 정권 교체 이전까지 노동에 대한 야당의 태도는 우호적인 것이었다. 특히 제12대 및 13대 국회의 경우 압도적으로 노동 우호적이었다. 흥미로운 것은 14대 국회 이후의 변화다. 14대 국회 들어 우호적 입장의 강도는 크게 약화되었으며, 특히 1998년 여야 정권 교체 이후 여당이 되면서 사실상 중립적 태도로 전환되었다.

〈그림 4-3〉은 노동기본권 관련 발언의 벡터를 보여 준다. 이는 주로 노동3권 및 정치적 권리, 파업 등 집단적 노사 관계를 둘러싼 것으로서 노·사·정 간의 직접적 갈등을 내포한 영역이다. 주목되는 것은 전반적으로 제12대, 13대 국회까지는 우호적 입장이 지배적이었지만, 14대의 경우 중립적 입장으로, 특히 15대 국회부터는 중립적 또는 비판적 입장으로 전환되었다는 점이다.

이 문제를 둘러싸고 여야는 제14대 국회까지 선명하게 상반되는 모습을 보여 주었다. 즉 여당은 노동 비판적(1988년, 89년)이 아니면 중립적 입장을 취한 반면, 야당은 노동 우호적 입장을 취했던 것이다. 그러나 15대 국회부터 특히 1998년 이후 모든 정당의 입장은 거의 중립적이다.

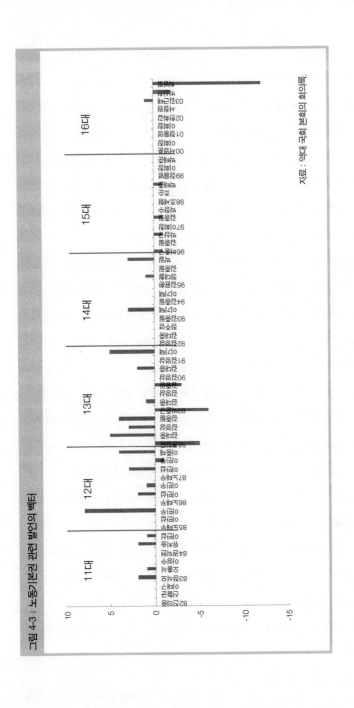

그림 4-3 | 노동기본권 관련 발언의 빈도

자료 : 역대 국회 본회의 회의록.

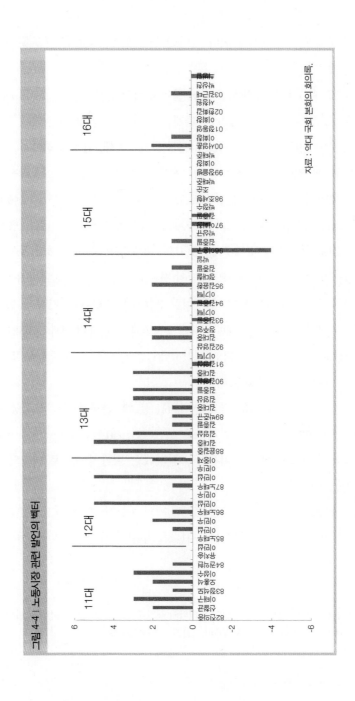

그림 4-4 | 노동시장 관련 발언의 빈도

자료 : 역대 국회 본회의 회의록.

이 문제를 거론하지 않거나 아니면 노사 양측으로부터 균형을 취하려한 것이다.

〈그림 4-4〉는 노동시장 관련 발언의 벡터를 보여 준다. 그 내용은 임금, 근로조건 등 개별적 노사 관계를 중심으로 한 것이다. 역대 국회별로 보면 13대 국회를 경계로 차이가 나타나는데, 결정적 전환의 시점은 1990년이었다. 이전까지 여야는 거의 예외 없이 노동 우호적 입장을 보여 주었다. 즉 노동임금 및 근로조건 개선, 노동자 복지 향상 등에 대한 공약을 제시한 것이다. 그러나 1990년 이후 각 정당의 입장은 상당한 변화를 보인다. 여당의 경우 1990년부터 1997년까지 거의 예외 없이 노동 비판적 입장으로 바뀌었고, 야당의 경우도 노동 우호적 태도는 유지하지만 그 강도는 현저히 약화된다. 이런 경향은 1997년 외환 위기 및 1998년 정권 교체 이후 더 강화된다. 여당(구야권)의 경우 2000년과 2003년을 제외하고는 모두 중립적 태도를 견지했고, 야당(구여권)은 중립적 또는 부정적 태도를 나타내고 있다.

〈그림 4-2〉에서 〈그림 4-4〉까지를 볼 때, 전체적으로 각 정당은 13대 국회까지 노동 우호적 태도를 보였지만, 제14대 국회에서 우호도는 크게 약화되고, 제15대 이후는 중립적 또는 비판적 태도로 역전되는 경향을 보인다.

흥미로운 것은 노동 관련 발언의 벡터 변화가, 〈그림 4-5〉의 '경쟁력' 관련 발언의 빈도와 부의 상관관계를 뚜렷이 보이고 있다는 점이다.[1]

---

1) 경쟁력 발언 빈도와 전체 발언 백터와의 상관계수는 -0.264이며, 경쟁력 발언 빈도와 노동시장 관련 발언 백터와의 상관계수는 -0.526이다.

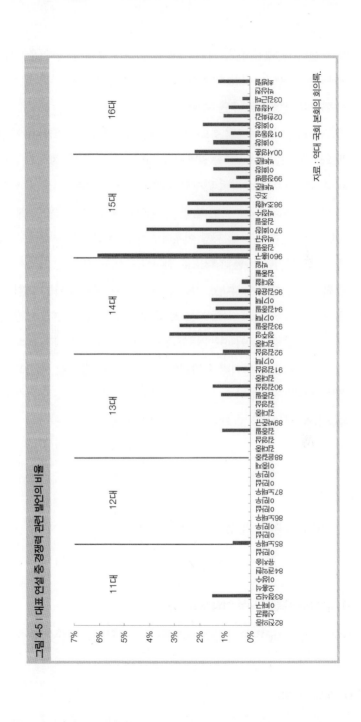

그림 4-5 | 대표 연설 중 정쟁에 관한 언급의 비율

자료 : 역대 국회 본회의 회의록.

국가 경쟁력, 국제경쟁력, 기업 경쟁력 등 경쟁력 관련 발언은 제14대 국회부터 급증했고, 이와 대조적으로 노동 관련 발언은 급속히 중립적 또는 부정적 방향으로 바뀐 것이다.

〈그림 4-2〉에서 〈그림 4-4〉까지의 내용은 한국의 민주화와 관련해 흥미로운 질문을 던져 준다. 일반적으로 민주화 및 민주 정부의 등장은 노동 권익의 보호나 실질적 민주화의 가능성을 내포하는 것으로 해석된다. 그러나 국회의 노동 관련 발언은 그 반대의 경향을 뚜렷이 보여 준다. 민주화나 민주 정부의 등장 이후에 국회는 이전의 노동 우호적 태도에서 중립적이거나 비판적 태도로 전환하고 있는 것이다. 따라서 노동의 관점에서 국회의 이익대표 기능을 볼 때, 절차적 민주화는 오히려 실질적 민주화의 후퇴를 가져온 것으로 해석될 수 있을 것이다. 이러한 변화는 어떻게 설명되어야 하는가. 왜 민주 정부가 등장한 이후 국회의 노동 이익대표 기능은 오히려 후퇴했는가. 우리는 그 대답을, 국회를 둘러싼 정치경제적 지형이나 노동 의제의 변화 등을 배경으로, 구체적 내용 분석을 통해 살펴보고자 한다.

3. 역대 국회의 노동 이익 대표 기능

1) 제11대 국회의 노동 이익 대표 기능

1980년 봄 신군부는, 민주화 운동과 함께 폭발한 노동운동에 대해 대대적 숙정을 단행하면서 민주 노조 운동의 조직적 기반을 거의 완전히 파괴했을 뿐 아니라, 노동3권을 극도로 제한하는 노동관계법 개악을 자행했다.[2] 이에 맞서는 노동운동에는 두 가지 흐름이 존재했다. 그 하나는 군부·재벌을 중심으로 하는 지배 연합의 하위 파트너로 참여해, 대중투쟁에 의존하지 않는 노동조합의 정치trade union politics를 통해 노동자들의 지위를 향상시키고자 했던 한국노총 중심의 제도화된 노동운동이다. 다른 하나는 민주화 운동과 맥을 같이하며 성장해 온 대중투쟁 중심의 민주 노동운동 흐름으로서, 이들은 근로기준법 준수와 함께 자유로운 노동조합 설립, 단체행동권 등 노동기본권의 보장을 요구했다(최영기 외 2001, 13). 제11대 국회는 이러한 두 흐름 중 전자의 요구만을 최소한의 수준에서 반영한 것으로 나타난다.

제11대 국회는 기본적으로 군부 정권을 합리화하는 하위 파트너로 기능했다고 할 수 있다. 애당초 군부 세력에 의해 정치 활동이 허용된 해금자를 중심으로 야당이 결성되었고, 따라서 소위 '제2중대'라고 불리던 온건 야당 세력의 원내 진입만이 허용되었던 것이다. 11대 국회의 이 같은 한계로 말미암아, 노동자들의 이익이나 권리를 대표하는 국회의 기능은 극소화되었다.

먼저 전체적으로 노동 관련 발언의 빈도 자체가, 강경 야당 세력이

---

2) 국가보위비상대책위원회(국보위)에서 개정된 노동법은 기업별노조를 법적으로 강제하고 노조 설립 요건으로서 최저 조합원 수를 법으로 정했으며, 제3자 개입 금지 조항 신설, 노조의 임원 자격 제한, 상부 노조에의 단체교섭 위임 금지, 유니온 샵 제도 폐지 등 노동3권을 극도로 제약했다(공덕수 2000, 210-211).

표 4-2 | 제11대 국회 대표 연설의 노동 관련 내용 정리

		노동기본권 관련	노동시장 관련
1982	민주 정의당 (진의종)	- 불황 극복과 기업 활성화는 근로자의 협조 없이 이루어지지 않는다. …… - 기업 활기 회복은 …… 근로자의 애사심과 근로 의욕 향상이 수반되지 않으면 성과 없어 ……	- 근로자들이 임금 인상 요구를 자제하고, 기업은 순이익 중 5퍼센트 이내에서 근로자 복지 기금을 지원해 주는 제도를 권장 ……
	민주 한국당 (이태구)		- 근로자 임금 인상률 6퍼센트선 억제는 불균형을 심화시키는 요인 …… - 근로자의 실질임금이 마이너스가 되어 왔는데 또 참으라는 것은 무리 ……
	한국 국민당 (신철균)		- 생활고에 더욱 어려움을 겪고 있는 것은 …… 근로 영세민 등 …… - 최저임금제 실시 등 근로자 보호를 강화해야 ……
1983	민정당 (정석모)		
	민한당 (오홍석)	- 바웬사의 기사는 대서특필하면서 왜 우리의 노조 투쟁은 단 한 줄도 비치지 않는가	- 저임금으로 소득 불균형 누적 - 근로자의 반 이상이 생활급 미달
	국민당 (이성수)		- 임금 근로자의 핍박은 경제 부재 - 임금 동결한 것은 생존권을 도외시한 부도덕한 경제정책 ……
1984	민정당 (권익현)		- 배분에 상대적 역점을 두고 …… 근로자 등 …… 중산층 이하 이익 구현에 주력
	민한당 (유치송)	- 노동3권 보장을 위한 노동관계법 개정 ……	
	국민당 (이만섭)	- 근로자를 위한 근로기준법 중 개정안 ……	

출처 : 『제114회 국회 본회의회의록』 제5호(82/10/05) ; 『제119회 국회 본회의회의록』 제8호(83/10/25) ; 『제123회
국회 본회의회의록』 제4호(84/10/05).

원내에 진입했던 제12대 국회와 비교할 때, 현저히 적은 것을 알 수 있
다. 그리고 그 내용에서는 거의 대부분이 저임금 관련 발언들이었다. 노

동 현장의 민주화와 관련된 이슈인 노사 관계 또는 노동관계법 개정 문제는 1983년도까지 단 한 차례도 언급되지 않았다.

집권당인 민정당은 '불황 극복 및 기업 활성화를 위한 근로자의 애사심과 근로 의욕 향상' 및 '근로자의 임금 인상 자제'를 요구해 노동 통제를 강화하는 군부 정권의 정책을 그대로 되풀이했다. 야당의 주장은 임금동결이나 저임금에 대한 비판이 전부였다. 노조 탄압에 대한 비판은 언론통제의 사례로서 단 한 차례 언급되고 있을 뿐이다.

그나마 1983년 말부터 유화 국면이 시작되어 1984년 초 정치 활동 규제자 해금 및 구속 인사 석방 등이 이루어진 뒤인 1984년도 정기국회에서 민한당은 '노동3권 보장을 위한 노동관계법 개정'을, 국민당은 '근로기준법 개정'을 한 차례씩 언급했다.

기본적으로 제11대 국회의 경우, 노동문제가 이슈화되지도 않았으며 법 개정 등 구체적 의제도 없는 상황에서, 야당 측이 노동자들의 생존권과 관련된 최소한의 목소리를 대변하는 데 그쳤다.

2) 제12대 국회의 노동 이익 대표 기능

1985년 2월 12일 총선 결과, 강경 야당인 신한민주당(이하 신민당)은 신당 돌풍을 일으키면서 제1야당으로 부상했고, 이후 민주한국당 소속 의원들이 대거 이적해 옴으로써 103석을 확보한 거대 야당으로 등장했다. 신민당은 원내에서 개헌을 추진했지만, 여당이 거부하자 사회운동 세력과 합세해 가두 투쟁으로 나섰다. 개헌을 위한 민주화운동국민연합이 결성되는 등 제도권 야당과 재야 및 운동 세력과의 '민주화대연합'이 형성되었다.

한편 노동운동 역시 유화 국면의 공간 속에서 1980년대 중반부터 민주 노조 결성 운동이 점차 활기를 띠어 갔다. 이 시기 노동운동의 주된 요구 사항은 근로기준법 준수, 노동조합의 자유로운 결성, 이를 억압하는 각종 노동관계 법령의 개정, 그리고 임금 및 근로조건의 개선 등이었다. 이러한 내용은 1980년 국보위에서 개악한 노동법에 맞서 최소한의 노동 시민권의 회복을 요구한 것이고, 또한 절대적인 저임금 구조의 개선을 요구한 것이라는 점에서 제도권 야당에 의해 수용될 수 있는 수준의 것이었다.

이런 배경 위에서 1987년 6월까지 민주화 연합은 유지되었으며, 제도권 야당은 원내에서 노동운동에 대한 지지 및 법 개정 등을 요구했다. 하지만 여기에는 두 가지 양면적 의미가 담겨 있었다. 첫째, 야당 측이 민주화 연합의 동맹 세력으로서 노동의 요구를 원내에서 대표했다는 점이다. 둘째, 노동 세력이 민주화 연합의 기반인 '절차적 민주주의'의 수준을 넘어서 사회의 실질적 개혁을 요구할 경우 야당의 노동 이익 대표 기능은 철회될 수 있다는 점이다.

이러한 제도권 야당의 이중적 모습은 교섭단체 대표 연설에서 뚜렷이 나타난다. 먼저 6월 항쟁까지 야당은 노동운동을 기본적으로 '생존권 투쟁'이자 '민주화 운동의 일환'으로 규정했다. "노동자들의 생존을 위한 민주화 외침은 민주화 운동의 중요한 일부"인데, 이들이 민주화 운동에 참여하는 것은 "산업사회에서 근로자 권익은 오로지 민주화에 의해서만 확보된다는 점을 인식했고 또한 그들의 문제의 근원을 정권의 비민주성에서 발견"했기 때문이라는 것이다(1985년, 1986년 이민우). 이러한 맥락에서 노동3권, 노동관계 악법 시정, 최저임금제 즉각 실시(1986년 이만섭)

등을 요구했다.

그러나 제도권 야당과 노동의 연대는, 1987년 7~9월 노동자 대투쟁을 계기로 한 민주화 연합의 붕괴와 함께 해체되는 모습을 보여 준다. 7~9월 노동자 대투쟁에 대해 통일민주당은 "민주화로 가는 중대한 시점에서 노사분규가 과격해지고 폭력화될 때 민주화에 역행할 구실을 줄 수 있음을 경고한다"라고 밝힌 뒤 "노동자들의 요구가 비록 정당한 것이라 해도 그 수단과 방법이 폭력적일 때는 그 요구가 관철되거나 용납될 수 없으며 국민의 지지를 받지 못할 것"이라고 자제를 호소했다(최영기 외 2001, 134).

이러한 이중적 태도는 노동법 개정 과정 및 원내 대표 연설 등에서 그대로 나타난다. 1987년 정기국회에 제출된 정부와 민정당의 노동법 개정안 내용은 노동3권을 크게 강화했지만,[3] 3자 개입 금지, 노조의 정치 활동 금지, 복수 노조 금지 등 3금=禁 조항은 그대로 유지한 것이었다(최영기 외 2000, 36-43).

노동관계법 개정과 관련한 각 당의 기본적인 입장은 10월 6일 대표 연설에서 우선 확인할 수 있다. 먼저 민정당(노태우)의 경우, '노동3권의 완전한 보장'을 밝혔지만 '법의 테두리를 벗어난 노사 분쟁', '국법 질서를 무시한 불법, 폭력 행위', '파괴주의자들의 불법행위' 등에서는 엄격히 대처할 것임을 밝혔다. 이는 7~9월 노동자 대투쟁을 주도한 민주 노

---

3) 노동조합 설립 요건 삭제, 유니언 숍 부활, 노동조합 설립 형태 자유화, 노동조합 해산 명령권 삭제 등.

표 4-3 | 제12대 국회 대표 연설의 노동 관련 내용 정리

		노동기본권 관련	임금 및 근로조건 관련
1985	민주 정의당 (노태우)	- 기업가·노동자·정부가 합심해 …… 생산성 향상 및 품질 개선에 심혈을 기울여야 …… - …… 사용자는 근로자 복지 증대 방향으로 양보하고, 근로자는 자신의 일터가 커나가도록 협력해야 ……	- 노사문제도 이러한 시각(저소득층에 대한 정책적 배려)에서 접근되어야 ……
	신한 민주당 (이민우)	- 노동관계법 …… 등 개폐 논의는 고사하고 …… 학원안정법 제정을 기도 …… - …… 노동자들의 생존을 위한 민주화 외침 …… - 근로자 권익은 민주화에 의해 확보된다 …… - 노사 관계 여하에 따라 생활의 질이 좌우된다는 사실을 알게 된 이상, 노사문제에 대한 그들의 관심은 어떤 탄압으로도 말살될 수 없는 것 …… - 조직 노동자의 감소, 노동관계법의 퇴행, 노조 결성 방해 등 전시대적 악습을 되풀이하고 있다. …… - 노동문제를 치안 차원에서 다루려는 정부 당국의 인식을 근본적으로 전환하지 않는다면 …… - 서독의 경우 근로자들이 이사회와 감사에 참여 ……	- 근로자는 저임금 정책에 의해 생존권의 위축을 강요당하는 ……
	한국 국민당 (이만섭)		- …… 근로·노동임금의 철저한 보상으로 ……
1986	민정당 (노태우)	- 근로자의 땀 흘림 속에 경제 호황이 지속될 것으로 예상 - 기업과 근로자의 노력이 결합되어 처음으로 국제수지 흑자 원년을 기록 ……	- 최저임금제를 포함한 7대 국민 복지 정책을 추진하고 있는 것도 경제가 놀랍게 자랐기 때문에 가능해진 ……
	신민당 (이민우)	- 최소한의 인간다운 생활을 보장받기 위해 자신의 권익을 주장했던 근로자들 …… 집시법 위반으로 …… 용공 분자라는 딱지까지 붙어서 구속 ……	
	국민당 (이만섭)	- …… 노동3권 보장을 내용으로 한 근로대중의 권익 확충 등 …… - 노동조합법 등 노동관계 악법을 시정해 근로자의 노동 권익을 보장해야 ……	- 임금노동자의 생존권을 보장해야 - 신성한 노동의 대가가 월 10만 원도 못 미치고 있다는 비인간적인 노동 박해가 지속되어서는 안 된다.

			- 정부가 1988년에 실시하겠다고 한 최저임금제를 내년 초부터 실시 ……
1987	민정당 (노태우)	- 근로자의 노동3권을 완전히 보장해 줄 것을 제의해 왔으며, 합의 개헌안에 반영 …… - 근로자의 지위 향상과 권익을 보장해 산업 민주화를 이룩하는 법 개정 작업이 여야 합의로 이루어질 것 - 노동조합 설립이 자유롭게 확대되어 노사가 대등한 협상력을 갖게 되어 분쟁의 자율적 해결이 가능해질 것 - 법의 테두리를 벗어난 노사 분쟁, 특히 국법 질서를 무시하는 불법, 폭력 행위에 대해 엄격히 대처 …… - 파괴주의자들의 불법행위 묵인하면서 지지를 호소할 수 없어 ……	- 근로자들의 복지 향상을 위해서도 우리는 보다 더 많은 노력을 기울여야 ……
	통일 민주당 (이중재)	- 노동쟁의 폭발은 정부의 노동자 탄압 정책의 필연적 결과 …… - 어용 노조 해체시키고 노동조합원이 자기 대표를 직선제로 뽑을 수 있도록 해주면 해결 ……	- 노동자들의 …… 생존권 보장을 위해 정부가 소임을 다해야 - 정부가 가이드라인을 만들어 임금 인상을 억제해 왔다. - 적정 임금선을 제시했더라면 노동쟁의는 수습될 수 있었을 것 ……
	신민당 (이민우)	- 과격한 노사분규나 급진적 혁신 논리에 대해 불안감 …… - 폭력적 노사분규나 자생적 공산주의자 출현은 사회구조적 모순에서 비롯	- 1천만 근로자 …… 가지지 못한 사람들이 사회·경제적 불평등에 대해 시정을 요구하는 것은 당연한 일
	국민당 (이만섭)	- 노동자의 …… 상대적 박탈감과 사회적 불만이 축적되어 집단행동으로 분출 …… - 노동문제 근원은 최악 노동조건, 최장 노동시간, 최저 노동임금 …… - 노사관계법을 개악해 단결권 박탈, 3자 개입 금지시켜 근로자의 사회적 고립을 획책하는 등 노동에 대한 억압정책을 자행 - 근로자의 노동3권을 완전히 보장할 수 있도록 제도 개선 ……	- 근로자 계층의 …… 인간적 생존권이 보장되지 못하고 …… 자유민주주의의 우월성에 대한 신념을 어떻게 기대할 수 있는가…… - 노동의 일방적 희생 …… 부의 정당성이 불신당해 …… 사유재산 제도마저 도전 받고 있어 ……

출처 : 『제128회 국회 본회의회의록』 제4호(85/10/14) ; 『제131회 국회 본회의회의록』 제5호(86/10/10) ; 『제137회 국회 본회의회의록』 제4호(87/10/06).

조 진영을 새로운 노동법의 수혜 대상에서 배제할 것임을 분명히 한 것이다.

흥미로운 것은 신한민주당(이민우)의 태도다.[4] 이민우는 노골적으로 민주 노조 진영을 '자생적 공산주의자 출현'으로 묘사하는 등 당시 보수 진영에서 동원한 색깔론과 같은 논지를 폈다. 한편 통일민주당(이중재)은 노동쟁의 폭발이 정부의 노동자 탄압 정책의 필연적 결과라고 비판하면서, 어용 노조 해체 및 노조 대표 직선제라는 노조 민주화를 대안으로 제시했다. 한국국민당(이만섭)은 노동3권의 완전한 보장을 대안으로 제시하고 있다. 대표 연설만으로 볼 때, 통일민주당, 한국국민당, 신한민주당 순으로 노동계의 요구를 대변했음을 알 수 있다.

결국 10월 30일 국회 본회의에서 통과된 개정 노동 관련법에서 노동 기본권 침해 조항은 상당 부분 시정되었지만,[5] 정부 여당에서 반대했던 핵심 내용 즉, 3금 조항 및 공익사업 직권중재 조항 등은 그래도 유지되었다.

3금 조항과 관련해, 한국국민당은 정치 활동 금지 조항 폐지, 통일민주당은 3금 조항 모두의 폐지, 민정당은 3금 조항 유지 입장이었음을 고려할 때,[6] 핵심 내용에서 야당의 입장은 전혀 반영되지 않았던 것이다.

---

4) 당시 신한민주당은, 내각제를 통한 권위주의 세력과의 타협을 모색한 소위 '이민우 파동'의 여파로 강경 야당 세력이 통일민주당으로 이당(離黨)해 감으로써 20여 석의 소수 야당으로 전락한 상태였다.
5) 노동조합 설립 형태 자유화, 노조 설립 요건 규제 완화, 노조에 대한 행정관청의 간섭 제한, 단체교섭 위임 절차 간소화, 유니언 숍의 허용 등이 그것이다.
6) 『제137회 국회 보건사회위원회회의록』 제8호(87/10/22), 2-11쪽.

더욱이 심의 과정에서 복수 노조 금지 조항은 의제에서 배제되었을 뿐 아니라[7] 오히려 개악되었다. 즉, 구법의 경우 '기존 노조의 정상적 운영을 방해하는 것을 목적으로 하는 경우' 노조 설립을 금지한다고 되어 있어 이론상 제2노조의 출현이 가능한 것으로 해석될 수 있었지만, 개정법에서는 '기존 노조와의 조직 대상이 같은 경우'에 제2노조를 설립할 수 없게 함으로써, 민주 노조의 배제 및 한국노총의 유일 체제를 더욱 굳혀 주는 결과가 된 것이다(최영기 외 2000, 49).

결국 1987년 개정 노동법에서 노동조합 활동과 근로조건의 부분적 개선은 이루어졌지만 그 대상에서 민주 노조 진영은 철저히 배제되었다. 노동3권은 복원되었지만 그 수혜 대상은 그동안 권위주의적 노동 통제의 협조자였던 한국노총계 노동 진영으로 한정된 것이다.

권위주의 체제로부터의 민주화란 무엇보다 권위주의 체제에 의해 시민권을 박탈당했던 사회 세력들이 제도권 내 합법적 조직으로 수용되는 것—노동에 있어서는 민주 노조의 합법화—을 의미한다고 할 수 있다. '복수 노조 금지' 조항이 유지된 1987년 개정 노동법은 명백히 이에 반하는 것이었다. 결국 1987년 노동법 체계는 본질적으로 권위주의적 노동 통제 체제의 연장이라고 할 수 있을 것이다.

---

7) 통일민주당은 자당이 제출한 노동조합법 개정안에 복수 노조 금지 조항 폐지를 포함시켰지만 제안 설명에서는 이 부분에 대해 언급하지 않았다. 또한 법안심사소위 보고에서도, 민주당 측은 소수 의견으로서 정치 활동 금지 조항과 제3자 개입 금지 조항이 삭제되는 것이 바람직하다는 것을 밝혔지만, 복수 노조 금지 조항에 대해서는 언급하지 않았다. 『제137회 국회 보건사회위원회회의록』 제10호(87/10/28), 3쪽.

1987년 노동법 개정 과정은, 보수정당에 의해 노동의 이익이 대표되는 것의 한계를 뚜렷이 보여 주는 사례였다. 민주화운동연합을 형성했던 야당은 민주 노조 진영이 주도했던 7~9월 노동자 대투쟁에 대한 지지를 철회했듯이, 국회에서의 노동법 개정 과정에서도 이들을 체제 내로 수용하는 것을 거부했다. 정치권력을 둘러싼 경쟁은 허용되지만 권력 경쟁의 주체는 여전히 보수 여당과 야당으로 국한되면서 새로운 세력의 의회 진출이 봉쇄되었던 한국의 보수적 민주화의 특징이 노동 분야에서 그대로 재현된 것이라 할 수 있다.

3) 제13대 국회의 노동 이익 대표 기능

제13대 국회는 1990년 2월 3당 합당을 경계로 전반기의 '개혁'과 후반기의 '반동'이라는 상반된 두 모습을 뚜렷이 보여 준다.

제13대 국회 전반기를 규정한 것은 1988년 4월 26일 제13대 총선이 낳은 여소야대의 정치 지형이었다. 전반기 원내 세력 분포에서 또 하나 지적할 것은 평화민주당(이하 평민당)이 제1야당의 지위를 점한 것이다. 가장 개혁적인 평민당이 제1야당의 지위를 차지한 것은 13대 국회에서 개혁 의제를 추진해 가는 추동력이 되었다고 할 수 있다.

다른 한편 제13대 국회 전반기에 해당하는 1988년과 1989년은 가장 활발한 노동의 조직화가 전개된 시기다. 〈그림 4-6〉에서 보듯이 1988년도 및 1989년도는 조합 수 및 조합원 수에서 급격한 증가를 보여 준다. 사상 최대 규모의 조직 확장이며, 노조는 강력한 교섭력을 발휘하면서 임금 및 근로조건 개선을 요구했고, 아직 이를 협상 파트너로 인정하

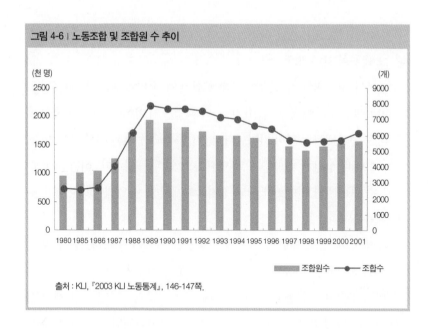

그림 4-6 | 노동조합 및 조합원 수 추이

출처 : KLI, 『2003 KLI 노동통계』, 146-147쪽.

지 않는 사측과의 대립으로 파업 및 대규모 분규가 이어졌다.

이 시기 노동과 관련한 핵심 쟁점의 하나는 1988년 총선 이후 전개된 노동법 개정 투쟁이었다(최영기 외 2001, 17-18). 1987년 개정 노동법에서 완전히 배제되었던 민주 노조 진영은 대중투쟁 운동 방식을 통해 야당 측에 대해 복수 노조 허용 등을 포함한 노동법 개정을 강력히 촉구했다.[8] 다른 한편 여소야대의 국회는 '5공 청문회' 등 5공 청산 작업을

---

8) 민주 노조 진영의 요구를 가장 적극적으로 수용한 것은 평민당이었고, 미온적 태도를 보인 민주당에 대해서는 1988년 11월 28일 민주당사 점거 농성을 통해 노동법 개정안 제출을 약속받기도 했다.

추진하면서 그 일환으로 각종 악법의 개폐를 추진했는데, 노동 관련법은 그 핵심의 하나였다.

노동문제에 대한 각 정당의 구체적 입장은 각 당이 제출한 개별 노동 관련법 개정안을 통해 알 수 있지만, 기본 입장의 차이는 1988년 정기국회 대표 연설에서 뚜렷이 나타난다. 먼저 주목되는 것은 여야 모두 노동문제에 대해 상당한 비중을 두고 언급하고 있다는 점이다. 이는 노동문제가 주요 의제였으며 또한 당면 정기국회에서 다룰 입법 현안이었음을 반영한다.

하지만 야3당의 전반적 기조에는 상당한 차이가 있었다. 먼저 평민당(김대중)은 핵심 쟁점이었던 복수 노조 문제에 대해 명시적으로 허용 입장을 천명했다. 또한 서구 민주주의 국가 수준의 노동관계법 개정을 요구했다. 이에 비해 통일민주당(김영삼)은 '노동관계법의 민주적 개정을 통한 노사 공동체' 형성 등을 강조했다. 한편 공화당(김종필)은 노동3권의 보장, 노사가 가족처럼 화합하는 한국적 노사 관계 정립 등을 강조했다. 핵심 의제에 대해 평민당은 분명한 입장을 천명한 반면, 통일민주당은 원론적 입장을 표명했고, 이에 반해 공화당은 노동문제에 대한 보수적 입장에서 벗어나지 못한 것으로 보인다.

한편 민정당(윤길중)은 '노동3권의 보장으로 노사 자치를 통한 산업민주주의' 달성을 기본 입장으로 천명했지만, 복수 노조 및 3자 개입 문제에 대해서는 개정 불가 입장을 천명했다. 대신 민정당은 최저임금제의 전면적 확대, 근로자 재산 형성 제도, 근로자의 중산층화, 노동복지법 개정 등 복지 측면의 개선안을 제시했다. 3저 호황의 정점에 있었던 당시 경제 상황을 반영하는 동시에, 온건 노동 세력에 대해서는 물질적 유인을 통한 체제 내화를, 강경 노조 세력에 대해서는 배제라는 이중 전략을 보여 주고 있다.

이상과 같은 분위기 속에서 1989년 3월 9일 본회의에서 노동쟁의조정법과 근로기준법은 만장일치로, 노동조합법은 야3당 주도에 의해 표결 처리로 각각 통과되었다(최영기 외 2000, 73-78).

노동 관련법 개정 과정에서 핵심 쟁점이 되었던 것은 3금 조항을 비롯해 교원·공무원 단결권, 쟁의 제한 규정 등이었다. 특히 야3당 간에도 이견이 있었던 것은 3금 조항이었는데, 평민당은 3금 조항 모두의 폐지(복수 노조 전면 허용), 민주당은 상급 단체 복수 노조 허용, 공화당은 복수 노조 금지 유지 등을 제안했다. 결국 야3당 단일안으로 국회를 통과한 개정안은 공화당안에 가장 가까운, 복수 노조 금지, 정치 활동 금지 삭제, 제3자 개입 사전 승인 등을 내용으로 하는 것이었다(최영기 외 2000, 78).

한편 정부 및 민정당은 노동조합법 개정에 대해 강력히 반대했다. 따라서 개정안에 대한 대통령의 거부권 행사가 일찍부터 예견되었던 상황에서, 3월 24일 대통령은 노동조합법과 노동쟁의조정법 개정안에 대해 거부권을 행사했다.

제13대 국회 역시 여소야대의 유리한 정치 지형에도 불구하고, 복수 노조 허용에 대한 합의를 도출하는 데 실패했다는 점에서 기본적 한계를 보여 준다. 야3당 단일안을 보면 가장 보수적이었던 공화당의 안에 가장 근접하는 것이었다. 야당 내 보수주의의 벽에 의해 일차로 봉쇄당한 노동관계법 개혁 시도는 행정부 권력의 벽에 부딪혀 결국 무위로 끝나고 말았다.

여소야대 상황에서 야당 주도에 의한 노동관계법 개정 시도가 좌절된 이후, 야당 측은 노동문제를 다시 개혁 의제로 제시하지 않았다. 다른 한편 정부 측에서도 1989년도에 노동관계법 개정과 관련된 어떠한 움직임도 없었다. 따라서 1989년 정기국회에서 노동문제는 입법 현안으로 제시되지 않았다.

그러나 〈그림 4-1〉에서 보듯이 1989년 정기국회 대표 연설에서 노동에 대한 언급 횟수는 역대 어느 국회보다 많았다. 이는 민주화 이후 강화된 노동운동이, 1989년 봄부터 시작된 소위 '공안정국'과 맞물리면서 격렬한 사회적 갈등을 야기했던 당시 상황을 반영했다. 1989년 들어 노태우 정부는 6공 이후 견지해 온 노사 자율 교섭 원칙을 포기하고 노동운동에 대한 탄압을 강화했고, 이에 맞서 노동자들은 더욱 조직적이고 투쟁적인 임투를 전개했다. 〈그림 4-7〉 및 〈표 4-1〉에서 보듯이 1989년 노사분규 건수는 전년에 비해 줄었지만 참가자 수에서는 앞서며, 노동 손실 일수에서는 거의 1987년 수준에 육박했다.

이러한 격렬한 사회 갈등 상황에서 각 정당의 입장은 크게 대립되었다. 먼저 민정당(박준규)은 노동운동을 강하게 비판했다. '불법 농성, 폭력, 파괴 행위, 제3자 개입' 등에 대해 법질서 차원에서 강력히 대응할 것을 천명하고 있으며, 특히 노사분규와 임금 급등으로 인해 생산과 수출 둔화, 투자 의욕 저하 등이 초래되고 있다고 비판했다. 강화된 노동 조직을 바탕으로 임투에서 노동 진영이 확보한 임금 인상에 대해 당시 집권층은 경제 위기론을 동원하면서 이념적 공세를 강화한 것이다.

이에 비해 야당의 경우, 적극적인 제도 개선보다는 공안정국이나 강경 진압을 비판하는 데 초점을 맞추었다. 평민당(김대중)의 경우 공안정국을 비판하면서 '노동자가 결코 과격한 사람이 아니'라는 방어적 입장

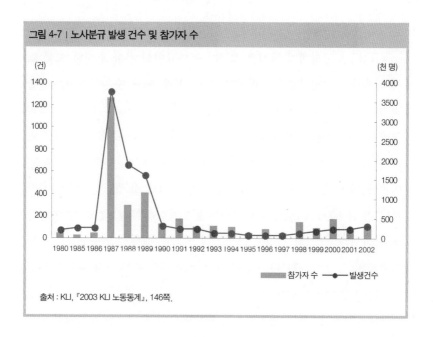

그림 4-7 | 노사분규 발생 건수 및 참가자 수

출처 : KLI, 『2003 KLI 노동통계』, 146쪽.

에 치중하고 있고, 통일민주당(김영삼)의 경우 치안 유지 차원에서의 노동문제 해결 등을 비판하고 있다. 다른 한편 평민당의 경우 '평화민주당이 과격 세력의 대두를 막고 있다'고 언급하거나, 통일민주당의 경우 노동자들에 대해 평화적 방법을 요구하는 등 '과격 세력'과 자당을 구분하려는 양면적 모습도 보이고 있다. 한편 공화당의 경우 노사 갈등으로 인한 국제경쟁력 약화를 지적함으로써 집권층의 이념 공세를 그대로 따르고 있다.

13대 국회 후반기는 1990년 2월 16일 3당 합당으로 인해 정치 지형이 근본적으로 변한 환경에서 시작되었다. 집권 세력은 범보수 세력 연합을 구성함으로써 정치적 힘의 관계를 극적으로 반전시켰고, 이러한 정국 구도의 변화는 노동정책에도 그대로 투영되었다.

이시기 노동정책의 특징은, 임금가이드라인의 부활에 의한 임금 억제 정책과 전투적이고 비타협적인 노동운동을 와해·순치시키려는 강압적이고 공세적인 노동 통제 정책으로 정리된다. 1990년대부터 시작된 경기후퇴 과정에서 '경제 위기론'과 함께, 전투적 노동운동과 급격한 임금 인상이 한국 경제의 체질을 약화시키는 주범이라는 인식이 재계 및 언론에 의해 확산되자 정부는 강력한 임금 억제 정책을 전개하기 시작했다. 또한 1990년 1월 출범한 전국노동조합협의회(전노협)에 대한 탄압을 강화했다. 국가의 강경한 반노동적 정책과 전투적 노동조합이 격돌함으로써 그 어느 때보다도 많은 구속 노동자와 수배 노동자가 발생했다(최영기 외 2001, 288-89).

한편 1990년대부터 재계의 노동시장 유연화 요구가 구체화되기 시작했는데, 3당 통합으로 정치적 기반을 강화한 정부는 '노동시장 유연화를 통한 국가 경쟁력 강화'를 목표로 하는 노사 관계 개혁을 시도하게 된다. 이런 점에서 1990년부터 시작된 정부의 노동법 개정 시도는 1988~89년의 노동법 개정과는 그 기본 지향을 달리하는 것이었다(최영기 외 2000, 117-121). 1989년까지 재계 및 정부가 노사 관계 민주화에 대한 노동계의 요구에 밀리는 상황이었다면, 1990년부터는 노동시장 유연화 이슈가 노사 관계 개혁의 핵심 의제로 부상함에 따라 재계 및 정부가 주도권을 잡고 노동계가 저항하는 구도로 상황이 역전된 것이다.

이상과 같은 정치 상황의 변화 및 그에 따른 노동 정치의 지형 변화는 1990년 정기국회에 그대로 반영되었다. 1990년 정기국회 교섭단체 대표 연설 내용을 볼 때, 가장 눈에 띄는 특징은 여당 측이 과도한 임금

표 4-4 | 제13대 국회 대표 연설의 노동 관련 내용 정리

		노동기본권 관련	임금 및 근로조건 관련
1988	민주 정의당 (윤길중)	- 노동3권 보장 …… 노사 자치 통한 산업민주주의 - 복수 노조 인정 경우 …… 노사 관계 혼란 극에 …… - 제3자 개입은 정상적 노사 교섭 불가능하게 …… 분규 장기화 우려 - 일부 극렬 세력과 극좌 학생들의 개입으로 노사 교섭에서 불법 파괴 행위까지 일어난 ……	- 근로자 중산층화 실현 위해 사내 복지 기금법, 기능 장려법 …… 고용 촉진 사업 …… 산업 재해자의 보호 …… 노동복지법의 개정 추진 - 1일 8시간 근무 제도의 정착, 영세 사업장 근로자의 법적 보호 확대 …… - 최저임금제도 전면적인 적용 확대, 남녀고용평등법 이행 …… 근로자 재산 형성 제도 확충 ……
	평화 민주당 (김대중)	- 노동관계법은 서구 민주국가 정도의 자유와 권리를 보장해야 - 복수 노조 결성의 자유를 주어야	- 노동자를 정당하게 대우하는 것은 경제의 건전한 발전을 위해서도 필요 - 노동시간이 세계 제1위
	통일 민주당 (김영삼)	-전근대적 권위주의적 노사 관계는 청산되어야. - 노동관계법 민주적 개정 …… 노사 공동체 이루어야	- 원가 상승 이유로 저임금 합리화 안 돼 …… - 노동자 …… 등 소외 계층 보호를 통해 사회 형평 ……
	신민주 공화당 (김종필)	- 해직 근로자 복직 - 노동3권의 보장과 기업 윤리에 입각한 노사 관계 …… 한국적 노사 관계를 발전 ……	
1989	민정당 (박준규)	- 건전한 노동운동과 적정 수준의 임금 인상 - 노동운동 …… 법 테두리 내에서 발전될 수 있도록 지원 …… 불법 농성, 폭력, 파괴 행위, 제3자 개입 …… 법질서 차원에서 강력 대응 …… - 노사분규와 임금의 급등 …… 등으로 생산과 수출 둔화, 투자 의욕 저하 …… - 교원 노조 문제는 …… 교육의 정치화, 이데올로기화라는 의미에서 절대 용납할 수 없는 ……	- 최저임금제 …… 등을 사회복지 제도의 확대로 중산층을 두텁게 하는 데 …… - 근로 계층이 내 집 마련의 꿈을 이룰 수 있도록 주택 금융 제도를 반드시 이룩 …… - …… 교원의 처우 개선이 시급 ……
	평민당 (김대중)	- 공안정국을 조성 …… 노동자 …… 감옥에 넣어 - 노동의 절대다수는 과격한 사람 아니다. - 인간다운 대접, 노사 대등한 대접, 생존권 보장을 바라고 있다. - 평화민주당이 …… 노동자 농민 도시 서민 등의 소외된 계층을 대변 …… 과격	- 1천만 노동자의 1년 치 봉급을 이 사람들(대규모 토지 소유자)은 불로소득으로 벌고 ……

		세력의 대두를 막아	

	통일
	민주당
	(김영삼)
		- 노사문제를 치안 유지적 차원에서 ……
		  해결하려는 권위주의적 접근 방법을
		  버려야
		- 노동자들 …… 평화적 방법으로 요구
		  주장해야
		- 노사관계법 민주적 개정
		- 교원 단결권과 단체교섭권 보장하는
		  교원관계법 조속 통과, 교직 박탈당한
		  교사 복직 ……
			- 노동자 …… 생존권 …… 확보하지
			  못하고
			- 노동자에 대한 적정 임금 보장 ……
			  시급한 문제

	신민주
	공화당
	(김종필)
		- 노사 갈등과 분규 격화되어 ……
		  국제경쟁력 약화
		- 기업의 투자 의욕 …… 근로 의욕 등
		  고취되어야
		- 바람직한 노사 관계 창출
		- 교원 노조 결성은 수용하기 어렵다. ……
		  교육 개혁책은 받아들여 교육 풍토와
		  교육 환경 개선 ……
			- 임금 인상만이 아니라, 노동조건의
			  개선과 근로자의 주택, 후생 등
			  종합적이고 다각적인 대책이 필요

1990	민자당
	(김영삼)
		- 사용자와 노동자 …… 화합과 균형
		- 노사 안정을 통해 생산성을 높이고 ……
			- …… 임금 인상 …… 등은 기업 투자
			  의욕 상실시키면서 …… 성장 잠재력을
			  훼손

	평민당
	(김대중)
		- 노동자의 자발적인 협력 …… 노사
		  관계가 대등한 입장에서 원만히
		  해결되어야.
		- 노동관계법의 민주적 개정
			- 임금 인상으로 물가 앙등된다는 정부
			  주장은 거짓
			- 노사 간 분배의 불공정

1991	민자당
	(김영삼)
			- 근로자들은 …… 허례 의식과 과소비를
			  일삼는 ……
			- …… 과소비, 사치, 낭비 풍조와 근로
			  의욕 감퇴 등 ……
			- …… 근로 의욕의 감퇴 등 우려할 만한
			  현상 ……

	민주당
	(이기택)
		- 노동문제 …… 5공 답습 ……
		  블랙리스트 작성 배포
		- 총액임금제 도입 등 사용자 측의
		  의견만을 반영한 노동관계법 개정에
		  정부가 앞장서 ……
		- 제3자 개입 금지, 노조의 정치 활동 금지,
		  복수 노조의 금지 조항 등 독소 조항
		  폐지 ……	

출처:「제144회 국회 본회의 회의록」제5호(88/10/25), 제6호(88/10/26);「제147회 국회 본회의 회의록」제4호 (89/10/11), 제5호(89/10/12);「제151회 국회 본회의 회의록」제11호 (90/11/22), 제12호(90/11/23);「제 156회 국회 본회의 회의록」제3호(91/10/07), 제4호(91/10/08).

인상의 부작용을 비판하면서 노동 기율을 적극 강조하고 나선 점이다. 1989년까지만 해도 여당은 노사 관계에 있어서는 불법 파업 등을 비판했지만, 임금 및 근로조건 등과 관련해서는 지속적으로 임금 인상 및 복지 확충 등을 제시했다. 물질적 유인을 통해 온건 노동 세력을 체제 내화하려는 전략이었다고 할 수 있다.

그러나 1990년부터 이런 기조는 변화되었다. 민자당(김영삼)은 1990년 대표 연설에서 임금 인상이 기업 투자 의욕을 상실시키고 성장 잠재력을 훼손시키고 있다고 비판했다. 특히 1991년 대표 연설에서는 '근로자들의 허례허식과 과소비, 사회 기강 해이, 사치 낭비 풍조, 근로 의욕의 감퇴' 등을 지적하면서 그 비판의 강도를 높였다.

3당 합당이라는 범보수연합에서 배제된 평민당은, 정부 및 재계의 공세 앞에서 수세적 방어의 자세로 전환했다. 평민당(김대중)은 1990년 대표 연설에서 '임금 인상으로 물가가 앙등된다는 정부의 주장은 거짓'이라는 지적과 함께, 노사 관계에 있어서도 '노동자들의 자발적 협력으로 노사 관계가 원만히 해결될 것' 등을 촉구했을 뿐이다.

한편 평민당, 재야, 꼬마 민주당 세력의 연합으로 탄생한 민주당은 1991년 대표 연설(이기택)에서, '정부가 블랙리스트 작성 등 5공의 구태를 답습하고 있으며 총액임금제 등 사용자 측의 의견만을 반영해 노동관계법을 개악하려 한다'라고 정부의 노동정책을 강하게 비판했다. 그리고 3금 조항의 폐지를 골자로 한 노동관계법 개정을 추진해 나갈 것임을 밝혔다. 이러한 강경 태도는, 재야 세력 등과의 연합에 따른 투쟁성의 강화 등이 배경이 된 것으로 보인다.

4) 제14대 국회의 노동 이익 대표 기능

임기 말의 노태우 정부는 1992년 초부터 노동관계법연구위를 구성해 노동관계법 개정 작업을 추진했지만 불발로 끝나게 된다. 따라서 1992년 말 정기국회에서 노동문제가 현안은 아니었다.

1992년 정기국회는 원내 의제보다는 연말 대선에 초점이 맞추어져 있었고, 이에 따라 각 당의 대선 주자 3인이 대표 연설에 나섰다. 따라서 그 내용은 통상적인 대표 연설과는 달리 사실상 대선 공약으로 구성되어 있다. 이 점에서 대표 연설은 당시 각 당이 전체 국정 과제 중에서 노동의 비중을 어떻게 생각했는지, 그리고 전체 선거 전략 차원에서 노동문제에 어떻게 접근하고 있었는지를 보여 주는 좋은 자료가 된다.

먼저 민자당의 김영삼 대표는, 권위와 질서 붕괴, 과소비와 사치, 경제 침체 등을 거론하면서 '한국병' 치유 및 '신한국' 건설을 국정 목표로 제시했다. 이러한 구도 속에서 노동문제에 대해서는 '공직자·근로자·기업인·농어민 모두가 참여하는 의식 개혁 운동 전개'를 언급한 것이 유일하다. 1990년대 이후 여당에서 강조해 온 노동 기율 강조와 동일한 맥락이다.

한편 민주당(김대중)의 경우, '노사 공생 공영 체제', '노사 자발적 협조를 통한 산업 평화' 등을 공약으로 제시했다. 노동관계법 개정을 구체적으로 요구했던 1991년 정기국회의 대표 연설과는 판이하게 다른 내용이었다. 이는 대선을 앞둔 뉴DJ플랜의 일환으로 해석된다. 한편 통일국민당(정주영)의 경우 노동문제에 대한 구체적 언급은 전혀 없었다. 흥미로운 것은 자신이 '건설 현장, 하역 부두, 광산 등 노동판이란 노동판은 안 거친 곳이 없는' 노동자 출신임을 언급하면서 이들의 어려움을 알고 있음을 강조한 점이다. 대선을 앞둔 시점의 대표 연설에서 노동 이슈가 배제되는 현상은 1997년과 2002년에도 동일하게 나타난다.

1993년 한국병 치유를 통한 신한국 건설을 내세우면서 출범한 김영삼 정부의 화두는 경제 회생 및 국가 경쟁력 강화였다. 이를 위해 정부는 노동시장 유연화를 위한 조치로서, 1993년부터 변형 근로시간제, 정리 해고제, 파견 근로제 관철을 위한 노동법 개정을 지속적으로 시도했다. 다른 한편 정부는 그 반대급부로서 민주 노조 인정 및 복수 노조 허용을 검토하기 시작했는데, 이에 따른 정부 내 보수파 및 재계의 반발은 정부 주도의 노동법 개정 작업을 지연시키는 결과를 가져왔다(최영기 외 2000, 207-210, 229).

다른 한편 노동계는 정치 활동 보장, 제3자 개입 금지 철폐, 교원과 공무원의 단결권 등을 주장했고, 민주 노조 진영은 전국적 단일 조직 결성(1995년 11월 전국민주노동조합연맹)으로 나아가면서 복수 노조 허용을 지속적으로 요구했다.

제14대 국회 임기 말인 1995년까지 정부의 노동관계법 개정 시도는 지속되었지만 개정안이 입안되어 국회에 제출되지는 못했다. 따라서 제14대 국회에서 노동문제는 구체적 입법 의제는 아니었다. 그러나 경제 위기 등과 관련한 가장 중요한 현안으로 지속적으로 부각되었다.

노동문제에 대한 각 당의 입장을 대표 연설을 통해 살펴보면, 우선 이전과 비교해 가장 눈에 띠는 특징은 여야 모두 국가 경쟁력(또는 국제 경쟁력, 기업 경쟁력 등)에 대해 공통적으로 강조하고 있다는 점이다. 〈그림 4-5〉에서 보듯이 '경쟁력' 담론은 1980년대 말부터 1992년까지 주로 여당 및 일부 보수 야당(공화당, 통일국민당)에 의해 간헐적으로 언급되었

표 4-5 | 제14대 국회 대표 연설의 노동 관련 내용 정리

		노동기본권 관련	임금 및 근로조건 관련
1992	민자당 (김영삼)	- 공직자·근로자·기업인·농어민 모두 참여하는 의식 개혁 운동	
	민주당 (김대중)	- 노사 공생 공영 체제 실현 - 노사 자발적 협력 통해 산업 평화	- 근로 소득자 세율 최고 30퍼센트로 감세 - 근로 여성을 위해 …… 탁아 시설 확충
	통일 국민당 (정주영)		- 근로자의 불공평한 세 부담 대폭 줄이도록 …… - …… 공업지역 근로자 복지 운동 등 ……
1993	민자당 (김종필)	- 노동자는 지난 노사관에서 벗어나 산업 역군으로서 자부와 긍지를 가져야 …… - 경제적 어려움 …… 노사 대결할 여유 없어 …… 성장에 저해될 일은 억제해야 - 국제경쟁력 없으면 사용자도 노동자도 존재할 수 없어 ……	
	민주당 (이기택)	- …… 노동법 처리가 …… 지연된다면 정부의 개혁 의지는 중대한 도전에 직면하게 될 것 - 불안정한 노사 관계 …… 등 경제의 전 부분이 경쟁력을 상실 - 민주적 노사 관계 정립은 경영 혁신의 핵심 - 노동의 민주적 경제 참여 없이 국가 경쟁력 회복 기대할 수 없어 ……	
1994	민자당 (김종필)	- 노사 안정이 이룩되어야 - 임금 …… 등 물가 불안을 조장하는 요인이 너무나 많아 ……	
	민주당 (이기택)	- …… 불안정한 노사 관계 …… 어떻게 국가 경쟁력이 강화될 수 있다고 판단 …… - 선진적 노사 관계 정립을 위한 노동관계법 개정	
1995	민자당 (김윤환)		- 근로소득세 …… 세 부담 경감 - 여성 근로 여건 개선
	새정치	- 정부는 국제노동기구 수준의 노동법	- 근로자들 …… 월급봉투 ……

국민회의 (정대철)	개정조차 거부하고 있다. - 분배 구조 왜곡에 따른 노사분규 확대 …… 엄청난 혼란과 좌절에 빠지게 될 것	배신감과 무력감 …… - 근로자들은 …… 다른 소득자에 비해 훨씬 높은 비율의 세 부담
자유 민주연합 (김종필)		- 근로소득에 대한 우대 원칙
민주당 (박 일)	- 해고 노동자들에게 자유를 주고 직장을 되돌려주는 것은 문민정부의 책무 - 근로관계법을 포함하여 …… 악법들을 하루속히 개폐 - 근로자파견법에 대해 반대	- 농어민 …… 정책에 힘을 쏟아야 - 물가 잡지 못하면 …… 노동자 소득 올라도 도움이 되지 않아 ……

출처 : 『제159회 국회 본회의 회의록』 제5호(92/10/13), 제6호(92/10/14), 제7호(92/10/15) ; 『제165회 국회 본회의
회의록』 제7호(93/10/26), 제8호(93/10/27) ; 『제170회 국회 본회의 회의록』 제5호(94/10/19), 제6호
(94/10/20) ; 『제177회 국회 본회의 회의록』 제4호(95/10/17), 제5호(95/10/18).

지만, 1993년 이후는 여야 구분 없이 대표 연설에서 높은 빈도로 등장하고 있다. 이는 경쟁력 담론이 정치권 전체의 지배 담론이 되었음을 의미한다. 그리고 그 영향권하에서 여야는 모두 노사 관계의 안정을 강조하게 된다. 다만 차이가 있다면 여당의 경우 노사 관계 안정을 위해 노동자가 협력할 것을 촉구하는 반면, 야당은 노사 관계 개혁을 미루는 정부를 비판하고 있는 정도다.

또 하나 주목되는 것은, 임금이나 노동자 복지에 대한 우호적 언급이 여당은 물론 야당으로부터도 사라지고 있다는 점이다. 〈그림 4-4〉에서 보면 야당의 경우 여전히 노동 우호적 입장을 취하고 있는 것으로 나타나지만, 그 내용은 대부분 근로소득세에 관한 것으로서, 블루칼라가 아닌 화이트칼라 대상의 공약이라 할 수 있다.

1993년부터 95년까지의 대표 연설 내용을 구체적으로 보면, 우선 민자당의 경우 국제경쟁력에 대한 강조, 노동자들이 산업 역군으로서의

자부심을 가질 것(1993년 김종필), 어려운 경제 상황에서 성장에 저해될 일은 억제해야 한다는 것, 임금이 물가 불안을 야기하고 있다는 지적(1994년 김종필) 등이 주 내용을 이룬다. 1995년도 대표 연설(김윤환)의 경우, 노동문제는 한 마디도 언급되지 않았다.

민주당(1993년 이기택)의 경우, 불안정한 노사 관계가 국가 경쟁력 상실의 원인이므로 민주적 노사 관계 정립을 정부에 촉구하는 내용이 주를 이루고 있다. 1994년의 대표 연설(이기택)에서도 불안정한 노사 관계에서 국가 경쟁력이 강화될 수 없으므로 선진적 노사 관계 정립을 위한 노동관계법 개정을 촉구하고 있다. 노사 관계의 개선을 촉구하지만 그것은 국가 경쟁력 강화라는 목표하에 갇혀 있는 논리 구조인 것이다.

한편 국민회의(1995년 정대철)의 경우, 정부가 국제노동기구 수준의 노동법 개정조차 거부하고 있다고 비판했지만, 제도 개정의 분명한 의지는 표명하지 않고 있다. 전체적으로 14대 국회의 경우, 각 정당은 국가 경쟁력 강화라는 김영삼 정부의 지배 이데올로기에 포획되어 있음을 보여 준다. 여당은 물론 야당의 경우도 노사 관계 개선을 주장하지만 그 목표는 노동의 권익 보호가 아니라 국제경쟁력 강화에 두고 있다.

5) 제15대 국회의 노동 이익 대표 기능

1996년 김영삼 정부는 정권의 마지막 개혁 작업으로 노사 관계 개혁을 추진했다. 그 핵심은 노동조합이 요구하는 노동기본권의 보장(집단적 노사관계법의 개정)을 허용하면서 동시에 자본 측이 요구하는 노동시장의 유연화(개별적 노동관계법의 개정)를 관철하는 것이었다(최영기 외 2001, 478).

12월 10일 국회에 제출된 노동관계법 개정안은 이른바 3금 조항을 삭제하고, 파견 근로제를 제외한 정리 해고제 및 변형근로제를 도입했다. 복수 노조와 파견 근로제를 제외하면 자본 측의 요구가 거의 반영된 것이었다.

국회에 제출된 노동법 개정안에 대해 여당은 총력 통과 태세였지만, 야당은 구체적 입장 표명을 회피하면서 '연내 처리가 힘들므로 내년 임시국회에서 처리하자'라는 다분히 책임 회피적 태도를 견지했다. 1997년 대선을 앞두고 있었던 정치권, 특히 야당은 법 개정에 대한 태도를 유보함으로써 노사 모두로부터 비난을 피하고자 했던 것이다(최영기 외 2000, 308).

그러나 각 정당의 입장이 노사 양쪽에 대해 중립적이었던 것은 아니었다. 노동법 개정 문제에 대한 당시 각 정당의 입장은 1996년 정기국회 대표 연설을 통해 비교적 정확히 파악할 수 있다.

먼저 신한국당(이홍구)의 경우, 대표 연설은 국가 경쟁력 강화에 초점이 맞추어졌다. 대표 연설을 구성하는 318개 문장 중 21개의 문장에서 경쟁력을 거론하고 있다. 가히 '국가 경쟁력 연설'이라 할 수 있을 정도였다. 이러한 기조하에서 '노사 평화 없이 국제경쟁력과 사회 발전을 보장할 수 없'음이 강조되었다. 임금과 관련해서도, 생산성을 웃도는 임금 인상이 기업 경쟁력을 약화시키고 있으므로 거품을 빼는 노력이 필요하며, 임금동결 같은 노력은 최소한의 선택이라고 강조되었다. 전체적으로 재계의 논리를 거의 그대로 수용한 것이었다.

한편 국민회의의 경우, 기업인이자 중소기업중앙회 회장 출신인 박상규 부총재가 대표 연설에 나섰는데, '경제 단체에서 부르짖는 임금동

결과 경쟁력 강화를 위해 노동법을 개정해야 한다는 데 대해 개인적으로 전적으로 찬성'한다는 입장을 표명했다.

자민련(김종필)의 경우, 고용 안정 대책을 촉구하면서도, '힘든 일은 외국 근로자에게 맡기고 편안과 안일만을 찾는 나태하고 해이된 사회 세태'를 질타하는 방식으로 노동 기율의 회복을 강조했다. 또한 '선진국에는 기술에 밀리고 개도국에는 임금에 밀려 진퇴유곡에 처해 있다'라고 해, 임금 인상이 경쟁력 위기의 원인이라는 재계의 논리를 되풀이했다.

결국 당시 시점에서 노동법 개정을 둘러싼 두 가지 논리—즉, 노사 관계 민주화라는 노동계의 논리와 경쟁력 강화라는 재계의 논리—중에서 각 정당들의 기본 논조는 후자를 받아들이고 있었음을 보여 준다. 특히 1997년 대선을 앞두고 자민련과의 대선 공조를 추진했던 국민회의는 재계의 입장을 중요하게 고려했고, 박상규 부총재에게 대표 연설을 맡긴 것도 이러한 배경에서 나온 것으로 판단된다.

노동법은 1996년 12월 26일 새벽 4시 여당 단독으로 변칙 처리되었다. 통과한 법안은 애초 정부안에서 복수 노조와 정리 해고 조항을 수정(복수 노조 3년 유예, 정리 해고 요건 완화)해 개악된 것이었다.

그러나 민주노총과 한국노총의 총파업 및 야당과 시민 단체 등의 비판에 직면한 정부는 결국 영수 회담에서 국회 재논의를 수용하지 않을 수 없었고, 이에 따라 1997년 3월 임시국회에서 여야 합의안이 다시 통과됨으로써 노동법 관련 파동은 종결되었다. 재개정된 노동법을 보면, 1996년 말 날치기 법안의 독소 조항들은 완화되었지만, 기본적으로 애초 정부안의 테두리를 벗어나지는 않았다.[9]

1996년 말과 97년 초 노동법 파동 과정에서 국회는 사회의 갈등적 이해를 수렴하려는 노력을 전혀 보여 주지 못했다. 전반적인 입장은 재계의 국가 경쟁력 강화 논리를 수용했던 것으로 보인다.

이러한 입장은 1997년 정기국회에서도 그대로 연장되고 있다. 특히 1997년 정기국회는 연말 대선을 앞둔 시점이었기에, 재계와 노동계 어느 쪽으로부터도 비난을 초래하지 않으려는 태도는 더 강화된 것으로 보인다.

신한국당(이회창)은 유연한 노동시장 및 근로자 적정 보상으로 기업의 인건비 부담을 줄여야 한다고 강조하면서, '임금이 경쟁국에 비해 비싸기 때문에 외국인 투자 유치가 안 되고 국내 기업이 해외로 삐져 나간다'고 지적해 재계의 논리를 그대로 되풀이했다.

소위 'DJP 공조'라는 자민련과의 대선 공조를 취했던 국민회의는 대표 연설(박정수)에서 '노사 공존공영의 원칙하에 협력 분위기를 만들어 가야 한다'는 언급 외에는 일체 노동문제를 거론하지 않았다. 자민련(김종필)은 노사 평화를 강조하면서, 노동시장 유연성 확보의 중요성을 지적했다.

1997년 말 IMF 위기는 노사 관계에 또 한 번의 큰 변화를 강요했고, 이에 따라 1998년 2월 법 개정이 이루어짐으로써 1987년 이후 10여 년에 걸친 노동법 개정의 대장정은 마무리된다. 이를 주도한 것은 '노사정위'라는 사회적 합의 기구였으며, 이 과정에서 국회는 사실상 노사정 합

---

9) 재개정된 노동법은 정리 해고 요건을 일부 강화했고, 변형근로제 한정 수용, 복수 노조는 상급 단체만 허용하고 기업 단위는 5년간 유예, 노동조합의 정치 활동 금지 조항 삭제 등을 주요 내용으로 한다.

의를 추인하는 기능밖에 하지 못했다.

노사정위에서는, 노동계가 노동시장 유연화 관련 조항인 정리 해고 제와 파견 근로제를 받아들이는 대신, 노동기본권 관련 조항인 노조의 정치 활동 보장, 교원 노동조합 허용, 공무원 직장협의회 허용 등을 보 장받는 교환의 정치가 이루어졌고, 국회는 노사정 합의에 기초한 관련 법 개정안을 2월 14일 본회의에서 통과시켰다.

개정안은 정리 해고제 2년 유예 조항 삭제, 해고 요건에 기업 인수·합 병(M&A) 포함 등 정리 해고의 즉각적이고 전면적인 시행을 보장했다. 그리고 정리 해고의 교환 조건이었던 노동조합의 정치 활동 보장은 1998 년 4월 국회에서 선거법 개정안이 통과됨으로써 법제화되었다. 이로써 1987년 이후 10년에 걸친 노동법 개정의 대장정은 마무리되었다.[10]

개발 시대에 권위주의 발전 국가는 노동기본권를 극도로 제한하면서 이에 대한 보상으로 개별 근로조건에 대한 보호 장치를 제공했다(이원덕 2003, 2). 집단적 노사 관계에서의 노동3권 제약 및 이에 대한 반대급부 로서 개별적 노사 관계에서의 노동 보호가 권위주의 시대 노사 관계의 기본 틀이었던 것이다. 이와 달리 새로운 노동법 체계는, 노동기본권을 복원하는 대신 노동시장 유연화를 통해 개별 근로조건에 대한 보호 장

---

10) 정치자금법은 국회에서 처리가 지연되다 결국 헌법재판소가 1999년 11월 25일 노 동단체의 정치자금 기부를 금지한 정치자금법에 대해 위헌 결정을 내림으로써 노조 의 정치 참여를 가로막아 온 마지막 법적 장애가 제거되었다. 노사정 합의에 따른 교 원 노조 법제화 문제는, 공동 여당인 자민련 일부 의원과 한나라당이 정부 제출 법안 에 반대하는 가운데, 1999년 1월 6일 정부 여당이 한나라당의 반대 속에 여당 단독 으로 변칙 처리했다(최영기 외 2000, 387, 412, 414-420).

치를 해제했다.

그런데 이러한 새로운 체제가 노동 진영에 어떤 영향을 미칠 것인가는 그 체제 변화가 이루어진 시점의 상황에 의해 크게 좌우될 것이었다. 그렇다면 노동법 체제 변화가 이루어진 1998년 시점의 상황은 어떠했는가. 그 시점은 고도성장의 종식, 저성장 및 고실업 시대로의 진입 등 조직 노동에 불리한 경제구조와 맞물린 시기였고, 특히 IMF 위기라는 국가적 비상 시기였다. 이러한 정치경제적 지형은 새로운 체제가 노동 기본권의 행사보다는 노동시장 유연화 쪽으로 작동될 가능성을 높이고 있었다.

결국 IMF 위기하에서 정부의 구조 조정 정책 및 자본의 대규모 정리 해고 전략이 추진되었고, 양대 노총은 고용 안정 투쟁으로 이에 맞섰다. 격렬한 구조 조정 및 정리 해고 반대 투쟁이 전개되었고(최영기 외 2001, 559, 572), 그 결과 〈표 4-1〉 및 〈그림 4-7〉에서 보듯이 1998년 이후 분쟁 건수, 참가자 수, 손실 일수 등은 모두 증가 추세를 보였다.

그렇다면 고용 안정이라는 방어적 이슈를 중심으로 전개된 갈등 상황에서 노동의 이해는 국회에서 어떻게 대표되었는가.

1998년 정기국회에서 여당인 국민회의(조세형)는 4대 부문 구조 조정을 연말까지 마무리할 것을 밝히면서, '기업의 구조 조정과 노동자의 협력만이 경제를 회생시킬 수 있으며, 노동자의 고통과 희생은 보상이 되어 돌아올 것'이라고 밝혔다. 발언의 기조는 비교적 우호적이지만, 실제 내용은 노동자들에게 노동 유연성을 수용하도록 요구하는 '고통 분담론'이었다. 한편 1999년도에 국민회의(장을병)는 '노사 관계가 안정을 되찾고 있다'는 언급 이외에는 노동문제에 대해 언급하지 않았다. 주목되는 것은 한나라당의 입장이다. 한나라당은 1998년 대표 연설(조순)과 1999년 대표 연설(이회창)에서 노동문제에 대해 일체 언급하지 않았다. 결국 1998년과 1999년 교섭단체 대표 연설을 보면, 노동에 대한 우호적 입장이 소실되었을 뿐 아니라 이슈 자체가 사실상 소실된 것을 알 수 있다.

그렇다면 왜 여야 정권 교체에 의해 '민주 정부'가 등장한 이후 노동 이슈가 사라졌을까. 이러한 변화의 원인은 노동과 정치 지형 두 측면의 구조 변화에서 찾아볼 수 있을 것이다.

그 첫째는 새로운 노사 관계 및 노동법 체제가 미친 영향이다. 새로운 노동법 체제는 생산 현장 및 정치사회에서 노동의 조직권·단결권·단체행동권을 보장했다. 절차적 측면에서 노동의 기본권이 완전히 보장된 것이며, 노동 정치에 있어서 '절차적·형식적 민주화'의 완성이라고 할 수 있을 것이다. 그 반대급부로서 새로운 체제는 시장에서 노동에 대한 보호 장치를 해체했다. 즉, 임금이나 고용 안정 등 실질적 삶의 조건의 문제는, 노동이 확보한 '정치적·형식적 권리'를 무기로 해 자본이나 국가와의 교섭을 통해 스스로 해결해야 하는 체제가 된 것이다. 결국 이는 노동에 있어서 절차적 민주화가 완성됨으로써 이제 더 이상 노동의 이해가 의회에서 보수정당에 의해 대리 대표될 수 없는 조건이 되었음을 의미한다. 다시 말해 노동 이슈 자체가 보수정당에 의해 대리 대표될 수 없는 이슈로 전환된 것이다. 이것이 보수 우파 독점의 의회에서 노동 이슈의 소실을 가져온 가장 중요한 원인으로 생각된다.

두 번째는, 정치 지형의 변화가 미친 영향으로서 여야 정권 교체가 그것이다. 권위주의 체제하 보수 야당 중에서는 가장 개혁적이었으며 그동안 노동기본권과 관련해 가장 우호적이었던 정당이 집권 여당이 되었지

표 4-6 | 제15대 국회 대표 연설의 노동 관련 내용 정리

		노동기본권 관련	임금 및 근로조건 관련
1996	신한국당 (이홍구)	- 공동체적 사회윤리에 의존하여 노사 평화에 도달해야 - 노사 평화 없이 국제경쟁력과 사회 발전을 보장할 수 없다 - 노사관계개혁위원회가 노사 관계의 안정과 발전에 필요한 노동법 개정안을 만들어주기를	- 생산성을 웃도는 임금 인상은 …… 기업의 경쟁력을 약화 - 거품을 빼지 않고 경쟁력 회복 불가능 - 임금동결 같은 …… 노력은 …… 최소한의 선택
	국민회의 (박상규)	- 임금동결 …… 경쟁력 강화 위해 노동법 개정해야 된다 …… 찬성	- 생산성 향상의 범위 내에서 근로자들이 정당하게 요구하는 것은 수용 …… - 물가 20퍼센트 이상, 전세 값 30~40퍼센트 올라가는데 임금만 동결하라는 것은 무리
	자민련 (김종필)	- 노사관계개혁위원회에 맡겨 둔 채 강 건너 불구경하는 정부의 태도는 책임 회피 - 힘든 일은 외국 근로자에게 맡기고 편안과 안일만을 찾는 나태하고 해이된 사회 세태 - 전직 훈련의 강화, 창업 기회의 확대, 고용 정보의 확충 등 고용 안정 대책 집행해 나가야	- 선진국에는 기술에 밀리고 개도국에는 임금에 밀려 …… 진퇴유곡 …… - 노동자 …… 세금을 경감해 주어야
1997	신한국당 (이회창)	- 기업, 근로자, 국민 모두 고통을 분담하는 노력이 …… - 기업은 인원 감축보다 비용 절감을 먼저 추진해야 - 유연성 있는 노동시장, 생산적 노사 관계를 바탕으로 근로자 적정 보상 …… 기업의 인건비 부담을 줄일 수 있도록 ……	- …… 임금 …… 등 모든 것이 경쟁국에 비해 비싸 …… 외국인 투자 유치 안 되고 국내 기업 해외로 ……
	국민회의 (박정수)	- 노사가 공존공영의 원칙하에 협력 분위기를 만들어야	
	자민련 (김종필)	- 노사 평화 …… 노동시장의 유연성 확보에 노력해야 - 기업은 해고를 자제하고 가능한 한 채용을 늘려서 실업을 극소화 ……	- 노동자는 임금을 스스로 억제하면서 고통을 분담해야
1998	국민회의 (조세형)	- 기업·금융·공공부문·노사 등 4대 분야 구조 조정 연말까지 마무리 - 기업의 강력한 구조 조정과 노동자의 협력	- 노동자 고통과 희생은 반드시 보상이 되어서 돌아오게 될 것 ……

1999		만이 경제를 회생시킬 수 있다.
	한나라당 (조순)	
	자민련 (박태준)	- 근로자의 직무유기인 불법 파업이 망국적 행위라면, 정치권의 국회 공전은 ……
	국민회의	- 노사 관계 안정을 되찾아
	한나라당 (이회창)	
	자민련 (박태준)	- 상용 근로자는 줄고 임시 및 일용근로자는 늘어나는 등 고용 불안 ……

출처 : 『제181회 국회 본회의 회의록』 제6호(96/10/22), 제7호(96/10/23), 제8호(96/10/24) ; 『제185회 국회 본회의 회의록』 제5호(97/10/21), 제6호(97/10/22), 제7호(97/10/23) ; 『제198회 국회 본회의 회의록』 제6호(98/11/12) ; 『제208회 국회 본회의 회의록』 제6호(99/10/20), 제7호(99/10/21), 제8호(99/10/22).

만, 이들은 구조 조정이나 노동 유연성 확보 등 노동과 갈등적 관계에 있는 과제를 추진하게 되었고, 이것 역시 원내에서 노동의 이해를 대변할 세력의 소실을 가져온 원인이었다고 할 수 있다. 민주화 이후 한국 민주주의의 특징이자 가장 큰 문제점은 '집권한 민주 정부의 급격한 보수화에 따른 실질적 민주화 이슈의 실종'으로 지적되고 있는데(최장집 2005), 이러한 특징을 우리는 의회라는 정치 대표 체제에서 재확인한 것이다.

6) 제16대 국회의 노동 이익 대표 기능

제15대 국회의 기조는 제16대 국회에서 더욱 강화된 형태로 지속되었다. 먼저 2000년 정기국회에서 여당인 새천년민주당(서영훈)은 '생산적 노사 협력 체제를 구축해 노동시장 유연성을 높이고 근로조건을 개선'해야 하며, '기업 등 구조 조정이 국가 경쟁력 강화를 위해 불가피한 선택'이었음을 강조했다.

2001년에도 새천년민주당(정동영)은 '노사 안정이 정착되어야 활기차게 전진할 수 있다'고 강조하면서 '대우자동차 근로자들의 피땀 어린 노력'에 감명을 받았음을 밝히고 있다. 결국 여권은 새로운 형태의 노사협조주의를 통한 성장 이데올로기를 노동자들에게 부과했던 것이다. 노동의 '형식적 권리'는 확보되었지만, 그것의 행사는 국가 경쟁력이라는 새로운 이데올로기에 의해 자제할 것이 강요되는 상황이라고 할 수 있다.

그렇다면 야당의 입장은 어떠했는가. 한나라당의 경우, '구조 조정 과정에서 근로자들이 희생되고 있다'라고 정부를 비판하면서, 정부 정책 실패의 원인을 노사정 구도 및 이를 통한 정부의 개입에 맞추었다. 즉 '노동정책을 정치적 차원에서 접근함으로써 노사 관계의 불확실성을 증폭시키고 정상적 발전에 오히려 장애'(2000년 이회창)가 되고 있으며, '공정한 법과 원칙에 따라 노사 관계를 정상화'시켜야 한다(2001년 이회창)고 주장했다. 이는 구조 조정 등을 기업 자율에 맡기라는 재계의 요구를 대변한 것이라 할 수 있다.

주목되는 것은 2002년도 대표 연설이다. 2002년 정기국회는 연말 대선을 앞둔 중요한 시점으로서, 대표 연설은 사실상 대선 공약의 성격을 띠었다. 하지만 노동에 대해 여야는 단 한마디도 언급하지 않았다. 유일한 것은 직장 내 여성의 임금 차별 문제(한나라, 서청원)에 대한 언급이었다. 노동은 철저히 보수정당에 의해 의제로부터 배제된 것이다.

대선을 앞두고 대표 연설에서 노동 이슈가 배제되는 이러한 현상은 1992년과 1997년 대표 연설에서도 확인한 바 있다. 이는 자본주의 체제하에서 생산이라는 가장 중요한 사회 영역에서 나타나는 갈등과 균열이

표 4-7 ㅣ 제16대 국회 대표 연설의 노동 관련 내용 정리

		노동기본권 관련	임금 및 근로조건 관련
2000	새천년 민주당 (서영훈)	- 생산적 노사 협력 체계 구축해 노동시장 유연성 높이고 근로조건 개선 - 기업, 금융, 공공 부문 구조 조정은 국가 경 제 전체 경쟁력 강화 위해 불가피한 과제	- 외국인 노동자 권리 향상 - 여성 근로자 출산휴가 기간 90일로 연장 - 주 40시간 근로제와 주 5일 근무제에 대해 노사 간 협의 이루어지도록 노력
2000	한나라당 (이회창)	- 구조 조정 과정에서 근로자들은 가장 큰 희생 - 정권의 인기 영합적이고 무원칙한 노동정 책 문제 - 노동정책을 정치적 차원에서 접근함으로 써 노사 관계의 불확실성을 증폭 ……노 사 관계의 정상적인 발전에 오히려 장애	
2001	새천년 민주당 (정동영)	- 노사 관계에 관한 한 후진국 수준을 벗어 나지 못하고 있다. - 질적 성장 시대로 가야 …… - 노사 안정 …… 정착된다면 …… 활기차 게 전진할 수 있을 것 - 대우차 부평 공장의 회생을 위해 …… 근 로자들의 피땀 어린 노력을 감명 깊게 ……	- 노사 양쪽에 도움이 되는 교육, 훈련 투자를 확대 ……
2001	한나라당 (이회창)	- 경쟁력은 갈수록 떨어지고 …… - 근로자는 일할 맛이 나지 않고 기업은 투 자하고 싶은 생각이 나지 않아 - 공정한 법과 원칙에 따라 …… 노사 관계 정상화되어야	
2002	새천년 민주당 (한화갑)		
2002	한나라당 (서청원)		- …… 임금 등 직장 내 여성에 대한 차 별 철폐
2003	열린 우리당 (김근태)	- 노사 간의 무한 대립은 노조 발전에도 기 업 발전에도 …… 도움이 되지 않아 - 합리적이고 성숙한 노사 관계 없이 제2의 경제성장은 불가능 …… 국민소득 2만 달 러의 꿈도 이룰 수 없어 - 비정규직 노동자를 위해 최선을 다하겠다.	- 비정규직의 임금과 사회보험 등 차별 시정하기 위한 관련 법 개정

한나라당 (최병렬)	- 심화된 불안한 노사 관계, 확산된 반기업 정서가 (외국인) 투자 의욕을 꺾고 …… - 노조에 대한 대통령의 편향적 시각이 …… 노조의 강성 투쟁을 부추겼다. - 강성 노조의 과격 투쟁은 경제 시스템을 마비 …… 사회 혼란 야기 …… 경제 회생 을 가로막아 …… 기업이 죽고 외국인 투 자가 발을 돌리고 있다 - 무노동 무임금 원칙은 반드시 원상 회복시 켜야	- 강성 노조들의 집단 이기주의 …… 소 득과 근로조건 …… 면에서 이미 기득 권에 가깝다. - 500인 이상 대형 사업장의 임금 인상 률은 무려 17.5퍼센트로 ……
새천년민 주당 (박상천)	- 투자 기피의 최대 원인이 노사문제 - 노동관계 법 개정이 이루어지면 노사 관계 에 '법의 지배'를 확립해서 법과 질서를 확 립해야	

출처 : 『제215회 국회 본회의 회의록』 제7호(00/11/09), 제8호(00/11/10) ; 『제225회 국회 본회의 회의록』 제7호
(01/10/08), 제8호(01/10/09) ; 『제234회 국회 본회의 회의록』 제7호(02/10/08), 제8호(02/10/09).

선거라는 가장 중요한 정치의 장에서 배제되었음을 의미한다. 한국의 보수적 민주화의 한계 또는 한국 민주주의의 보수적 성격을 단적으로 보여 주는 사례라 할 수 있다.

노무현 정부가 등장한 이후인 2003년도 정기국회에서 노동 이슈는 더욱 적대적인 언급에 직면하게 된다. 여당인 열린우리당(김근태)은 "노사 간의 무한 대립은 노조와 기업에 모두 도움이 되지 않으며, 합리적 노사 관계 구축 없이는 제2의 경제성장과 국민소득 2만 달러의 꿈을 이룰 수 없다"고 지적했다. '국민소득 2만 달러'라는 새로운 성장 이데올로기 위에서 노동에 대해 노사협조를 요구한 것이다. 노동문제에 대한 우호적 입장 표명은, '비정규직 노동자를 위해 최선을 다할 것'이라는 언급이 유일하다. 특히 야당인 한나라당(최병렬) 대표 연설은 노동문제를 언급한 빈도와 그 비판적 태도에서 역대 대표 연설 중 최고를 기록했다.

한나라당은 정부가 강성 노조의 불법 파업을 오히려 부추김으로써 경제 파탄을 야기했다고 비판했다. 민주당(박상천)의 경우도, 투자 기피의 최대 원인이 노사문제이므로, 노사 안정을 위해 노사 관계에 '법과 질서를 확립'할 것을 요구했다.

4. 결론

대표 연설 분석을 통해 의회의 노동 이익 대표 기능을 분석한 결과는 다음과 같다. 먼저 통시적으로 볼 때, 1995년 이전까지는 야당이 여당에 비해 노동문제를 중요하게 다루었는데, 김영삼 정권 후반기인 1996년부터는 여야가 비슷하며 1998년 여야 정권 교체 이후에는 오히려 여당이 중요하게 다루고 있다. 한편 노동 이슈가 국회에서 중요하게 다루어진 정도는 노사 갈등의 정도와 밀접한 연관성을 보인다.

노동에 대한 입장 차이를 보면, 1998년 여야 정권 교체 이전까지 여당은 노동에 대해 중립적이거나 비판적 태도를 취했는데, 특히 1988년 이후 1997년까지는 노동에 대해 압도적으로 비판적 태도를 취했다. 이에 반해 구야권의 경우 13대 국회까지는 압도적으로 노동 우호적이었으며, 1998년 집권 여당이 된 이후에는 중립적인 태도로 전환했다. 중요한 전기는 1990년이었다. 특히 임금 등과 관련해 이전까지는 모든 정당이 노동 우호적 입장이었음에 반해, 1990년 이후 여당은 노동 비판적 입장으로 전환했고, 야당의 경우도 노동 우호적 입장에서 크게 후퇴했다.

역대 국회별로 각 정당의 노동 이익대표 기능을 살펴보면, 먼저 제11대 국회(1982~84년)는 야당 측이 노동자들의 생존권과 관련된 최소한의 대표 기능을 수행하는 데 머물렀다. 제12대 국회(1985~87년)에서 야당은 노동운동을 민주화 운동의 일환으로 규정하면서 적극적인 지지를 표명했고 노동법 개정을 요구했다. 특히 1987년 민주화 이후 국회에서 노동 기본권은 상당 부분 복원되었다. 하지만 '3금 조항'은 그대로 유지되었다. 이는 노동기본권의 부여 대상을 온건 노동 세력으로 한정하는 동시에, 그 활동 범위 역시 '노동조합주의'로 국한시킴을 의미한다. 1987년 노동법 개정은 보수 야당과 '보수적 민주화'의 한계를 뚜렷이 보여 준 사례였다.

제13대 국회(1988~91년)는 전반기의 '개혁'과 후반기의 '반동'으로 구분되는데, 후반기인 1990년대부터 재계는 노동시장 유연화 요구를 본격화했고, 3당 통합 이후 정부는 이를 목표로 한 노사 관계 개혁을 시도했다. 이 작업은 1998년 노동법 개정으로 최종 마무리된다. 이 기간 동안 노동법 개정의 초점은 '노사 관계 민주화'에서 '노동시장 유연화'로 전환되었다.

이러한 상황 변화에 따라 국회의 노동 이익 대표 기능도 크게 변했다. 1990년부터 여당은 임금 인상이 경쟁력 약화의 원인이라고 노동에 대한 공세를 시작했다. 물질적 유인을 통해 온건 노동 세력을 체제 내화한다는 전략하에 임금 등에서 노동에 대해 우호적 입장을 견지해 온 그동안의 입장을 180도 전환한 것이다.

제14대 국회(1992~95년)에서 이런 기조는 더욱 강화되었다. 여야는 모두 국가 경쟁력 강화를 위한 노사 관계 안정의 중요성을 강조했으며,

임금이나 노동자 복지에 대한 언급은 사라지고 있다. 여야 모두 국가 경쟁력 강화라는 지배 이데올로기에 포획되었음을 보여 준다.

제15대 국회(1996~99년)는 1998년 노동관계법 개정 등을 통해 노사관계의 근본 틀이 전환된 시기였다. 새로운 노동법 체제는 억압되었던 노동기본권을 복원하는 대신, 노동시장 유연화로서 근로 기준에 대한 규제를 완화했다. 이에 따라 고용 안정이라는 방어적 이슈를 중심으로 전개된 노사-노정 갈등 상황에서, 노동의 이해는 국회에서 거의 방기되었다. 교섭단체 대표 연설에서 노동 우호적 입장이 소실되었을 뿐 아니라 노동 이슈 자체가 사실상 소실되는 것을 볼 수 있다. 제16대 국회(2000~2003년)에서 이러한 기조는 더욱 강화되었다.

전반적으로 국회에서 노동의 기본권은 구야권에 의해 대표되어 왔다. 작업장 수준에서의 노동기본권인 노동3권 및 정치 활동의 자유 등은 노동이 자신의 이익을 실현하기 위한 수단으로서 '형식적·절차적 권리'라고 할 수 있다. 이는 계급적 이슈라기보다는 자유주의적 이슈에 속한다. 따라서 보수정당 중에서는 가장 개혁적 또는 자유주의적이라고 할 수 있는 구야권이 이를 대표해 왔다고 이해된다. 그러나 구야권은 노동기본권을 '강경' 노동 세력에까지 확대하는 데에는 결코 적극적이지 않았다. 이는 보수정당 또는 자유주의 정당에 의해 노동의 이해가 대표됨에 따른 근본적 한계였다.

국회의 노동 이익 대표 기능을 볼 때 중요한 변화의 계기는 1990년이었다. 이를 전기로 해 여야 정당은 예외 없이 국가 경쟁력이라는 지배 이데올로기에 흡수되었으며, 이에 따라 노동기본권이나 임금 등에 대한 기존의 노동 우호적 입장은 중립적 또는 비판적 입장으로 전환되었다.

구조적 변화의 계기는 1998년이었다. 이후 의회에서 노동에 대한 우호적 입장뿐 아니라 노동 이슈 자체가 사실상 소실되는 것을 볼 수 있다. 이는 1998년 노동법 체제에 의해 기본적으로 노동 정치의 지형 자체가 변화된 결과로 판단된다. 새로운 노동법 체제는 절차적·형식적 측면에서 노동의 기본권을 보장하는 반대급부로서 시장에서 노동에 대한 보호 장치를 해체했다. 이는 곧, 임금이나 고용 안정 등 실질적 삶의 조건의 문제는, 노동이 확보한 '형식적 권리'를 무기로 해 자본이나 국가와의 교섭을 통해 스스로 해결하도록 하는 체제를 의미한다. 이슈 자체가 보수정당에 의해 대리 대표될 수 없는 이슈로 전환되었고, 이것이 의회에서 노동 우호적 입장의 소실 나아가 노동 이슈 자체의 소실을 초래한 구조적 원인이었다고 할 수 있다.

노동 이익의 대표 정도를 기준으로 할 때, 민주화 이후 특히 민주 정부하에서 오히려 사회적·경제적 민주주의 의제가 축소되었음을 알 수 있다. 이러한 한국 사례는, 절차적 민주주의가 실질적 민주주의로 확장될 수 있는 가능성을 내포하고 있다는 민주이행론의 낙관적 전망과 배치되는 것이 아닐 수 없다.

우리는 그 원인을 민주화 이후에도 정당 및 의회정치 영역에서 노동의 배제가 지속된 데에서 찾을 수 있을 것이다. 스트룸은 슘페터적인 '경쟁적 민주주의'의 조건으로 행위자, 전략, 보상 등 세 측면에서 제약이 없을 것을 제시한다(Stroom 1992, 41-43). 노동의 시각에서 볼 때, 한국의 민주화 이후의 민주주의는 이 세 측면 모두에서 심각한 결함이 존재한다. 민주화 이후에도 노동은 집합적 행위자로서 정치 영역에 진입하는 것을 봉쇄당해 왔다. 냉전 분단 구조 및 지역주의, 기존의 보수 우파 독점의 정당 체제 등으로 인해 노동 이슈는 전략적으로 동원되지 못했다. 결국 노동계급을 기준으로 할 때 최소한 16대 국회까지 경쟁적 민주주의의 조건은 충족되지 못했던 것이다.

한편 연구 결과는, 민주화 이후 등장한 민주 정부가 노동 이해를 전략적으로 동원해 지지 기반을 넓히려는 노력은커녕 급속히 기득권 세력의 지배 이데올로기에 포섭되었음을 보여 준다. 최장집(2005)이 지적하는 민주화 이후 한국 민주주의의 보수적 성격을 보여 주는 뚜렷한 사례라 할 수 있다.

1998년의 새로운 노동법 체제는, 노동계급으로 하여금 형식적·절차적 권리를 이용해 스스로 구체적 삶의 조건을 확보하도록 요구하고 있다. 하지만 노동의 삶의 조건은 더 이상 개별 작업장 수준의 문제가 아니라, 국가의 거시 경제 운영 및 사회 전체의 복지 체제와 밀접히 연관되어 있다. 따라서 노동은 기존의 '노동조합주의'를 벗어나, 정치 시장에서 성장 중심 모델의 대안을 제시하고 이에 대한 국민 다수의 지지를 확보해 정치 영역에서 이를 실현해야 할 새로운 과제에 직면하고 있다.

제5장

진보 세력의 진입과
정치 대표 체제의 변화 가능성

1. 서론

대의 민주주의는 인민이 대표를 통해서 주권을 행사하는 체제이며, 이러한 대표의 원리를 실현하는 메커니즘이 정당·선거·의회 등을 그 구성 요소로 하는 '정치 대표 체제'다. 여기에서 정당의 역할은 결정적이라 할 수 있다. 시민들이 갖는 다양한 이해와 가치들은 정당을 매개로 해 결집되고 대표됨으로써 정치과정에 반영될 수 있기 때문이다. 따라서 정당들이 어떠한 가치나 이해를 중심으로 어떤 경쟁 구도를 형성하고 있는가를 파악하는 것은, 민주주의라는 절차를 통해 실제로 어떠한 사회적 이해와 가치가 대표되고 실현되는가(그 이면에서 어떠한 이해와 가치가 대표되지 못하는가)를 파악하는 데 있어 핵심적이라 할 수 있다.

장기적이고 구조적인 관점에서 볼 때 정당 경쟁 구도 즉, 정당 체제는 사회 균열 구조의 반영으로 파악된다(Lipset and Rokkan 1967). 하지만 사회적 갈등이 자동적으로 정치적 대안으로 전환되는 것은 아니다. 사회 내에 존재하는 차이와 균열은, 정당에 의해 정치 대표 체제 내로 불러들여지고 정치적 대안으로 조직될 때 비로소 정당 체제에 반영될 수 있다. 정당들이 다른 정당과의 경쟁 속에서 유권자를 동원하기 위해 어떤 사회적 이슈와 균열을 동원하는가에 따라 정당 체제 및 정치 대표 체제의 구조와 성격이 달라지는 것이다(Schattschneider 1975; Sartori 1990; Mair 2006).

이와 관련해 그동안 지속적으로 제기되어 온 문제가 한국의 정치 대표 체제의 협애성이다. 한국의 정치 대표 체제는, 냉전 반공 체제와 권위주의 체제의 영향으로 인해 이념적으로 협애화된 결과 사회의 다양한 이해나 가치를 제대로 수렴하지 못한다는 비판이 그것이다. 특히 사회 하층이나 노동 계층의 이익이 정치적으로 표출되고 대표되지 못함으로써, 정치과정은 서민들의 삶과 괴리된 채 보수 엘리트 간의 권력 경쟁으로 전개되고 있다고 비판받아 왔다. 민주화 이후 한국의 민주주의가 민중들의 실질적 삶과 관련된 의제를 해결하는 데 실패하고 있다는 비판은 이러한 한국 정치 대표 체제의 한계를 지적한 것이라 할 수 있다(최장집 2005; 최장집·박찬표·박상훈 2007).

이와 같은 상황에서 제17대 국회에서 민주노동당의 원내 진입은 한국의 정치 대표 체제에 충격을 줄 수 있는 요인으로 주목받았다. 기존의 정당을 대체로 우파 보수주의 정당이나 우파 자유주의 정당으로 규정한다면, 사회주의 이념과 함께 노동자·농민 등 사회 하층의 대변자임을 자임한 민주노동당은 그동안 대표되지 못했던 이념이나 정책을 대표할 것으로 기대되었던 것이다. 나아가 이를 통해 정치 대표 체제의 이념적 스펙트럼의 폭을 넓히고 정당 경쟁 구도에 변화를 초래할 수 있는 변수가 될 것으로 기대되었다.

이 장은 이러한 문제의식을 가지고 제17대 국회의 정당 간 경쟁 구도를 규명하고자 한다. 제17대 국회에서 각 정당들은 주로 어떤 사회적 이해나 가치를 대표하고자 했으며, 그 과정에서 어떠한 이슈나 균열을 중심으로 경쟁했는가. 기존의 정당과 민주노동당 간에는 대표의 측면에서 어떤 차이점이 나타나는가. 새로이 의회에 진입한 민주노동당은, 의회에서 대표되는 이해나 이슈의 확대를 통해 정당 간 경쟁의 틀을 바꾸는데 어느 정도 영향을 미쳤는가. 이 글은 일차적으로 17대 국회의 정당경쟁 구도 및 정치 대표 체제의 한 단면을 규명하는 데 목적이 있지만, 민주노동당의 의회 진입이 미친 영향에 초점을 맞춤으로써 '만일 한국의 정당 경쟁 구도가 좌우 경쟁 구도로 재편된다면 기존의 우파 정당 간 경쟁 구도와 비교할 때 경쟁의 이슈나 차원 등에서 어떤 변화가 나타날 것인가'라는 가설적 질문에 대한 하나의 대답을 구하고자 한다.

2. 이론적 배경과 분석 방법

사회 내에서 시민들이 경쟁하고 갈등하는 이슈는 무수히 많다. 정당들은 이러한 이슈들을 선별하고 조직해 제한된 수의 거대 이슈(super-issue)나 이념을 제시함으로써 유권자를 조직하고 동원한다. 정당은 이를 통해 유권자가 내릴 공공 선택을 구조화하고 단순화함으로써 유권자의 선택이 정치적으로 유의미하도록 만드는 기능을 한다. 사회적 이슈의 선별 및 동원 등을 둘러싼 이러한 정당 간의 경쟁을 설명하는 데에는 크게 두 가지 모델이 있다.

첫째는 대립 모델(confrontation model)이다. 이 모델에 의하면, 정당 간 경쟁은 각 개별 이슈들에 대한 대립되는 입장들 간의 충돌로 묘사된다. 정당들은 주요 이슈를 둘러싸고 서로 상반되는 입장이나 정책을 제시하는 방식으로 경쟁한다는 것이다.

이러한 대립 모델은 다운스(Downs 1957)의 공간 이론에 의해 보편화되었다. 정당들의 정책이나 이념은, 일차원적 공간 위에 배열되는 유권자 선호의 분포와 마찬가지로 또는 이를 좇아서, 일차원적인 공간을 따라서 배열된다. 특히 개별 정책이나 구체적 이슈를 둘러싼 대립은, 좀 더 근본적 가치에 대한 불일치로부터 나오는 대립으로 파악된다. 따라서 정당 간 경쟁 구도를 규명하는 작업은 좌-우, 또는 진보-보수라는 단일한 이념적 스펙트럼 선상에서 각 정당의 위치를 매기는 작업이 된다. 이 모델은 중위수 유권자 선호에 가장 가까운 정당이 승리할 뿐 아니라, 그 결과 안정된 다수 세력이 형성될 수 있다고 가정함으로써, 대의 민주주의 정치과정을 설명하고 정당화하는 이론으로서 지지받아 왔다(Budge 2006).

정당 경쟁을 설명하는 두 번째 모델은 강조 모델(saliency model)이다. 이는 대립 모델에 대한 비판에서 출발했다. 정당정치의 복잡성이, 그렇게 단순하게, 일차원적 공간에서의 차이로 포착될 수 있는가라는 의문이 제기된 것이다. 스톡스(Stokes 1966)는 다운스의 공간 모델이 정당 경쟁에 대한 포괄적이고 유용한 설명을 제시하지 못한다고 비판했다. 다운스 모델은, 그 속성상 상대적(positional)인 가치가 아니라 매력적인 고유 가치(valence)를 지닌 이슈를 포괄하지 못한다는 것이었다. 예컨대 정치 부패, 감세, 복지 확대 등의 이슈에 대해서는 반대나 찬성이라는 한 가지 입장만이 가능하며 정치 경쟁에서 핵심이 되는 이슈는 이러한 절대적 이슈라는 것이다. 로버트슨(Robertson 1976) 역시 정당들이 다루는 주요 이슈는, 일반적으로 한 가지 입장만이 선택 가능한 이슈라고 주장한다.

이러한 문제의식에 기초해 개발된 모델이 강조 모델이다. 이 모델에 따르면, 정당들은 같은 이슈를 두고 다른 정당과 직접 대결하기보다는, 상이한 정책들 사이에서 우선순위를 강조하고 부각시키는 방식으로 경쟁한다. 주요 이슈에 대해서는 대개 국민 다수가 공유하는 의견이 형성되어 있기 때문에 정당들은 이에 직접 반대하는 입장을 취하기 어렵고, 따라서 정당들은 매 이슈마다 직접 대결하기보다는 자신들이 강점이 있는 이슈를 선택적으로 강조하는 전략을 택하게 된다는 것이다. 특히 정책 영역별로 유권자들이 신뢰하는 정당이 정해져 있기 때문에, 정당들은 자신들이 신뢰 받는 정책 영역이나 이슈를 중요하게 부각시키는 전략을 택한다. 예컨대 보수적 정당들은 감세 이슈를 핵심 이슈로 부각시키려 하는 반면, 사회주의 정당들은 세금 이슈를 잠재우면서 복지 이슈를 부각시키는 전략을 택한다는 것이다. 따라서 강조 모델은, 개별 이슈에 대한 각 정당의 상대적 입장이 아니라, 포괄적인 여러 이슈 중에서 정당들이 어떤 이슈를 강조하고 우선시하는가를 파악하는 것이 정당 경쟁 구도를 밝히는 핵심이라고 주장한다.

한편 대결 모델이 주로 유권자나 정당(정치인) 또는 전문가를 대상으로 한 설문 조사 방법에 의존했던 것과는 달리, 강조 모델은 각 정당이 '어떤 이슈를 강조하고 있는가'를 파악하기 위해 정당 스스로가 생산한 텍스트(강령 및 선거공약)를 연구의 소재로 택했다. 선거 강령 연구는 1979년부터 유럽 정치 조사 컨소시엄ECPR, European Consortium for Political Research 의 강령 조사회MRG, Manifesto Research Group를 중심으로 국가 간 비교 분석의 관점에서 체계적으로 이루어졌다. 이들은 정책 공간의 성격을 파악할 수 있는 정교한 분류 도식을 개발했고, 이에 기초한 선거 강령 분석 결과는 각국의 정당 간 경쟁 공간을 보여 준다. 그 대표적 연구 업적으로는 Budge(1987), Laver and Budge(1992), Klingeman et.al.(1994), Budge, Klingemann, Volkens, Bara, and Tenenbaum(2001) 등이 있다.

한편 강조 모델의 주장처럼 정당들이 경쟁을 벌이는 주요 이슈들이 고유 가치를 갖는 이슈라고 할 경우, 다운스적인 연속적 공간 위에 정당을 어떻게 위치시킬 것인가라는 문제가 제기된다. 이에 대해 스톡스(Stokes 1966)는, 상대적 가치의 이슈를 둘러싼 연속적인 공간 위에서 정당들이 경쟁한다는 다운스 모델은 성립될 수 없다고 비판했다. 이에 반해 로버트슨(Robertson 1976)은 강조 모델이 다운스의 공간 경쟁 모델과 배치되지 않는다고 주장한다(Budge and Bara 2001, 7). 정당들은 각기 상이한 이슈를 강조하지만 좌파 정당이 강조하는 이슈와 우파 정당이 강조하는 이슈가 구분되기 때문에 전체적으로 정당들은 결국 좌우라는 연속적인 정책 공간 위에서 경쟁하는 것으로 귀결된다는 것이다.

이 글은 위의 두 모델 중에서 강조 모델에 기초하고 있다.[1] MRG 팀

---

[1] 정당 간 경쟁 구도에 대한 국내의 기존 연구는 대부분 대결 모델에 기초하여 이루어져 왔다. 정당학회·중앙일보(2002년)와 한국정치학회·중앙일보(2004년)에서 일반 국민과 국회의원을 대상으로 실시한 이념 성향 조사 결과를 이용한 강원택(2003;

이 개발한 분석 방법과 이를 한국에 적용한 현재호(2003; 2006)의 선행 연구를 토대로 해, 제17대 국회의 정당 간 경쟁 구도를 분석하고자 한다. 하지만 연구의 초점은 상이하다. 기존의 연구는 주로 선거 강령을 소재로 해 장기간에 걸친 정당 경쟁 구도를 밝혀내고 있다. 이 연구는 장기 변동이 아니라 제17대 국회라는 단기간을 대상으로 정당 경쟁 구도의 한 단면을 밝히고자 한다. 기본적으로 선거 강령은 선거와 선거 사이 기간의 정당 경쟁 구도를 규명하는 데는 한계가 있다. 환경의 급변에 따라 선거 당시와 비교해 새로운 이슈가 등장하거나 이슈의 구도가 변하기도 하는 상황에서 각 정당의 입장이나 정책은 선거 이후에 얼마든지 바뀔 수 있기 때문이다. 특히 한국의 경우, 민주화 이후 개혁파가 집권한 뒤에 당초 선거에서 제시한 개혁정책을 후퇴시키면서 보수화되는 경향이 뚜렷하게 나타난다. 이런 점을 고려할 때 선거 강령만으로는 선거 이후 정책의 실제 집행을 둘러싼 정당 간 대결 구도를 밝히는 데 한계가 있다.

2005)과 장훈(2003)의 연구를 비롯하여 박명호(2004)의 연구 등이 그것이다. 이러한 연구는, 일차적으로 설문 조사 방법에 의존하기 때문에 연구에서 주관성을 배제하기 어려운 한계가 있다(현재호 2006, 48). 응답자는 자신이 중요하게 생각하는 이슈가 아니라 조사자가 선정한 이슈에 대해서만 입장을 표명할 수 있기 때문이다. 또한 여러 이슈 중에서 특정 정당이 어느 것을 가장 중요하게 인식하는지에 대한 판별이 불가능하며, 따라서 이슈를 평면화시킨다는 문제도 있다. 대체로 강조 모델이 제기하는 대립 모델의 일반적인 문제를 동일하게 안고 있는 것이다. 한편 강조 모델에 기초한 정당 경쟁 연구로는 현재호(2003; 2006)가 있다. 현재호의 연구는 1952년부터 2004년 선거까지의 정당 강령을 자료로 하여 한국의 정당 경쟁의 장기적 추세와 그 특징을 규명하고 있다.

그렇다면 선거 간기間期의 정당의 정책적·이념적 입장을 보여 줄 수 있는 자료는 무엇인가. 이 연구가 택한 텍스트는 국회의 교섭단체 대표 연설이다. 이는 선거 간기에는 의회가 정당 경쟁의 중심 무대가 된다는 점과, 교섭단체 대표 연설이 국정 전반에 대한 당의 기본 정책과 주요 현안에 대한 입장을 공식적으로 천명하는 공식 자료라는 점에 착안했기 때문이다. 특히 대표 연설은 40분(비교섭단체의 경우 15분)이라는 한정된 시간 안에 국정 전반에 대한 입장을 표명해야 하기 때문에, 여러 이슈 중에서 그 정당이 상대적으로 중시해 강조하는 이슈나 아젠다가 무엇인지를 파악하는 데 유용하다는 이점이 있다.

이런 사실에 주목해 이 연구는 비교섭단체 대표 발언이 도입된 제256회 회기부터 제269회 회기까지 6회에 걸친 열린우리당, 한나라당, 민주노동당의 대표 연설(대표 발언) 총 18건을 비교해, 각 정당이 어떤 이해나 가치를 대표하고자 했으며, 그 내용은 다른 정당과 어떤 차이를 보이는지, 각 정당들은 어떤 이슈를 중심으로 정당 간 경쟁 구도를 형성했는지를 파악하고자 한다.

강조 모델에 기초한 텍스트 분석 작업에서 가장 중요한 것은, 전체 내용 중에서 특정 이슈가 어느 정도의 비중을 점하는지를 파악하는 것이다. 이 작업은 다음과 같은 원칙에 따라 진행되었다. 첫째, 대표 연설(발언)에서 하나의 문장을 특정 입장이나 가치관을 표명하는 의미 있는 분석 단위로 설정했다.[2] 둘째, 대표 연설(발언)은 연설문이기 때문에 의

---

2) 대표 연설의 경우 시간이 40분인 반면 비교섭단체 대표 발언은 15분에 불과해 문장

표 5-1 | 대표 연설(발언)의 일시 및 유효 문장 수

회기	일시	정당	발언자	문장 수	유효 문장 수
제256회	2005.1.13	열린우리당	문희상	308	169
	2005.1.14	한나라당	강재섭	232	135
	2005.1.25	민주노동당	천영세	118	56
제258회	2006.2.20	열린우리당	김한길	243	159
	2006.2.21	한나라당	이재오	282	146
	2006.2.23	민주노동당	천영세	112	78
제262회	2006.11.7	열린우리당	김한길	265	131
	2006.11.8	한나라당	강재섭	403	264
	2006.11.10	민주노동당	권영길	117	94
제265회	2007.2.6	열린우리당	장영달	218	108
	2007.2.7	한나라당	김형호	331	86
	2007.2.9	민주노동당	권영길	143	69
제268회	2007.6.7	열린우리당	정세균	282	130
	2007.6.5	한나라당	김형오	310	109
	2006.6.12	민주노동당	천영세	163	72
제269회	2007.11.5	대통합민주신당	김효석	356	167
	2007.11.6	한나라당	강재섭	401	190
	2007.11.7	민주노동당	천영세	138	39

수에서 상당한 차이가 발생한다는 불균형의 문제가 있다. 하지만 우리가 밝히고자 하는 것이 개별 대표 연설(발언) 중에서 특정 이슈를 주장하는 문장이 어느 정도의 '비율'을 점하는가에 있기 때문에, 절대적 문장 개수의 편차는 크게 문제가 되지 않는 다고 할 수 있다.

표 5-2 | 정당 경쟁 구도 분석에 이용된 이슈 영역 및 각 영역별 이슈

이슈 영역	영역별 하위 이슈
대외관계	남북 관계+/−, 탈식민지, 군사+/−, 평화, 국제주의+/−, 동북아 공동체
자유 및 민주주의	자유와 인권, 민주주의, 입헌주의+/−, 정치 개혁
정부	분권화+/−, 정부 효율성, 정부 부패 제거, 정부 권위
경제	기업, 인센티브, 자본주의 규제, 경제계획, 보호주의+/−, 경제 목표, 케인스주의적 수요관리, 생산성, 기술 및 하부구조, 통제경제, 국유화, 정통 경제정책 및 효율성
복지 및 삶의 질	환경보호, 문화, 사회정의, 사회 서비스+/−, 교육 확대, 교육의 공적 개입, 교육의 자율성
사회구조	국가주의적 삶의 방식+/−, 전통 도덕+/−, 법과 질서, 전 국민적 노력과 사회적 조화
사회집단	노동 집단+/−, 농어업/농어민, 기타 경제 집단, 소외된 소수집단, 비경제적·인구학적 집단

출처 : Budge, Robertson & Hearl(1987, 459-465)에서 일부 수정.
주 : +/−의 표시는 해당 이슈에 대한 긍정적인 입장과 부정적 입장을 의미하는 것으로, 이들 이슈는 '대립적' 성격의 이슈가 된다. 그 이외의 이슈는 모두 '선택적 강조'의 성격을 갖는 이슈다.

례적 수사나 추상적 내용, 상대방에 대한 비난, 정치 공방 등을 담은 문장이 상당수 있었다. 이러한 문장은 분석에서 제외했다. 그 결과 분석의 유효한 대상이 된 문장('유효 문장')은 〈표 5-1〉에서 보듯이 전체 문장의 50퍼센트 정도로 나타났다.

셋째, 대표 연설 분석의 타당성을 결정하는 관건은 내용을 분류하는 기준이다. 이 보고서는 앞에서 언급한 ECPR의 MRG팀이 개발한 '이슈 영역 및 이슈'의 프레임을 우리 현실에 맞게 일부는 삭제하고 추가하는 식으로 수정해 사용했다. 우리 현실에 맞게 추가된 이슈는 남북 관계, 동북아 공동체, 정치 개혁, 교육의 공적 개입, 교육의 자율성 등의 5개이다. 그 결과 〈표 5-2〉에서 보듯이 총 7개 이슈 영역에서 52개의 이슈가 도출되었다. 이 중에서 20개의 이슈는 '대립적' 성격의 것이며, 나머지 32개는 '선택적 강조'의 성격을 띤 것이다.

이상의 분석틀에 기초한 정당 경쟁 구도의 분석은 두 가지 방법에 의해 진행된다.[3] 먼저 제3절에서는 각 이슈들이 차지하는 비중에 대한 서술적 분석이 진행되며, 제4절에서는 요인분석을 통해 정당 경쟁 구도를 규명하고자 한다.

3. 이슈의 비중을 통해 본 정당 경쟁 구도

1) 각 이슈 영역별 정당의 입장과 경쟁 구도

〈표 5-3〉에서 〈표 5-9〉까지는 각 이슈들이 대표 연설(발언)에서 차지하는 비율의 정당별 평균을 이슈 영역별로 정리한 것이다.

먼저 〈표 5-3〉은 대외관계 영역에서 각 이슈들이 어느 정도의 비중을 점했는지를 보여 주는데, 크게 두 부류의 이슈를 둘러싼 경쟁 구도가 확인된다. 첫째는, 남북 관계 즉 대북정책을 둘러싼 대결이다. 남북 관계 이슈는 열린우리당에서 가장 큰 비중을 점하는 이슈였고, 한나라당에서는 두 번째, 민주노동당에서는 세 번째로 큰 비중을 점하는 이슈로

---

3) 총 18개의 대표 발언(연설)별로 각 이슈가 어느 정도의 비율을 점하는지를 보여 주는 분석 결과표는 박찬표(2008c) 참조.

표 5-3 | 대외관계 영역의 각 이슈의 비중 (단위 : %)

이슈	열린우리당	한나라당	민주노동당	전체 평균
남북 관계+	13.7	5.4	13.8	11.0
남북 관계-	1.0	11.9	0	4.3
탈식민지	0.5	0	0	0.2
군사+	0.9	2.2	0	1.0
군사-	2.4	0	4.8	2.4
평화	3.1	0	0	1.0
국제주의+	0	0.4	0	0.1
국제주의-	0	0	0	0
동북아공동체	1.5	0	0	0.5

서, 정당 전체로 볼 때 비중이 가장 컸다. 경쟁의 구도를 보면, 열린우리당과 민주노동당이 '남북 관계+'(대북 온건 노선)를 강조한 반면, 한나라당은 '남북 관계-'(대북 강경 노선)를 강조하고 있다. 즉 남북 관계를 둘러싼 온건론과 강경론으로 나뉘어 '열린우리당·민주노동당 대 한나라당'의 대결 구도를 형성했던 것이다.

대외관계 영역에서 두 번째 이슈는 군사·평화 이슈였다. 열린우리당과 민주노동당이 '군사-'와 '평화' 이슈를 강조한 반면 한나라당은 '군사+'이슈를 강조하고 있다. 즉 대외관계에서 평화와 군축을 강조하는가 아니면 군사력 위주의 전통적 안보 정책을 강조하는가를 둘러싸고 '열린우리당·민주노동당 대 한나라당'의 경쟁 구도가 이루어졌던 것이다. 하지만 큰 비중을 점하는 이슈는 아니었음을 알 수 있다.

〈표 5-4〉를 보면 자유 및 민주주의 영역 즉 정치 영역에서는, 열린우리당이 '정치 개혁'을 강조하고, 한나라당은 '정치 개혁' 및 '자유 인권'을

표 5-4 | 자유 및 민주주의 영역의 각 이슈의 비중(단위 : %)

이슈	열린우리당	한나라당	민주노동당	전체 평균
자유와 인권	0.3	4.6	2.1	2.3
민주주의	0	0	7.4	2.5
입헌주의+	0	0	1.0	0.3
입헌주의−	0	0	0	0
정치 개혁	6.4	4.7	1.5	4.2

강조한 반면 민주노동당은 '민주주의'를 강조한 것으로 나타난다.

먼저 열린우리당과 한나라당이 강조한 정치 개혁 이슈는 주로 지역 주의 극복 및 깨끗한 정치 등을 위한 정치관계법 개정, 권력 구조 개편론 등이 그 내용을 이룬다. 이는 절차적 민주주의 관련 이슈라 할 수 있다. 한편 민주노동당이 강조한 민주주의 이슈의 내용은 삼성 비리에 대한 수사를 촉구한 것이다. 이는 법 앞의 평등이라는 점에서 보편적 민주주의 이슈이기도 하지만, 거대한 기업 권력이 민주주의를 침해하는 상황을 비판하고 사회·경제적 민주화의 이슈를 제기한 것이라 할 수 있다. 민주화 이후 한국 민주주의의 심화와 관련된 이슈를 제시한 것이다. 이렇게 볼 때 정치 분야에서는 절차적 민주주의 대 사회·경제적 민주화라는 구도하에 '열린우리당·한나라당 대 민주노동당'의 경쟁 구도가 형성되었음을 보여 준다. 달리 표현하면 열린우리당이나 한나라당이 자유민주주의 범주를 벗어나지 않았음에 비해, 민주노동당은 사회·경제적 민주화를 주창한 것이다. 민주노동당의 진입이 민주주의 심화라는 새로운 균열 요인의 추가를 가져옴으로써 자유민주주의 내에서의 기존 정당 경쟁 구도가 '자유주의 대 민주주의 심화'라는 경쟁 구도로 바뀌었다는 해

표 5-5 | 정부 영역의 각 이슈의 비중(단위 : %)

이슈	열린우리당	한나라당	민주노동당	전체 평균
분권화+	2.3	0.7	0	1.0
분권화−	0	0	0	0
정부 효율성	1.1	12.0	0	4.4
정부 부패 제거	0.7	7.1	0.9	2.9
정부 권위	0	0	0	0

석이 가능할 것이다.

정치 영역의 두 번째 경쟁 구도는 자유와 인권을 둘러싼 것이다. 이 이슈는 정당에 따라 그 내용을 달리하는데, 한나라당은 주로 정부의 언론 탄압 비판 및 언론 자유, 국군포로·납북자·탈북자 인권 등을 강조한 반면, 민주노동당은 학문과 사상의 자유 및 색깔론 비판 등을 강조했다. 이슈는 동일하지만 그 내용에서, 한나라당이 보수적 자유주의를 주창한 것이라면, 민주노동당은 반공 체제 극복을 주창한 것으로 성격이 상반됨을 알 수 있다.

〈표 5-5〉의 정부 영역 이슈를 보면, 한나라당이 '정부 효율성' 및 '정부 부패' 이슈를 강하게 제기하고, 열린우리당이 '분권화' 이슈를 제시한 반면, 민주노동당은 정부 영역의 이슈에 대해서는 거의 언급하지 않은 것으로 나타난다. 특히 정부 효율성 이슈는 한나라당에서 가장 큰 비중을 점한다. 이렇게 볼 때 정부 영역에서는 한나라당과 열린우리당 간에 '작은 정부 대 분권화'라는 경쟁 구도가 나타났다고 해석할 수 있을 것이다.

〈표 5-6〉의 경제 영역에서는 각 정당별로 강조하는 이슈 간의 차이가 뚜렷하다. 열린우리당은 주로 시장규제(자본주의 규제)와 함께 시장

표 5-6 | 경제 영역의 각 이슈의 비중(단위 : %)

이슈	열린우리당	한나라당	민주노동당	전체 평균
기업	0.6	6.2	0	0.6
인센티브	3.7	2.6	1.2	3.7
자본주의 규제	8.2	0	15.8	8.2
경제계획	0	0	0	0
보호주의+	0	0	16.6	0
보호주의-	5.3	1.4	0	5.3
경제 목표	1.8	1.8	0	1.8
케인스주의적 수요관리	4.3	0	0	4.3
생산성	4.3	1.2	0	4.3
기술 및 하부구조	0.5	1.0	0	0.5
통제경제	0	0	0	0
국유화	0	0	0	0
정통경제정책 및 효율성	1.9	9.2	0	1.9

개입(인센티브, 케인스주의적 수요관리, 생산성) 및 개방(보호주의-)의 내용을 담은 이슈를 강조했다. 이에 반해 한나라당은 시장 자율(기업, 정통 경제정책 및 효율성) 이슈를 압도적으로 강조하고 있다. 열린우리당의 시장규제 및 개입 노선과 반대인 것이다. 한편 민주노동당은 시장규제(자본주의 규제), 보호주의(보호주의+) 이슈를 강조한다. 특히 이 두 이슈는 민주노동당 이슈 중에서 가장 큰 비중을 차지한다.

전체적으로 경제 영역에서는 '시장규제 대 시장 자율'의 축을 둘러싸고 '열린우리당·민주노동당 대 한나라당'의 경쟁 구도가 형성된 반면, 보호주의를 둘러싸고는 '열린우리당·한나라당 대 민주노동당'이라는 상이한 경쟁 구도가 나타나고 있는 것으로 해석될 수 있다. 이렇게 볼 때

표 5-7 | 복지 및 삶의 질 영역의 각 이슈의 비중(단위 : %)

이슈	열린우리당	한나라당	민주노동당	전체 평균
환경보호	0.3	0.6	0	0.3
문화	1.0	0.6	0	0.5
사회정의	5.3	1.6	5.5	4.1
사회 서비스+	10.6	6.7	10.2	9.2
사회 서비스-	0	0	0	0
교육 확대	7.7	2.6	2.9	4.4
교육의 공적 개입	1.5	0.8	0.5	0.9
교육의 자율성	0	7.8	0	2.6

경제 영역에서 민주노동당의 진입은 신자유주의적 개방정책을 둘러싼 새로운 갈등 구도를 추가한 요인이 된 것으로 보인다.

〈표 5-7〉에서 보듯이, 복지 및 삶의 질 영역에서 가장 중요한 이슈는 사회 서비스 확대(사회 서비스+)였다. 이 이슈는 정당 전체 평균에서 두 번째로 큰 비중을 차지했으며, 모든 정당에서 강조한 이슈였다. 하지만 강조의 정도에서는 차이를 보인다. 즉 상대적으로 열린우리당과 민주노동당에 비해 한나라당은 이 이슈를 덜 강조하고 있다. 이와 동일한 구도가 사회정의 이슈에서도 나타난다. 사회정의 이슈는 분배 정의, 조세 정의, 공평 과세 등을 내용으로 한다. 즉, 주로 분배 및 평등의 가치를 강조하는 것인데, 열린우리당과 민주노동당에 비해 한나라당의 언급은 미미한 수준이다. 이렇게 볼 때, 복지 및 분배 이슈에 있어서는 강조의 정도를 둘러싸고 '열린우리당·민주노동당 대 한나라당'의 구도가 나타났다고 할 수 있다.[4]

사회 영역에서 두 번째 경쟁 구도는 교육 이슈를 둘러싸고 전개된다.

표 5-8 | 사회구조 영역의 각 이슈의 비중(단위 : %)

이슈	열린우리당	한나라당	민주노동당	전체 평균
국가주의적 삶의 방식+	0	1.0	0	0.3
국가주의적 삶의 방식−	0	0	0	0
전통 도덕+	0	0	0	0
전통 도덕−	0	0	0	0
법과 질서	0	0.7	0	0.2
전 국민적 노력과 사회적 조화	0.9	2.3	0	1.1

열린우리당이 교육 확대를 다른 정당에 비해 강하게 주창한 반면, 한나라당은 교육의 자율성을 강조한 특징을 보인다. 교육 자율성 이슈는 사학에 대한 공적 규제 반대를 그 내용으로 한다. 교육 문제에 있어서 국가의 역할을 강화할 것인가, 시장의 자율성을 강화할 것인가를 둘러싸고 '열린우리당·민주노동당 대 한나라당'의 경쟁 구도가 나타난 것으로 해석된다.

〈표 5-8〉에서 보듯이 사회구조 영역은 모든 정당에서 거의 언급하지 않은 분야이다. 이는 주로 대표 연설은 정책 문제를 다루기 때문일 것이다. 다만 한나라당에서 '전 국민적 노력과 사회적 조화' 이슈를 다른 정당에 비해 부각시키고 있는데, 그 내용은 국민 통합에 대한 강조다. 이

---

4) 유의할 것은 이 이슈에 대해 한나라당은 반대가 아니라 덜 강조하고 있다는 것이다. 이 이슈가 고유 가치를 지닌 것임을 말해 준다. 따라서 한나라당의 차별성은 경제 영역에서 시장 자율성을 상대적으로 강조한 반면, 이 이슈는 상대적으로 덜 강조하고 있는 두 부분을 동시에 볼 때 드러나게 된다.

표 5-9 | 사회집단 영역의 각 이슈의 비중(단위 : %)

이슈	열린우리당	한나라당	민주노동당	전체 평균
노동 집단+	2.1	0.1	13.6	5.3
노동 집단−	0	1.0	0	0.3
농어업/농어민	2.7	1.0	1.7	1.8
기타 경제 집단	0	0.1	0.7	0.3
소외된 소수집단	0	0	0	0
비경제적 인구학적 집단	3.7	0.8	0	1.5

는 갈등에 대한 부정적 인식과 통합을 강조하는 한나라당의 보수적 성격을 보여 준 것으로 해석된다.

〈표 5-9〉의 사회집단 영역에서 가장 주목되는 것은 노동 집단 이슈다. '노동 집단+' 이슈는 노동 집단에 대한 우호적 언급을 의미하는데, 민주노동당이 압도적으로 강조한 이슈로서 주로 비정규직 보호를 그 내용으로 한다. 노동 집단에 대해서는 열린우리당도 미약하지만 우호적 입장을 보여 주는 데 반해, 한나라당은 비중은 미미하지만 부정적 언급을 하고 있음이 발견된다. 즉 노동 집단 이슈에 있어서는 '민주노동당·열린우리당 대 한나라당'의 경쟁 구도가 나타나는 것이다.

사회집단 영역에서는 주로 열린우리당과 민주노동당이 노동 집단, 농민 집단, 비경제적 인구학적 집단(노인·여성) 등 사회 기층이나 약자에 대한 보호를 주창하고 있는 반면, 한나라당은 이 부분을 경시하는 것으로 나타나, 전반적으로 '민주노동당·열린우리당 대 한나라당'의 경쟁 구도임을 보여 준다.

한편 열린우리당이 노동 집단, 농민, 노인, 여성 등의 보호를 고르게 주창한 반면, 민주노동당은 노동 집단 보호를 압도적으로 주창함으로써 다른 집단에 대한 배려를 경시한 것으로 나타난다. 이는 노동계급 정당이라는 민주노동당의 특징과 함께 대중정당으로서의 한계를 동시에 보여 준 부분으로 해석된다.

2) 전체 이슈 영역을 관통하는 정당 경쟁 구도

지금까지 각 이슈 영역별로 정당 간의 차이와 경쟁 구도를 살펴보았다. 그런데 이 부분에 대한 해석은 주의를 요한다. 개별 영역에서 각 이슈를 둘러싸고 입장 차이가 나타나지만, 그 이슈들이 정당 경쟁에서 같은 비중을 점하는 것은 결코 아니기 때문이다. 이를 간과하면 정당 경쟁 구도를 평면화시킬 위험이 있다(이렇게 되면 강조 모델이 비판하는 대결 모델로 환원하게 될 것이다). 앞에서 보았듯이 각 이슈들이 그 정당에서 차지하는 비중은 큰 편차를 보이고 있다. 이는 곧 정당들이 매 이슈를 둘러싸고 대칭적으로 대결하는 것이 아니라, 자신들이 강점이 있다고 생각하는 이슈를 선택적으로 강조하는 비대칭적 경쟁 전략을 택하고 있음을 보여 준다. 따라서 이를 파악하기 위해서는, 이슈 영역별이 아니라, 전체 영역과 이슈 중에서 각 정당이 강조하는 것이 무엇인가에 초점을 두고 정당 경쟁 구도를 분석해야만 한다. 이를 보여 주는 자료들이 〈표 5-10〉에서 〈표 5-12〉까지다.

먼저 〈표 5-10〉은 7개 이슈 영역이 전체 대표 연설(발언) 및 각 정당의 대표 발언(연설)에서 어느 정도의 비중을 점하는지를 보여 준다. 우선 전체 평균은 물론이고 각 정당별 비율을 보아도 경제, 복지 및 삶의 질,

표 5-10 | 대표 연설(발언)에서 각 이슈 영역이 차지하는 비중(단위 : %)

	열린우리당	한나라당	민주노동당	전체 평균
대외관계	22.9	19.9	18.6	20.5
자유 및 민주주의	6.7	9.3	12.0	9.3
정부	4.1	19.8	0.9	8.3
경제	30.5	23.3	33.6	29.1
복지 및 삶의 질	26.4	20.7	19.1	22.0
사회구조	0.9	4.0	0	1.7
사회집단	8.5	2.9	16.0	9.1

대외관계(남북 관계) 영역이 1위부터 3위까지를 차지한다. 정당들은 주로 이들 3대 영역을 중심으로 경쟁했음을 의미한다. 3대 영역을 벗어나면 각 정당별 차별성이 드러난다. 정당 간에 가장 큰 편차를 보이는 영역은 정부 영역이다. 정부 영역은 주로 한나라당에서 강조한 것인데, 앞에서 보았듯이 그 내용은 작은 정부론이었다. 또 하나 주목되는 것은 민주노동당이 사회집단 영역을 강조한 점인데, 그 내용은 주로 노동 집단 보호였다.

각 이슈 영역의 비중을 볼 때, 열린우리당은 대외관계(햇볕정책)와 복지 영역을, 한나라당은 정부 영역(작은 정부)을, 민주노동당은 경제(시장 규제, 보호주의), 민주주의(사회·경제적 민주화) 및 사회집단(노동) 영역을 다른 정당에 비해 부각시켰음을 알 수 있다. 각 정당은 이들 영역을 자신의 정체성이나 장점을 드러내 주는 영역으로 설정했던 것이다. 이는 정당들이 각기 상이한 영역을 강조함으로써 비대칭적 경쟁 구도를 형성했음을 의미한다.

〈표 5-11〉은 각 정당들이 강조한 10대 이슈의 내용인데, 정당들이 강조한 이슈의 차별성과 함께 정당 간 경쟁의 비대칭성을 더욱 뚜렷이 보여 준다.

우선 정당별 5대 이슈를 비교하면, 열린우리당의 경우 남북 관계 온건, 사회 서비스 확대, 자본주의 규제, 교육 확대, 정치 개혁의 순서를 보여 준다. 햇볕정책을 가장 강조했고, 그 다음으로 복지 확대, 시장규제 등을 주로 강조했다고 해석될 수 있다. 반면 한나라당은 정부 효율성, 남북 관계 강경, 정통 경제정책, 교육 자율, 정부 부패 등을 상위 이슈로 부각시켰다. 작은 정부론를 강조했으며, 이와 함께 대북강경 노선, 시장 자율성 등의 정책 노선을 부각시켰던 것이다. 민주노동당이 가장 강조한 이슈는 보호주의(FTA 반대)이며, 그 다음이 시장규제, 햇볕정책 지지, 노동 보호, 복지 등이었다. 정당별로 우선적으로 강조한 이슈를 보면, 열린우리당은 햇볕정책과 복지, 한나라당은 작은 정부와 대북 강경론, 민주노동당은 보호주의와 시장규제 등으로 나타난다. 이는 각 정당의 정책 노선의 특징과 함께 정당 경쟁의 비대칭성을 보여 준다.

한편 5대 이슈를 둘러싼 정당 간 경쟁 구도를 보면, 3당은 남북 관계 이슈를 두고는 '열린우리당·민주노동당 대 한나라당', 보호주의를 둘러싸고는 '열린우리당 대 민주노동당'이라는 양극적 경쟁 구도를 형성했음을 알 수 있다. 이 두 이슈를 제외하면 각 당이 강조한 이슈들은 모두 '선택적 강조'의 이슈들인데, 대체로 '국가의 시장 개입 및 복지 확대 대 큰 시장 작은 정부'라는 축을 두고 '열린우리당·민주노동당 대 한나라당'의 대결 구도가 형성되었다고 해석할 수 있다.

〈표 5-11〉의 내용에서 주목되는 것은 3당의 10대 이슈 중에 '사회 서

표 5-11 | 대표 연설(발언)에서 강조된 정당별 10대 이슈(단위 : %)

	평균	열린우리당	한나라당	민주노동당
1	남북 관계+(11.0)	남북 관계+(13.7)	정부 효율 (12.0)	보호주의+(16.6)
2	사회 서비스+(9.2)	사회 서비스+(10.6)	남북 관계−(11.9)	자본주의 규제(15.8)
3	보호주의+(5.5)	자본주의 규제 (8.2)	정통 경제정책 (9.2)	남북 관계+(13.7)
4	노동 집단+(5.3)	교육 확대 (7.7)	교육 자율 (7.8)	노동 집단+(13.6)
5	정부 효율성 (4.4)	정치 개혁 (6.4)	정부 부패 제거 (7.1)	사회 서비스+(10.2)
6	남북 관계−(4.3)	보호주의−(5.3)	사회 서비스+(6.7)	민주주의(7.4)
7	정치 개혁 (4.2)	사회정의 (5.3)	기업 (6.2)	사회정의 (5.5)
8	사회정의 (4.1)	케인스주의 (4.3)	남북 관계+(5.4)	군사−(4.8)
9	정통 경제정책(3.7)	생산성 (4.3)	정치 개혁 (4.7)	교육 확대 (2.9)
10	정부 부패 제거 (2.9)	비경제적 인구학적 집단(3.7)	자유 인권 (4.6)	자유 인권 (2.1)

비스 확대'가 공통적으로 높은 순위에 올라 있다는 점이다. 표를 의식하는 정당의 속성상 보수나 진보 등 노선과 이념의 차이에 관계없이 모든 정당이 강조할 수밖에 없는 고유 가치를 가진 이슈였다고 해석될 수 있을 것이다.

〈표 5-11〉에서 또 하나 눈에 띄는 것은 열린우리당과 한나라당에 비해 민주노동당의 경우 소수의 이슈에 좀 더 집중하고 있다는 점이다. 전체 텍스트에서 10퍼센트 이상을 점하는 이슈의 수를 보면 열린우리당과 한나라당의 경우 2개에 불과한 데 비해 민주노동당은 5개에 이른다. 반면 전체 내용 중에서 3퍼센트 이상의 비중을 점하는 이슈의 수는 열린우리당과 한나라당이 각각 12개와 10개인 데 비해 민주노동당은 8개에 불과하다(2.5퍼센트 이상의 비중을 점하는 이슈는 열린우리당 13개, 한나라당 12개, 민주노동당 9개다). 이는 열린우리당과 한나라당에 비해 민주노동당이 특정의 이해나 가치를 강하게 대표하고 있음을, 즉 포괄 정당적 성격이

표 5-12 | 각 정당의 10대 이슈 중 공통 이슈와 고유 이슈

구분		이슈
공동 이슈	열린우리당, 한나라당, 민주노동당	사회 서비스 확대+
	열린우리당, 한나라당	사회 서비스 확대+, 정치 개혁
	열린우리당, 민주노동당	사회 서비스 확대+, 남북 관계+, 자본주의 규제, 교육 확대, 사회정의
	한나라당, 민주노동당	사회 서비스 확대+
고유 이슈	열린우리당	보호주의-, 케인스주의적 수요관리, 생산성, 비경제적·인구학적 집단
	한나라당	정부 효율성, 남북 관계-, 정통 경제정책 및 효율성, 교육 자율, 정부 부패, 기업
	민주노동당	보호주의+, 민주주의, 군사-, 노동+

약하고 계급 정당적 성격을 띠고 있음을 보여 주는 하나의 지표로 해석될 수 있을 것이다.

한편 〈표 5-12〉는 10대 이슈 중에서 정당 간 공통 이슈와 정당별 고유 이슈를 정리한 것이다. 먼저 공통 이슈를 보면, 열린우리당과 민주노동당은 5개 이슈에서 공통적이지만, 열린우리당과 한나라당은 2개 이슈, 한나라당과 민주노동당은 1개 이슈밖에 공통점이 없는 것으로 나타난다. 열린우리당과 민주노동당이 공통적으로 강조한 이슈는 남북 관계 온건, 자본주의 규제, 교육 확대, 사회정의 등이다. 이는 한나라당만이 강조한 고유 이슈(남북 관계 강경, 정부 효율성, 정통 경제정책, 기업, 교육 자율, 정부 부패)와 뚜렷한 대조를 보여 준다. 대체로 '남북 관계 온건 대 강경', '복지 확대와 국가의 시장 개입 대 큰 시장, 작은 정부' 등의 대립 축을 중심으로 '열린우리당·민주노동당 대 한나라당'의 경쟁 구도가 형성되었다고 해석할 수 있을 것이다.

그림 5-1 | 좌우 이념 축 상의 각 정당의 위치

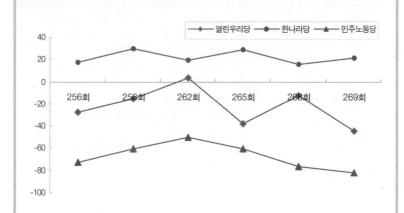

주 : 수치 = 우파 이슈가 점하는 비율−좌파 이슈가 점하는 비율. 따라서 수치가 높을수록 우파적 성격이 강함을 의미한다.
　*우파 이슈 : 군사+, 자유와 인권, 입헌주의+, 정부 효율성, 기업, 인센티브, 보호주의−, 정통 경제정책 및 효율성, 사회 서비스−, 국가주의적 삶의 방식+, 전통 도덕+, 법과 질서, 전 국민적 노력과 사회 조화
　*좌파 이슈 : 탈식민지, 군사−, 평화, 국제주의+, 민주주의, 자본주의 규제, 경제계획, 보호주의−, 통제경제, 국유화, 노동 집단+

　　이상에서 보듯이 정당에 따라 강조하는 이슈는 다르게 나타난다. 그렇다면 정당 간 경쟁은 이처럼 개별적 이슈를 중심으로 분산적으로 이루어지는가. 만일 그렇다면 다운스적인 좌우의 정당 경쟁 모델은 부정될 것인가. 전술했듯이 이에 대한 강조 모델의 대답은 '그렇지 않다'이다. 서구 각국의 정당 경쟁 모델을 분석했던 MRG 그룹은 전통적인 좌우의 구분에 따라 정당별로 강조하는 이슈들도 달리 나타남에 주목하고, 우파 이슈가 점하는 비율에서 좌파 이슈가 점하는 비율을 빼는 방식으로, 좌우 경쟁 축에 정당을 위치 짓는 척도를 산출하고 있다(Budge,

Klingemann, Volkens, Bara, and Tanenbaum 2001, 21-22).

MRG 그룹이 개발한 이러한 방법론을 적용해 도출한 것이 〈그림 5-1〉이다. 제17대 국회에서 각 정당들은 좌우의 이념 축에서 볼 때 민주노동당–열린우리당–한나라당의 순서임을 알 수 있다. 흥미로운 것은 열린우리당의 경우 좌우로의 변동 폭이 가장 크게 나타나는데, 17대 국회에서 보여 준 열린우리당의 정체성 및 노선상의 혼란 양상을 반영한 것으로 보인다. 제262회 국회에서 열린우리당의 위치가 가장 우측으로 이동했던 것은 개원 직전에 있었던 북한 핵실험의 영향으로 군사+ 이슈를 이때에만 유일하게 강조했기 때문으로 보인다.[5]

4. 요인분석을 통해 본 정당 경쟁 구도

지금까지 각 정당들이 강조한 이슈에 대한 서술적 해석을 통해 각 정당의 정책 노선의 특징과 경쟁 구도를 살펴보았다. 여기에서는 요인분석을 통해 정당 간 경쟁 구도를 좀 더 선명히 그려 보기로 한다. 대표 발

---

5) 민주노동당의 경우에도 제262회 국회에서 가장 우측으로 이동하고 있는데, 이는 간첩단 사건에 맞서 자유·인권(색깔론 비판)을 강조했는데, 이것이 MCR팀의 기준에 의하면 우파 이슈인 결과로 보인다. 이 부분은 서구와 달리 한국의 경우 반공 체제의 영향으로 아직도 자유 인권 등이 개혁·진보 진영의 이슈가 될 수 있음을 보여 주는 사례로 판단된다.

언(연설)에 대한 요인분석은, 이슈 영역별 분석을 통한 1단계 요인분석을 수행하고, 여기서 추출된 요인 점수를 다시 2단계 요인분석에 투입하는 2단계 방식을 취하게 될 것이다. 그 이유는 사례(대표 연설, 대표 발언)에 비해 변수(이슈)의 수가 너무 많기 때문이다.

MRG 그룹의 기법을 준용해, 1단계 요인분석에서는 각 이슈 영역별로 2개의 요인을 추출하게 된다. 한편 1단계 요인분석에 투입되는 이슈의 경우에도 일정한 선별이 이루어지는데, 어떤 하나의 이슈가 전체 텍스트(대표 연설 및 대표 발언)의 내용 중에서 차지하는 비중이 평균 1퍼센트 미만이거나 개별 텍스트에서 차지하는 비중이 3퍼센트 미만인 것은 1차 요인분석에서 배제했다.[6] 이는 사실상 의미가 없는 변수를 배제함으로써 요인분석의 실효성을 높이기 위한 것이다.

1) 1단계 요인분석 결과

먼저 대외관계 영역에는 모두 9개의 이슈가 있었는데, 이 중에서 '전체 1퍼센트 이상, 개별 3퍼센트 이상'의 규칙에 따라 5개의 이슈가 1단계 요인분석에 투입되었다. 〈표 5-13〉은 그 결과를 보여 준다. 고유 값이 나타내는 수치는 해당 요인이 설명하는 분산의 양을 보여 주는데, 고유 값 1 이상인 요인들만 추출되었다. 이 값이 1보다 크다는 것은 다른

---

6) 선거 강령 분석에서는 대체로 각 이슈별로 개별 정당에서 차지하는 비중이 3퍼센트 이상이거나 정당 전체 평균에서 차지하는 비중 1퍼센트 이상인 이슈를 유의미한 이슈로 취급한다.

표 5-13 | 대외관계 영역 1차 요인분석 결과

이슈	1요인	2요인
남북 관계+	-.310	.728
남북 관계-	.929	-.222
군사+	.952	.011
군사-	-.250	.302
평화	.152	.825
고유 값	2.129	1.173
분산	42.6	23.5

요인에 비해 그 만큼 설명력이 높다는 것을 의미한다.

〈표 5-13〉에서 보듯이 대외관계 영역에서는 2개의 요인이 추출되었다. 이 두 요인은 대외관계 영역에서 66.1퍼센트의 설명력을 갖는다. 먼저 요인1은 '남북 관계-', '군사+'를 정$_\mp$의 방향으로 한데 묶고 있다. 이는 북한과의 관계에서 냉전 반공주의에 기초한 군사적 대결 위주의 노선을 상대적으로 강조하는 입장으로서 그 성격을 '냉전 반공'으로 규정할 수 있을 것이다. 요인2는 '남북 관계+', '평화', 군사- 등이 정의 방향으로 묶였는데, '화해 협력' 정책을 지지한 것으로 해석된다. 요인1과 요인2는 각각 '냉전 반공'과 '화해 협력'으로 정의되어 2단계 요인분석에 투입될 것이다.

자유 및 민주주의 영역에서는 세 이슈가 요인분석에 투입되었다. 그 결과 1개의 요인이 추출되었는데, '정치 개혁, 자유 인권' 대 '민주주의'가 동일한 차원 위에서 양극적 방향으로 묶여 있다. '자유 인권'의 주된 내용은 한나라당이 언론 자유, 북한 인권 문제 등을 제기한 것이었다.

표 5-14 | 자유 및 민주주의 영역 1차 요인분석 결과

이슈	1요인
자유 인권	.683
민주주의	-.655
정치 개혁	.885
고유 값	1.679
분산	56.0

표 5-15 | 정부 영역 1차 요인분석 결과

이슈	1요인
분권화	-.264
정부 효율	.936
정부 부패	.938
고유 값	1.825
분산	60.8

정치 개혁은 정치적 민주주의 관련 내용으로 열린우리당과 한나라당이 강조한 것이었다. 반면 민주주의 이슈는 민주노동당이 제기한 것으로 사회·경제적 민주화의 내용을 담은 것이었다. 따라서 제1요인은 '자유주의 대 민주주의 심화'로 그 성격을 규정할 수 있을 것이다.

정부 영역에서는 세 이슈가 요인분석에 투입되었다. 그 결과 정부 효율과 정부 부패, 분권화 이슈가 양극적 방향으로 묶인 것으로 나타나지만, 압도적으로 정부 효율 및 정부 부패 이슈가 큰 비중을 점한다. 이 점에서 이 요인은 '작은 정부'로 그 성격을 규정할 수 있을 것이다.

경제 영역에서는 9개 이슈가 요인분석에 투입되었다. 그 결과 제1요

이슈	1요인	2요인
기업	.760	-.170
인센티브	-.017	-.023
자본주의 규제	-.692	-.208
보호주의+	-.620	-.521
보호주의-	-.234	.714
경제 목표	.120	.026
케인스주의적 수요관리	-.159	.856
생산성	.203	.602
정통 경제정책	.800	-.137
고유 값	2.383	2.026
분산	26.5	22.5

표 5-16 | 경제 영역 1차 요인분석 결과

인으로는 '정통 경제정책, 기업 대 자본주의 규제, 보호주의+'로 4개의 이슈가 양극적 방향으로 묶인 것으로 나타난다. '정통 경제정책' 및 '기업' 이슈는 '기업 자율'로 그 특징을 부여할 수 있으며, '자본주의 규제, 보호주의 긍정'은 '시장규제 및 보호'로 그 특징을 부여할 수 있을 것이다. 제1요인은 '기업 자율 대 시장규제·보호'로 그 성격을 부여하고자 한다.

제2요인으로는 '케인스주의적 수요관리, 보호주의 부정, 생산성'으로 3개의 이슈가 단극적 방향으로 함께 묶였다. 케인스주의적 수요관리, 보호주의 부정, 생산성의 세 가지 이슈는 한마디로 '개방과 정부 개입을 통한 성장 전략'으로 규정할 수 있을 것이다. 이런 점을 고려해 제2요인은 '시장 개입과 개방'으로 그 성격을 부여할 수 있다.

복지 및 삶의 질 영역에서는 네 이슈가 요인분석에 투입되었다. 여기에서 도출된 제1요인은 '교육 자율, 교육 확대' 이슈가 양극적 방향으로

표 5-17 | 복지 및 삶의 질 영역 1차 요인분석 결과

이슈	1요인	2요인
사회정의	-.065	-.102
사회 서비스 확대	-.097	.924
교육 확대	-.636	-.482
교육 자율	.887	-.196
고유 값	1.251	1.112
분산	31.3	27.8

표 5-18 | 사회집단 영역 1차 요인분석 결과

이슈	1요인	2요인
노동 집단+	-.041	.973
농어민	.886	.155
비경제적·인구학적 집단	.815	-.315
고유 값	1.508	1.012
분산	59.3	33.7

묶여 있는 것으로 나타났다. 교육 자율 이슈는 주로 사학법 반대, 사학의 자율성 등을 내용으로 하며, 교육 확대 이슈는 교육에 대한 공적 지원 및 투자를 그 내용으로 한다. 제1요인은 교육 자율 대 교육 확대로 정의되어 2단계 분석에 투입된다. 제2요인은 사회 서비스 확대 한 가지 이슈만으로 구성된 것으로 나타났다. 이는 '복지 확대'로 규정되어 2차 요인분석에 투입된다.

사회집단 영역에서는 세 가지 이슈가 요인분석에 투입되었다. 그 결과 제1요인으로는 농민과 비경제적·인구학적 집단이 단극적 방향으로 하나로 묶여 나타났다. 제1요인은 '농민 및 사회 약자'로 그 성격을 부여할 수 있다.[7] 노동 집단+는 노동 집단에 대한 우호적 언급으로 주로 비정규직 보호 및 대책을 그 내용으로 한다. 노동 집단+ 이슈는 단독으로 제2요인으로 나타났다.

2) 2단계 요인분석 결과

이상과 같은 1단계 요인분석을 기초로 해 2단계 요인분석을 시도했다. 2단계 요인분석에는 총 11개 이슈가 투입되었는데, 1차 요인분석 결과 나온 10개의 요인과 함께, 사회구조 영역에서는 '전체 중 1퍼센트, 개별 중 3퍼센트' 규칙에 부합하는 이슈가 '전 국민적 노력, 사회 조화' 하나밖에 없었기에 이 이슈가 그대로 2단계 요인분석에 투입되었다.

2단계 요인분석 결과 4개의 요인이 도출되었다. 즉 정당 간 경쟁은 크게 4개의 이슈 차원으로 축소될 수 있는데, 4개의 요인이 갖는 설명력(누적 분산 값)은 71.5퍼센트로 나타난다.

먼저 요인1은 '교육 자율, 작은 정부, 기업 자율 대 화해 협력, 시장 개입·개방' 등의 이슈가 양극적 방향으로 묶였다. 교육 자율, 작은 정부, 기업 자율은 그 성격을 '큰 시장, 작은 정부'로 규정할 수 있을 것이다(교육 자율은 교육 영역에서 시장 자율을 강조한 것이다). 한편 화해 협력과 시장 개입·개방은 대외관계 영역과 경제 영역의 이슈가 같이 묶였는데, 전자의 비중이 훨씬 크므로 이를 화해 협력(시장 개입·개방)으로 표시하고자

---

7) 비경제적 인구학적 집단 이슈는 주로 노인, 여성에 대한 복지 확대를 그 내용으로 한다.

표 5-19 | 2단계 요인분석 결과

투입된 이슈	도출된 요인			
	1요인	2요인	3요인	4요인
냉전 반공	-.032	.026	-.120	.874
화해 협력	-.816	.051	-.187	.122
자유주의 대 민주주의	.051	.842	.220	.012
작은 정부	.728	.098	-.271	.063
기업 자율 대 시장규제·보호	.602	.162	-.040	.592
시장 개입, 개방	-.495	.494	.009	.382
교육 자율 대 교육 확대	.804	.155	-.100	.111
복지 확대	.054	-.191	.894	-.122
전 국민적 노력, 사회 조화	.131	.706	-.211	-.063
친농민, 사회 약자	-.174	.121	.874	-.054
친노동	-.085	-.686	.132	-.440
고유 값	2.927	2.231	1.677	1.029
분산	26.6	20.3	15.2	9.4

한다. 전체적으로 요인1은 '큰 시장, 작은 정부 대 화해 협력(시장 개입·개방)'으로 개념화할 수 있을 것이다.

　요인2는 '자유주의, 사회 조화 대 친노동'으로 각기 다른 세 영역의 이슈가 양극적 차원으로 묶여 나타났다. 자유주의와 함께 묶인 '전 국민적 노력, 사회 조화' 이슈의 경우 주로 국민 통합, 이념·지역·계층·세대 간 편 가르기 반대, 내부 분열에 대한 비판, 나눔과 기부 문화 강조 등을 그 내용으로 하는데, 전통적인 보수주의의 가치를 강조하는 것임을 알 수 있다. 이런 점에서 '자유주의와 사회 조화'는 보수적 자유주의로 성격을 규정할 수 있을 것이다. 따라서 요인2는 '보수적 자유주의 대 친노동'으로 개념화할 수 있을 것이다.

주목되는 것은 요인1과 2에 묶인 이슈들이 각기 다른 영역의 이슈라는 점이다. 이는 정당 간 경쟁이, 동일한 이슈 영역에서 서로 대립하는 confrontational 관계로 나타나기보다는, 각기 자신이 상대적으로 다른 정당에 비해 강조하는salient 이슈 영역을 중심으로 이루어진다는 강조 모델의 가정을 뒷받침하는 것으로 해석된다.

요인3은 '복지 확대, 친농민, 사회 약자'로서, 사회 서비스 및 삶의 질 영역에 속하는 두 이슈가 단극적 차원으로 함께 묶여 있다. 따라서 요인3은 '복지 확대'로 그 성격을 단순화할 수 있을 것이다.

요인4는 냉전 반공이라는 단일 이슈로 구성된다. 냉전 반공은 우리 사회의 헤게모니적 이념을 나타내는 이슈라고 할 수 있다.

그렇다면 이상과 같은 네 가지 이슈 차원에 대한 각 정당의 입장은 어떻게 나타나는가. 이를 파악하기 위해 각 정당의 요인 평균값을 구한 것이 〈표 5-20〉이다. 〈그림 5-2〉는 〈표 5-19〉와 〈표 5-20〉에 기초하여 정당 간 경쟁 구도(정당 경쟁의 주요 이슈 및 각 이슈에 대한 정당의 입장)를 표시한 것이다.

먼저 제1요인인 '큰 시장, 작은 정부 대 화해 협력(시장 개입·개방)'의 축에서는 '한나라당 대 열린우리당·민주노동당'의 경쟁 구도가 나타난다. 이 이슈를 둘러싼 정당 간 거리는 1.93에 이른다. 즉 요인1은 정당 경쟁의 가장 중요한 차원인 동시에 정당 간 차이를 가장 크게 만든 요인이다. 한편 민주노동당이 열린우리당과 같은 공간에 위치하기는 하지만 열린우리당보다 중간에 위치하게 된 것은 시장 개방에 대한 반대가 반영된 결과로 보인다.

제2요인인 '보수적 자유주의 대 친노동'의 축에서는 '한나라당·열린

표 5-20 | 2차 요인분석 결과 나타난 각 정당의 요인 값 평균

	요인1 큰 시장, 작은 정부 대 화해 협력(시장 개입·개방)	요인2 보수적 자유주의 대 친노동	요인3 복지 확대	요인4 냉전 반공
열린우리당	-0.87	0.43	0.34	0.27
한나라	1.06	0.47	-0.25	0.54
민주노동당	-0.20	-0.90	-0.08	-0.81
정당 양극화 수준	1.93	1.37	0.59	1.35

그림 5-2 | 정당 간 경쟁 구도 및 정당 위치

화해협력 시장개입·개방	열 (0.67)	노 (1.26)	한	큰 시장 작은 정부

친노동	노 (1.33)	열 한 (0.04)		보수적 자유주의

복지 확대 (강조)	열 노 한 (0.42) (0.17)			복지 확대 (非강조)

냉전반공 (非강조)	노 (1.08)	열 한 (0.27)		냉전반공 (강조)

주 : 〈표 5-20〉에 기초하여 작성.
　　열=열린우리당, 노=민노당, 한=한나라당.
　　( ) 안의 숫자는 정당간 거리를 의미.
　　각 줄의 굵기는 분산값에 비례함. 즉 굵을수록 정당 경쟁 구도에서 큰 비중을 차지함을 의미.

우리당 대 민주노동당'의 경쟁 구도가 나타난다. 이 요인의 양극화 수준은 1.37인데, 한나라당과 열린우리당의 거리는 0.04에 불과하다. '보수적 자유주의' 항목은 자유 인권, 정치 개혁, 그리고 전 국민적 노력 및 사회 조화라는 세 가지 이슈로 구성된다. 그 내용에서 보듯이 정치적 민주주의 또는 자유민주주의를 벗어나지 않는 내용이며, 이 점에서 열린우리당은 한나라당과 같은 보수 우파의 이념 내에 있다고 할 수 있다. 이에 대해 민주노동당은 자본-노동의 균열에 기초한 노동의 이해를 대변함으로써 보수 우파 양당과 상당한 이념적 거리를 노정하게 된 것으로 해석된다. 제2요인은 기존의 보수 양당 구도에 민주노동당이 참여함으로써 가져온 새로운 균열 축의 등장을 의미한다.

제3요인인 복지 확대 이슈를 둘러싼 정당 간 경쟁 구도는 '열린우리당 대 민주노동당·한나라당'의 순으로 나타난다. 주의할 것은 각 당의 차이는 찬반이 아니라 상대적 강조의 차이라는 점이다(즉, 민주노동당과 한나라당이 이 이슈를 강조하지 않은 데 비해 열린우리당은 강조했다는 것이다). 하지만 이 요인에서 정당 간 거리는 0.59에 불과해 네 요인 중에서 가장 거리가 가깝게 나타난다. 이는 복지 확대를 둘러싸고 3당 간의 정책 노선의 차이가 미미함을 의미한다.

요인 3에서 주목되는 것은 민주노동당이 열린우리당에 비해 이 이슈에서 소극적이었다는 점이다. 이는 의외라고도 할 수 있겠지만, 민주노동당이 주로 노동 이슈를 강조함에 따라 상대적으로 보편적 복지의 비중이 낮아진 결과로 보인다. 민주노동당은 노동이라는 계급적 균열을 중요하게 부각시켰고 이에 따라 보편적 복지가 상대적으로 소홀하게 또는 덜 부각되는 결과를 가져온 것이다. 이는 민주노동당의 정체성과 함께 대중정당으로서의 한계를 동시에 보여 준 사례일 것이다.

제4요인은 냉전 반공이라는 단극적 이슈로 구성되는데, 냉전 반공 이슈를 강조하느냐 그렇지 않느냐를 둘러싸고 '한나라당·열린우리당 대 민주노동당'의 경쟁 구도가 형성됨을 보여 준다. 냉전 반공 요인은 두 이슈(남북 관계-, 군사+)로 구성되는데, 북한과의 관계에서 냉전 반공주의에 기초한 군사적 대결 위주의 노선을 의미하는 것으로 남한 반공 체제와 관련된 헤게모니적 이슈라고 할 수 있다. 이 문제에서 열린우리당은 화해 협력(남북 관계+, 군사-)을 더 강조하면서도 안보 문제(특히 북핵 등)가 제기될 경우에는 강경 입장(남북 관계-, 군사+)을 기본적으로 천명하곤 했었다. 이와 달리 민주노동당은 냉전 반공 헤게모니에 대해 조금의 유보도 없이 탈냉전을 강조했다. 결국 이러한 차이로 인해 열린우리당은 한나라당과의 경쟁에서는 좌측에 있지만, 민주노동당이 진입할 경우 우측으로 밀리면서 한나라당과 같은 공간에 자리하게 된 것으로 파악된다. 결국 요인4는 냉전 반공 헤게모니 안에 있는 열린우리당과 그렇지 않은 민주노동당의 차이점을 보여 주는 경쟁 축이라 할 수 있다(이 요인의 양극화 수준은 1.35인데 한나라당과 열린우리당의 거리는 0.27에 불과하다). 요인 4는 요인 2와 함께 민주노동당이 정치 대표 체제에 진입함으로써 새롭게 형성된 갈등 축을 보여 주는 사례로 판단된다. 하지만 요인4가 갖는 설명력이 그리 크지 않다는 점에 주목할 필요가 있다(분산값이 9.4에 불과하다. 즉 정당 경쟁 구도의 9.4퍼센트밖에 설명하지 못한다). 우리 사회에서 반공 이념의 헤게모니를 둘러싼 갈등이 정당 경쟁에서 차지하는 비중은 아직 미미한 수준에 불과한 것이다.

5. 결론

이 글은 강조 모델에 기초해 제17대 국회에서의 정당 간 경쟁 구도를 분석했다. 분석 결과는 다음과 같이 정리할 수 있다.

첫째, 제17대 국회에서 각 정당들은 경제, 복지 및 삶의 질, 남북 관계라는 3대 영역의 이슈를 중심으로 경쟁했는데, 각 정당별 특징을 보면 열린우리당은 남북 관계와 복지 영역을, 한나라당은 정부 영역(작은 정부)을, 민주노동당은 경제(시장규제 및 보호주의) 및 민주주의(민주주의 심화), 사회집단 영역(노동 보호)을 다른 정당에 비해 강조한 것으로 나타난다.

각 정당이 강조한 이슈의 성격을 통해 각 정당이 추구한 정책 노선을 비교해 보면, 열린우리당은 햇볕정책과 복지 확대를, 한나라당은 작은 정부, 큰 시장, 대북 강경 노선을, 민주노동당은 보호주의, 시장규제 등을 강조한 것으로 해석된다. 3당이 내세운 정책적 우선순위에서 뚜렷한 차이를 볼 수 있는 것이다.

한편 주요 이슈를 둘러싼 정당 간 경쟁 구도를 살펴보면, 남북 관계 이슈에서는 '열린우리당·민주노동당 대 한나라당', 보호주의 이슈를 둘러싸고는 '열린우리당 대 민주노동당'의 대립 구도가 확인된다. 이 두 이슈를 제외하면 정당 간에 '양극적 대립'이 아니라 '선택적 강조를 통한 경쟁'의 양상이 확인되는데, 대체로 '국가의 시장 개입 및 복지 확대 대 큰 시장·작은 정부'라는 대립 축을 둘러싸고 '열린우리당·민주노동당 대 한나라당'의 경쟁 구도가 형성되었음이 확인된다.

정당 경쟁 구도를 좀 더 간결하게 기술하기 위해 요인분석을 실시한 결과, 제17대 국회에서 정당 경쟁은 네 가지 축을 중심으로 전개된 것으로 나타났다.

가장 중요한 축은 '큰 시장, 작은 정부 대 화해 협력'의 경쟁 축이었다. 이를 둘러싸고 '한나라당 대 열린우리당·민주노동당'의 대립 구도가 확인되었다. 두 번째 경쟁 축인 '보수적 자유주의 대 친노동'의 축에서는 '한나라당·열린우리당 대 민주노동당'의 경쟁 구도가 확인된다. 이상의 경쟁 축이 상이한 이슈를 둘러싼 대립을 의미한다면, 나머지 두 경쟁 축은 단일 이슈에 대한 상대적 강조의 차이를 의미한다. 세 번째 경쟁 축은 복지 확대에 대한 강조의 차이를 보여 주는데, 열린우리당-민주노동당-한나라당의 순으로 이를 강조한 것으로 나타난다. 마지막으로 냉전 반공 헤게모니를 둘러싼 입장에서는 한나라당-열린우리당-민주노동당의 순서가 확인된다.

전체적으로 볼 때, 제17대 국회에서 가장 중요한 경쟁 구도는 '한나라당 대 열린우리당·민주노동당'의 구도였다. 이는 '보수 대 개혁'의 갈등 축이라 할 수 있으며, 그 내용은 '큰 시장, 작은 정부론 대 화해 협력 정책'이었다. 두 번째 경쟁 구도는 '열린우리당·한나라당 대 민주노동당'의 구도로서 '우파 대 좌파'의 구도라 할 수 있다. 그 내용은 '보수적 자유주의 대 노동 보호'였다. 세 번째 비중을 점하는 경쟁 구도는 복지에 대한 강조의 차이에 따른 '열린우리당 대 민주노동당·한나라당'의 구도였지만 정당 간 차이는 아주 미미했다. 네 번째 경쟁 구도는 반공 헤게모니를 둘러싼 '열린우리당·한나라당 대 민주노동당'의 구도인데, 이 이슈가 정당 경쟁 구도에서 차지하는 비중은 미미했다.

민주노동당이 기존의 양당 간 경쟁 구도에 미친 영향을 확인하는 것은 이 장의 초점의 하나였다. 각 이슈 영역별로 보면, 민주노동당은 정치 영역에서 '사회·경제적 민주화 또는 민주주의의 심화'라는 새로운 요인을 추가함으로써 자유주의를 둘러싼 보수 양당 간의 단극적 경쟁을 '자유주의 대 민주주의 심화'라는 양극적 경쟁 구도로 변화시킨 것으로 나타난다. 또한 경제 영역에서 보호주의를 둘러싼 경쟁 축을 추가했고, 사회집단 영역에서는 노동 보호를 둘러싼 새로운 경쟁 축을 추가한 요인으로 작용했다고 분석된다.

전체적으로 제17대 국회에서 민주노동당은 '큰 시장, 작은 정부 대화해 협력 정책'의 경쟁 축에서는 '열린우리당 대 한나라당'의 경쟁 구도에 부가적인 요인에 불과했다. 그러나 '보수적 자유주의 대 친노동', '반공 헤게모니의 수용'을 둘러싼 경쟁 축에서는 '열린우리당·한나라당 대 민주노동당'의 대립 구도를 형성함으로써, 보수 양당에 대한 대안적 세력으로서의 위치를 보여 주었다고 해석된다.

이러한 분석 결과는, 만일 민주노동당이 주요 정당으로 정당 체제에 진입할 경우, 한국의 정당 경쟁 구도가 기존의 것과 다른 성격의 것으로 변화될 수 있는 가능성을 확인시켜 준다. 민주노동당은 노동계급 이익, 민주주의 심화, 보호주의, 반공 헤게모니 거부 등 기존의 정당이 대표하지 못한 이익이나 가치를 제기했고, 이를 둘러싼 새로운 균열을 정치 대표 체제 내에 투입하려 했음을 알 수 있었다. 특히 노동 이슈의 적극적인 제기는 전체 정당 경쟁 구도에 변화를 가져올 수 있는 변수임이 확인된다.

민주노동당이 가져온 이러한 변화는 역으로 기존의 보수 정당 체제에서 어떤 이슈들이 배제되고 억압되는가를 보여 준다. 기존의 보수 정당 체제는 노동의 이해나 사회·경제적 민주화, 신자유주의에 대한 저항,

반공 헤게모니 거부 등의 가치를 정치 대표 체제에서 배제시키고 있는 것이다. 샤츠슈나이더에 의하면 "최고의 권력 수단은 대안을 정의하는 것"이다(Schattschneider 1975, 66). 이에 따른다면 한국의 보수정당 체제는 결국 민주노동당이 제기한 이슈들을 정치적 대안에서 배제시키는 헤게모니적 권력으로 작동해 오고 있는 것이다. 결국 이 장은 제17대 국회를 대상으로 해 한국의 정당 경쟁 구도의 한 단면을 밝힌 동시에, 한국의 보수정당 체제의 특징을 민주노동당이라는 변수를 개입시킴으로써 드러내는 효과를 가져왔다고 할 수 있다.

3부

짧은 결론

1

이 책은 정치 대표 체제의 이념적 협애함이라는 한국 민주주의의 본질적 문제가 어떤 역사적 배경에서 배태되었으며, 그것이 이후 민주주의의 전개 과정을 어떻게 제약해 왔는지를 분석하고 있다.

특히 이 책은, 민주화 이후 한국 민주주의가 직면한 문제가 민주화 이전인 국가 형성 및 산업화 시기로부터 기원함을 강조하고 있다. 한국에서 자유민주주의는 국가 형성기에 반공 체제라는 제약하에서 제도화되었고, 이러한 제약은 이후 반공 체제에 기반한 권위주의 발전 국가를 통해서 또한 우파 독점의 정당 체제 및 정치사회를 통해 재생산되고 강화된 결과, 민주화 이후 유권자들의 정치적 선택을 구조적으로 제한하고 있는 것이다. 이 책은 이러한 한국 민주주의의 문제점의 기원과 그 현재적 모습을 역사적·분석적으로 다루었다.

2

제1부에서는 반공 체제라는 한국 민주주의의 구조적 제약 요인이 어떤 역사적 과정을 통해 구축되었으며, 그것이 이후 민주주의의 전개 과정을 어떻게 제약해 왔고 또 제약하고 있는지를 역사적으로 분석했다.

제1부의 첫 번째 글인 제1장은 해방 3년기를 민주주의의 관점에서 재해석하려 시도했다. 한국 현대 정치체제의 원형이 형성된 시기라고

할 수 있는 해방 3년의 시기와 그 결과 구축된 정치체제의 기본 구조('48년 체제')를 '반공 체제의 틀 안에 구속된 자유민주주의'라는 태제를 통해 분석했다. 특히 국민국가 형성기에 나타나는 사회적 갈등과 균열을 어떻게 체제 내로 통합해 제도화하느냐가 이후 민주주의의 기본 틀을 규정하게 될 문제임을 강조하면서, 한국은 갈등의 제도화가 아니라 갈등을 폭력적으로 제거하면서 특정의 세력과 이념이 사회를 전일적으로 지배하는 방식으로 국민국가가 형성되었음을 강조했다. 한국의 민주주의는 반공 체제라는 이러한 정초 위에서 제도화되었고, 그것이 이후 민주주의 전개 과정에 결정적인 제약을 가했음을 보여 주고 싶었기 때문이다.

제2장은 1948년 체제의 두 가지 특징―정치적 대표 체제의 협애함과 강한 국가―이 이후 민주주의 전개 과정을 어떻게 제약해 왔는지를 역사적으로 분석했다. 국가 형성기에 구축된 반공 체제라는 역사적 초기 조건이 권위주의 발전 국가와 결합해, 산업화 과정에서 등장하는 새로운 균열에 기초한 반대 세력이 유의미한 정치적 대안으로 조직되는 것을 가로막음으로써 결국 민주화 이후의 한국 민주주의가 보수 우파 이외의 정치적 대안이 봉쇄된 '좌파 없는' 또는 '노동 없는' 민주주의로 귀결되는 과정을 추적했다. 그리고 한국 민주주의가 직면하고 있는 이러한 한계를 어떻게 극복할 것인지를 둘러싸고 전개되는 현재의 쟁점을 분석하고, 대안의 방향을 모색해 보았다.

3

제2부에서는 대조적인 세 시기의 국회를 대상으로 해, 48년 체제하 정치 대표 체제의 이념적 협애성의 여러 단면과 그 극복 가능성을 살펴보았다. 먼저 2부의 첫 번째 글인 제3장은 제헌국회를 그 분석 대상으로 했다. 제헌국회는 냉전 반공 체제가 한국전쟁을 거치면서 남한 사회를 압도하는 헤게모니적 체제로 전면화·내면화되기 이전의 의회로서, 한민당·이승만 세력이라는 두 보수 우파 세력 외에 '소장파'라는 제3의 세력이 존재해 그 이후의 어느 국회보다 정치적 대표성의 범위를 넓혔던 국회였다. 보수 우파 세력만이 아닌 중도파 세력이 정치 대표 체제 내에 존재할 경우 연출될 수 있는 정치적 역동성을 제헌국회라는 사례를 통해 살펴보는 동시에, 결국 그것이 분단 반공 체제가 가하는 제약으로 인해 소실되어 가는 과정을 보여 주고 싶었다. 이를 통해 냉전 반공 체제가 정치 대표 체제를 어떻게 협애화시켰는지, 그리고 반공 이념이 권위주의적 국가권력과 결합할 경우 어떤 폭력적 결과를 가져오는지를 볼 수 있었다.

제4장은, 제11대부터 제16대 국회를 대상으로 해, 보수 우파 독점의 정치 대표 체제의 대표 기능을 노동문제를 통해 구체적으로 살펴보았다. 핵심 질문은 '노동 정당이 존재하지 않는 의회에서 노동의 이해는 어떻게 대표되었는가'라는 것이다. 특히 1987년의 민주화나 민주 정부의 등장이 의회의 노동 이익 대표 기능에 어떤 긍정적 변화를 미쳤는지를 주로 살펴보았다. 그 결과는 부정적이었다. 이는 곧 노동 이익의 대표 정도를 기준으로 할 때, 민주화 이후 특히 민주 정부하의 의회에서 사회

적·경제적 민주주의의 의제가 오히려 축소되었음을 의미한다. 이는 민주화 이후 한국 민주주의의 보수적 성격을 보여 주는 뚜렷한 사례라 할 수 있다.

제5장은, 민주노동당이 국회에 진출한 제17대 국회를 대상으로 해 보수 우파 독점의 정치 대표 체제의 변화 가능성을 탐색한다. 이 장의 초점은 '새로이 의회에 진입한 민주노동당은, 의회에서 대표되는 이해나 이슈를 확대함으로써 기존 정치 대표 체제의 틀을 바꾸는 데 어느 정도 영향을 미쳤는가'라는 것이다. 또한 우리는 '만일 한국의 정당 경쟁 구도가 좌우 경쟁 구도로 재편된다면 기존의 우파 정당 간 경쟁 구도와 비교할 때 경쟁의 이슈나 차원 등에서 어떤 변화가 나타날 것인가'라는 가설적 질문을 제기하고 제17대 국회의 사례를 통해 이에 답하고자 했다. 분석 결과, 민주노동당은 노동계급 이익, 민주주의 심화, 보호주의, 반공 헤게모니 거부 등 기존의 정당이 대표하지 못한 이익이나 가치를 제기했고, 이를 둘러싼 새로운 균열을 정치 대표 체제 내에 투입했음을 확인할 수 있었다.

4

1987년 민주화 이후 20여 년이 지났지만 민주주의에 대한 불만은 높아만 가고 있다. 정치적 민주화는 사회·경제적 민주화를 가져오는 계기가 되리라는 민주화 이행론의 낙관적인 전망과는 달리, 한국에서 민주화 이후 20여 년 동안, 특히 지난 '민주개혁 정부' 10년 동안 사회·경제적 불평등은 오히려 심화되어 왔다. 민주화 이후 국민들의 투표 참여율은 지속적으로 하락하고 있다. 특히 경제력이 낮을수록, 세대가 어릴수록 투표에 불참하는 우려스러운 현상이 고착되고 있다. 기득권이 없는 사회적 약자나 취약 계층일수록 민주주의를 자신들의 구체적인 삶과 무관한 정치 엘리트 간의 권력투쟁으로 치부하면서 외면하고 있는 것이다.

이러한 한국 민주주의의 위기적 징후를 둘러싸고 여러 처방과 대안이 제시되어 왔다. 절차적·형식적 민주주의의 한계를 넘어서는 실질적 민주주의를 달성해야 하며, 이를 위해서는 대의 민주주의를 뛰어넘는 어떤 대안적 모델이 필요하다는 주장은 그 하나이다. 운동의 부활이나 시민의 직접행동, 시민 참여 개헌을 통한 권리의 헌법화, 직접민주주의 강화 등이 그러한 대안의 내용으로 제시되기도 했다. 다른 한편 지난 대선과 총선 결과를 두고, 서민들이 눈앞의 단기적 이익에 현혹되는 '욕망의 정치'에 빠져 있다는 질타와 함께, '계급 배반 투표'에서 벗어나라는 훈계의 목소리도 높았다. 젊은 층에서 높게 나타나는 투표 불참과 관련해서는, 1980년대 세대와 비교하면서 이들을 희망 없는 세대로 비난하는 목소리도 높았다. 이들에 대해서는 공동체의 일에 관심을 가지고 참여하는 시민적 의무와 덕성을 갖추라고 요구되기도 했다. '깨어 있는 시민'이 있을 때 민주주의는 가능하다는, 시민들의 각성과 행동을 촉구하는 목소리도 높았다.

하지만 이러한 처방은 모두 공허해 보인다. 현실의 문제를 어떤 도덕적 이상이나 당위론적 대안으로 해결할 수는 없기 때문이다. 그러한 대안이 가능하려면, 시민들이 공적 일에 헌신하는 시민적 덕성으로 무장

해 있고 사적 욕망보다는 공공선을 앞세우며, 사회문제에 항상 관심을 가지고서, 불의에 저항할 때 초래될지 모르는 위험을 감수하면서 언제든 기꺼이 행동할 준비가 되어 있어야 한다는, 현실에서는 불가능한 전제 조건을 필요로 하기 때문이다.

따라서 우리에게 요구되는 것은, 공익보다는 사익을 앞세우고 공동체의 일보다는 개인의 일을 우선시하는, 물질적 욕망의 덩어리로서의 있는 그대로의 인간을 인정하고 그런 조건에서 작동 가능한 민주주의여야 할 것이다. '깨어 있는 시민'이 아니라 일상 속에서 하루하루 생업에 바쁜 보통의 서민들에게 가능한 민주주의여야 할 것이다.

5

물론 이것이 우리가 추구하는 민주주의의 전부이자 최종 목표일 수는 없을 것이다. 하지만 이러한 최소한의 조건에서 가능한 민주주의일 때, 그것은 소수의 계몽된 자들에 의해서가 아니라 대중에 의해 작동될 수 있을 것이다.

이런 점에서 현실의 민주주의는, 달R. Dahl이 제시하는 두 가지 요건인 '보통선거'와 '정당 간 경쟁'의 결합을 통해 작동하는 대의 민주주의에서 출발하지 않을 수 없다고 생각된다. 정치 엘리트나 정당들이 공적 권력 경쟁 과정에서 다양한 사회집단들의 요구나 이해를 최대한 동원하면서 집단 간의 이견과 균열을 유권자들이 선택 가능한 유의미한 정치적 대안으로 집약해 주고, 시민들은 정당이 제시하는 대안 가운데 하나를 선택함으로써 자신의 정치적 이해와 의사를 표출하는, 나아가 자신이 지지한 정당이 구성하는 집행부를 통해 그들의 정치적 이해와 의사를 실현시키는 시스템이 그것이다. 이 과정에서는 시민들의 선거 참여가 기본적으로 중요하지만, 그것을 유의미한 정치적 선택으로 만들어 주는 정당 경쟁 구도의 중요성이 강조되곤 한다. 따라서 이런 대안은 흔히, 시민의 자발성이나 직접 참여보다 정당의 역할이나 대의 과정을 중시하는, 결국 정치 엘리트의 역할을 강조하는 엘리트주의적 견해라고 비판받아 왔다. 하지만 달리 생각하면 시민들에게 '깨어 있어라'고 요구하는 것이야말로 시민을 계몽시키고 훈계하려는 엘리트주의적 견해가 아닐까 생각된다.

우리가 이와 같이 일상에 바쁜 시민을 전제로 해 '보통선거'와 '정당 경쟁'이라는 최소한의 요건을 요구하는 최소주의적 민주주의의 중요성을 강조하는 것은, 오늘날 한국 민주주의의 문제는 민주주의가 이상으로 하는 어떠한 최대치를 달성하는 데 필요한 요건이 갖추어지지 않아서가 아니라, 최소주의적 민주주의의 요건마저 확보되지 못한 데서 비롯된다고 판단하기 때문이다. 예컨대 흔히 한국 민주주의의 최대 문제로 지적되는 실질적 민주주의의 미실현은, 형식적·절차적 민주주의를 넘어설 수 있는 어떤 조건이 부재해서가 아니라, 형식적·절차적 민주주의 그것이 아직 충분히 실현되지 못하고 있는 데 그 원인이 있는 것이다. 시민들이 공적 의제에 무관심한 것도, 그들의 시민적 덕성이 부족해서가 아니라, 자신들의 구체적인 삶과 관련된 의제가 공적 의제로 제기되지 못하고 있기 때문이다.

6

그렇다면 한국에서 대의제 민주주의 또는 정치적 민주주의의 작동을 불완전하게 만드는 요인은 무엇인가. 정치적 민주화가 사회·경제적 민주화의 효과를 가져오는, 절차적 민주주의의 긍정적 계기가 실현되지 못하고 있는 것은 한국의 대의제 민주주의에 어떤 한계가 있기 때문인가. 사회의 약자나 하층일수록 선거에 참여할 의미를 잃게 만드는 것은 어떤 문제점 때문인가.

이에 대해서는 여러 가지 대답이 가능하겠지만, 이 책에서 우리가 주목하는 것은 정치 대표 체제의 문제다. 사실상 보수 우파 정당 간의 경쟁으로 제한된 한국 정치 대표 체제의 협애함이, 주권자로서의 시민들이 선거에서 자신의 주권을 행사할 때 선택할 수 있는 정치적 대안의 범위를 구조적으로 제약하고 있으며, 이러한 정당 체제의 제약이 우리가 민주주의를 통해 다루고 해결할 수 있는 의제의 범위를 제약하고 있는 것이다. 결국 오늘날 정치적 민주주의가 사회·경제적 영역으로 확대되지 못하는 것은, 민주주의라는 집합적 결정의 메커니즘을 통해 다룰 수 있는 의제의 범위를 제약하고 있는, 한국의 보수적 정당 체제의 성격 때문이다. 이런 점에서 민주화 이후 한국 민주주의가 해결해야 할 최대의 과제는, 유권자의 선택 범위를 구조적으로 제약하는 정치 대표 체제의 협애함을 극복하는 것 즉, '정치적 대안의 돌파'에 있다고 할 것이다.

7

이 책은 당초 냉전 반공 체제가 한국 민주주의에 가해 온 제약과 모순에 초점을 두고서 한국 현대사를 정리해 보려는 의도에서 시작했지만, 결국 기존의 논문을 하나로 묶어 내는 안이한 방식으로 귀결되고 말았다. 그 결과 각 장의 내용이, '정치 대표 체제의 협애함'이라는 동일 주제에 초점을 맞추고는 있지만, 분석의 대상이나 시기, 방법론 등에서 이질적인 부분이 상당히 존재하게 되었다. 이 책에서 빠진 시기나 주제를 메우고 연결해 하나의 일관된 이야기로 읽어 내야 할 과중한 부담을 독자 여러분께 지운 것 같아 송구할 따름이다.

당초 약속된 원고 마감 기한에서 많이 지연되었음에도 불구하고 참고 기다려 준 고려대학교 아세아문제연구소에 감사의 말씀을 전하고자 한다. 더운 여름 난삽한 원고와 씨름하면서 한 권의 근사한 책으로 편집해 준 후마니타스 출판사의 모든 분께 특별히 감사드린다.

참고문헌

강명구·박상훈. 1997. "정치적 상징과 담론의 정치." 『한국사회학』 제31집.

강명세. 2006. 『한국의 노동시장과 정치시장』. 백산서당.

강원택. 2003. "한국 정치의 이념적 특성 : 국회의원과 국민에 대한 경험적 분석을 중심으로." 『한국정당학회보』 2권 1호.

강원택. 2005. "한국의 이념 갈등과 진보·보수의 경계." 『한국정당학회보』 4권 2호.

강정구. 1993. "5·10 선거와 5·30 선거의 비교연구." 『경남대 한국과 국제정치』 9, 1.

강정인. 2008. "개혁적 민주 정부 출범 이후(1988~) 한국의 보수주의: 보수주의의 자기 쇄신?" 『사회과학연구』(서강대학교 사회과학연구소) 16, 2(여름).

강정인·오향미·이화용·홍태영. 2010. 『유럽 민주화의 이념과 역사』. 후마니타스.

공덕수. 2000. 『한국의 노동조합과 노동정치』. 경진사.

교과서포럼. 2008. 『한국 근현대사』. 기파랑.

길진현. 1984. 『역사에 다시 묻는다 : 반민특위와 친일파』. 삼민사.

김금수·정영태·오삼교·이민영. 1999. 『노동자 정치 세력화, 진단과 모색』. 한국노동사회연구소.

김남식. 1984. 『남로당 연구』. 돌베개.

김동춘. 2001. "한국의 우익, 한국의 '자유주의자': 상처받은 자유주의." 『사회비평』 30호.

김비환. 2005. 『자유지상주의자들 자유주의자들 그리고 민주주의자들』. 성균관대학교 출판부.

_____. 2006. "한국 민주주의의 진로와 자유주의." 『한국의 전망』 1호.

김삼수. 2003. "박정희 시대의 노동정책과 노사관계." 이병천 엮음. 『개발독재와 박정희 시대』. 창비.

김삼웅. 1995. "역사의 붕괴, 반민특위의 좌절." 김삼웅 외, 『반민특위 : 발족에서 와해까지』. 가람기획.

김석근 2005. "'갓'을 벗지 못한 조선의 리버럴." 『NEXT』(7월).

김성호 외. 1989. 『농지개혁사 연구』. 한국농촌경제연구원.

김수진. 2001. 『민주주의와 계급정치』. 백산서당.

김영명. 1999. 『고쳐 쓴 한국 현대 정치사』. 을유문화사.

_____. 2006. 『한국의 정치변동』. 을유문화사.

김영상. 1949. "국회 내 각파 세력의 분포도." 『신천지』(3월).

_____. 1948. "헌법을 싸고 도는 국회풍경." 『신천지』(7월).

김영태. 2004. "한국 정당의 이념적 경쟁 구도." 2004년 한국정치학회 연례학술회의.

김용호. 2001. 『한국 정당정치의 이해』. 나남.

김운태. 1986. 『한국현대정치사(제2권) : 제1공화국』. 성문각.

김인식. 2005. 『안재홍의 신국가건설운동』. 선인.

김일영. 1995. "농지개혁, 5·30 선거, 그리고 한국전쟁." 『한국과 국제정치』 11, 1(봄/
　　　여름).

＿＿＿. 2005. "박정희 시대 연구의 쟁점과 과제." 정성화 엮음. 『박정희 시대 연구의
　　　쟁점과 과제』. 선인.

＿＿＿. 2008. "현대 한국에서 자유주의의 전개과정." 『한국 정치외교사논총』 29집 2호.

김재명. 2003. 『한국현대사의 비극』. 선인.

김학진·한철영. 1954. 『제헌국회사』. 신조출판사.

노경채. 1995. "8·15 이후 한국독립당의 정치노선과 조직변천." 『국사관논총』 66집.

도진순. 1997. 『한국민족주의와 남북 관계』. 서울대학교 출판부.

동아일보사 엮음. 1975. 『비화 제1공화국』. 홍우출판사.

＿＿＿. 1988. 『현대사를 어떻게 볼 것인가』. 동아일보사.

립셋, 마틴 세이무어 지음, 문지영·강정인·하상복·이지윤 옮김. 2006. 『미국 예외주의』.
　　　후마니타스.

매트레이, 제임스 지음. 구대열 옮김. 1989. 『한반도의 분단과 미국 : 미국의 대한 정
　　　책, 1941~1950』. 을유문화사.

맥퍼슨, C. B. 지음. 배성동 옮김. 1979. 『전환기의 자유민주주의』. 청사.

＿＿＿ 지음. 이유동 옮김. 1991. 『소유적 개인주의의 정치이론』. 인간사랑.

모리 요시노부. 1989. "한국반공주의 이데올로기 형성과정에 관한 연구." 『한국과 국제
　　　정치』 5권 2호.

무페, 샹탈 지음, 이보경 옮김. 2007. 『정치적인 것의 귀환』. 후마니타스.

문지영. 2005. "한국의 근대국가 형성과 자유주의." 『한국 정치학회보』 39집 1호.

＿＿＿. 2006. "한국의 민주화와 자유주의." 『사회연구』 11호.

＿＿＿. 2007. "민주화 이후 한국의 자유민주주의: 의미와 과제." 『사회과학연구』 15권
　　　2호.

문창영. 1948. "한민당은 어데로 가나?" 『신천지』(9월).

박명림. 1996. 『한국전쟁의 발발과 기원』. 나남.

＿＿＿. 2004. "종전과 1953년 체제." 문정인 김세중 엮음. 『1950년대 한국사의 재조명』.
　　　선인.

＿＿＿. 2008. "박정희 시대의 민중운동과 민주주의." 『한국과 국제정치』 24권 2호.

박명호. 2004. "한국 정당정치의 이념적 특성과 변화 전망." 『세계지역연구논총』 제22
　　　집 2호.

박상훈. 2006. "한국의 87년 체제: 민주화 이후 한국 정당 체제의 구조와 변화." 『아세
　　　아연구』 49권 2호.

_____. 2007. "한국의 87년 체제." 최장집·박찬표·박상훈.『어떤 민주주의인가』. 후마니타스.

_____. 2008. "한국은 진보정당 있는 민주주의로 갈 수 있을까."『노동사회』132호.

박원순. 1989.『국가보안법연구 1』. 역사비평사.

박찬표. 1998. "제헌국회의 의정 활동: 분단냉전체제 하의 정치사회와 대의제 민주주의." 한국정신문화연구원 현대사연구소 엮음.『한국현대사의 재인식 2』. 오름.

_____. 2005. "노동정당 부재 의회의 노동 이익 대표 기능."『아세아연구』제48권 2호.

_____. 2006. "헌법에 기대기 : 민주주의에 대한 두려움 혹은 실망."『한국정당학회보』제5권 제1호(통권 8호, 2월).

_____. 2007.『한국의 국가 형성과 민주주의』. 후마니타스.

_____. 2008a. "건국, 48년 체제 그리고 한국 민주주의." 국사편찬위원회 주최 대한민국 건국 60년 기념 학술회의 "대한민국 간국 60년, 과거·현재·미래" 발표 논문(07/11).

_____. 2008b. "민주주의 관점에서 본 48년 체제의 특성과 유산"『시민과 세계』제14호(하반기).

_____. 2008c. "제17대 국회의 정당 경쟁 구도 분석."『한국정당학회보』제7권 제2호(통권 13호, 8월).

_____. 2008d. "한국 자유민주주의의 초상 : '민주주의 과잉'인가 '자유주의 결핍'인가."『아세아연구』제51권 제4호(통권134호, 12월).

박태균. 2004. "1950년대와 조봉암, 그리고 미국." 문정인 외『1950년대 한국사의 재조명』.

박효종. 2005. "번짓수도 잃은 초라한 현주소."『NEXT』(7월).

백영철. 1995.『제1공화국과 한국민주주의』. 나남.

백운선. 1992. "제헌국회 내 '소장파'에 관한 연구." 서울대학교 정치학 박사 학위 논문.

벌린, 이사야 지음. 박동천 옮김. 2006.『자유론』. 아카넷.

베버, 막스 지음. 전성우 옮김. 2007.『직업으로서의 정치』. 나남출판.

보비오, 노르베르토 지음. 황주홍 옮김. 1992.『자유주의와 민주주의』. 문학과 지성사.

비담, D. 1994. "자유주의적 민주주의와 민주화의 한계." 조지 세바인 외, 강정인·김세걸 엮음『현대민주주의론의 경향과 쟁점』. 문학과 지성사.

샤츠슈나이더, E. E. 지음. 현재호·박수형 옮김. 2008.『절반의 인민주권』. 후마니타스.

서중석. 1991.『한국 현대 민족운동연구 : 해방 후 민족국가건설운동과 통일전선』. 역사비평사.

_____. 1996.『한국현대민족운동연구 II』. 역사비평사.

_____. 1999.『조봉암과 1950년대』. 역사비평사.

손호철. 1995.『현대 한국정치 : 이론과 역사(1945~2003)』. 사회평론.

스키너, Q. 지음. 조승래 옮김. 2007. 『자유주의 이전의 자유』. 푸른역사.

신병식. 1992. "한국의 토지개혁에 관한 정치경제적 연구." 서울대학교 정치학과 박사
학위 논문.

아블라스터, A. 지음. 조기제 옮김. 2007. 『서구 자유주의의 융성과 쇠퇴』. 나남.

오유석. 1997. "한국 사회 균열과 정치 사회구조 형성 연구: 제1공화국 선거를 중심으
로." 이화여자대학교 사회학과 박사 학위 논문.

왓킨스, F. M.지음. 이홍구 옮김. 1985. 『이데올로기의 시대』. 을유문화사.

유진오. 1980. 『헌법기초 회고록』. 일조각.

유홍림. 2006. "노직: 자유지상주의." 김한원·정진영 엮음. 『자유주의: 시장과 경제』.
부키.

윤민재. 2004. 『중도파의 민족주의운동과 분단국가』. 서울대학교 출판부.

윤치영. 1991. 『윤치영의 20세기』. 삼성출판사.

이광일. 2007. "87년 체제, 신자유주의 지구화 그리고 민주주의의 위기." 『진보평론』
32호.

이영록. 2000. "유진오 헌법사상의 형성과 전개." 서울대학교 법학과 박사 학위 논문.

_____. 2006. 『우리헌법의 탄생』. 서해문집.

이완범 2007. 『한국 해방 3년사』. 태학사.

이원덕 엮음. 2003. 『한국의 노동 1987~2002』. 한국노동연구원

이헌종. 1990. "해방 이후 친일파 처리문제 연구." 김상웅·이헌종·정운형. 『친일파 : 그
인간과 논리』. 학민사.

이호재. 1999. "오스트리아의 연합국 군정과 주권회복 과정." 한국정치외교사학회 엮
음. 『제2차 세계대전 후 열강의 점령 정책과 분단국의 독립·통일』. 건국대학
교 출판부.

이호진·강인섭. 1988. 『이것이 국회다』. 삼성출판사.

임종국. 1985. "제1공화국과 친일 세력." 강만길 외. 『해방전후사의 인식2』. 한길사.

자카리아, F.지음. 나상원·이규정 옮김. 2004. 『자유의 미래』. 민음사.

장훈. 2003. "한국의 정치적 대표 : 유권자-국회의원의 이념적 대표를 중심으로." 『한국
정당학회보』 2권 1호.

전상인. 1997. "1946년 남한 주민의 사회의식." 『사회와 역사』 52.

_____. 2005. "척박한 땅에 씨앗은 뿌려지고." 『NEXT』(7월).

정병준. 1992. 『1946~1947년 좌우합작운동의 전개 과정과 성격 변화』. 서울대학교 대
학원.

_____. 2005. 『우남 이승만 연구』. 역사비평사.

정용욱 2003. 『해방 전후 미국의 대한정책』. 서울대학교 출판부.

정태영. 2007. 『한국 사민주의 정당의 사회적 기원』. 후마니타스.

정태욱. 2006. "해방60년과 한국 사회의 자유주의." 『시민과 세계』 8호.

조희연. 2008. "신자유주의적 불평등, 신보수정권 시대의 '복합적 반신자유주의 정치'." 『진보평론』 36호.

최영기·김준·조효래·유범상. 2001. 『1987년 이후 한국의 노동운동』. 한국노동연구원.

최영기·전광석·이철수·유범상. 2000. 『한국의 노동법 개정과 노사관계』. 한국노동연구원.

최장집. 1989. 『한국현대정치의 구조와 변화』. 까치.

_____. 1993. "한국노동계급의 정치 세력화 문제, 1987~1992." 『한국 민주주의 이론』. 한길사.

_____. 1996, 『한국 민주주의의 조건과 전망』, 나남.

_____. 2005. 『민주화 이후의 민주주의』. 후마니타스.

_____. 2006. 『민주주의의 민주화』. 후마니타스.

_____. 2007. "민주주의를 둘러싼 오해에 대한 정리: 절차적 민주주의의 재조명." 최장집·박찬표·박상훈. 『어떤 민주주의인가』. 후마니타스.

최장집·박찬표·박상훈. 2007. 『어떤 민주주의인가』. 후마니타스.

카, E. H. 지음. 김택현 옮김. 1997. 『역사란 무엇인가』. 까치글방.

하종강. 2006. 『그래도 희망은 노동운동』. 후마니타스.

한배호. 1994. 『한국현대정치론 I』. 법문사.

한홍구. 2008. 『대한민국사 1』. 한겨레출판.

헤이그, 로드·마틴 헤롭 지음. 김계동 외 옮김. 2007. 『현대비교정치론』. 명인문화사.

헬드, 데이비드. 1994. "자유주의 마르크스주의 그리고 민주주의." 조지 세바인 외 지음. 강정인·김세걸 엮음. 『현대민주주의론의 경향과 쟁점』. 문학과 지성사.

현재호. 2003. "선거 강령 분석을 통한 한국정당 간 경쟁 연구: 1952~2000." 고려대학교 대학원 정치학 박사논문.

_____. 2004. "한국 정당 간 경쟁 연구: 1952~2000." 『한국정치학회보』 제38집 2호.

_____. 2006. "민주화 이후 정당 간 경쟁의 성격." 『아세아연구』 제49권 2호.

Addison, J. and C. Schnabel. 2003. *International Handbook of Trade Union*. Chelterham and Northamton. 2003.

Bartolini, Stefano. 2000. *The Mobilization of the European Left, 1860~1980 : The Class Cleavage*. Cambridge: Cambridge University Press.

Battista, A. 2008. *The Revival of Labor Liberalism*. Urbana: University of Illinois Press.

Bellamy, R. 1992. *Liberalism and Modern Society*. Cambridge: Polity Press.

Budge, Ian and Judith Bara. 2001. "Introduction: Content Analysis and Political Texts." Ian Budge, Hans-Dieter Klingemann, Andrea Volens, Judith

Bara, and Eric Tanenbaum. *Mapping Policy Preferences : Estates for Parties, Electors, and Governments, 1945-1998.* Oxford: Oxford University Press.

Budge, Ian, David Robertson, Derek Hearl. 1987. *Ideology, strategy and party change: spatial analyses of post-war election programmes in 19 countries.* Cambridge: Cambridge Univ. Press.

Budge, Ian. 2006. "Identifying Dimensions and Locating Parties : methodological and conceptual problems." Richard S. Katz and William Crotty eds. *Handbook of Party Politics.* London: Sage Publications.

Dahl, R. ed. 1966. *Political Opposition in Western Democracies.* New Heaven: Yale University Press.

Dahl, R. A. 1971. *Polyarchy : Participation and Opposition.* New Haven : Yale University Press.

Downs, Anthony. 1957. *An Economic Theory of Democracy.* New York: Harper.

Dunn, John. 1993. *Western political theory in the face of the future.* Cambridge: Cambridge University Press.

Held, David. 1996. *Models of Democracy.* Stanford: Stanford University Press.; 데이비드 헬드 지음·박찬표 옮김. 2010. 『민주주의의 모델들』. 후마니타스.

Klingemann, H-D., R. Hofferbert and I. Budge. 1994. *Parties, Policies, and Democracy.* Boulder: Westview.

Laver, M. and I. Budge eds. 1992. *Party Policy and Government Coalitions.* Basingstoke and London: Macmillan.

Liebert, Ulrike. 1990. "Parliament as a Central Site in Democratic Consolidation." Ulrike Liebert and Maurizio Cotta. *Parliament and Democratic Consolidation in Southern Europe.* New York: Pinter Publishers.

Lipset, S. M. & S. Rokkan 1967. "Cleavage Structure, Party Systems, and Voter Alignments : An Introduction." S. M. Lipset and S. Rokkan eds. *Party System and Voter Alignments.* New York : The Free Press.

Mack, Eric and Gerald F. Gaus. 2004. "Classical Liberalism and Libertarianism: The Liberty Tradition." G. F. Gaus and C. Kukathas eds. *Handbook of Political Theory.* California: Sage.

Macpherson, C. B. 1983. *The Real World of Democracy.* New York: CBS Enterprises.

Mair, P. 2006. "Cleavages." Richard S. Katz and W. Crotty. *Handbook of Party Politics.* London: Sage Publications.

Mair, Peter. 2008. "Democracies." Daniele Caramani ed. *Comparative Politics.*

Oxford: Oxford University Press.

Marshall. T. H. 1950. *Citizenship and Social Class.* Cambridge: Cambridge University Press.

Munck, Ronaldo. 2005. "Neoliberalism and Politics, and the Politics of Neoliberaism." Alfredo Saad-Filho and Deborah Johnston ed. *Neoliberalism : A Critical Reader.* London: Pluto Press.

O'Donnel, G. and P. C. Schmitter. 1986. *Transitions from Authoritarian Rule : Tentative Conclusions about Uncertain Democracies.* Baltimore: The Johns Hopkins University. Press.

Pitkin, Hanna F. 1967. *The Concept of Representation.* Berkeley: University of California Press.

Przeworski, A. 1999. "Minimalist conception of democracy: a defence." Ian Shapiro and Casiano Hacker-Cordón eds. *Democracy's Value.* New York: Cambridge University Press.

Robertson, David. 1976. *A Theory of Party Competition.* London and New York: Wiley.

Sartori, Giovanni. 1990. "The Sociology of Parties: A critical review." Peter Mair ed. *The West European Party System.* Oxford: Oxford University Press.

Stokes, Donald. 1966. "Spatial Modes of Party Competition." Angus Campbell, Phillip Converse, Warren E. Miller, and Donald E. Stokes eds. *Elections and the Political Order.* New York: Wiley.

Strom, Kaare. 1992. "Democracy as Political Competition." Marks, Gary & Diamond, Larry eds. *Reexamining Democracy: Essays in Honor of Seymour Martin Lipset.* SAGE Publications.

Waldron, J. 2004. "Liberalism, Political and Comprehensive." G. F. Gaus and C. Kukathas eds. *Handbook of Political Theory.* California: Sage.

Weingast, Barry R. 1997. "Democratic Stability as a Self-Enforcing Equilibrium." Albert Breton et al. eds. *Understanding Democracy : Economic and Political Perspectives.* Cambridge University Press.

찾아보기